ジョン・アーリ John Urry

〈未来像〉の未来

未来の予測と創造の社会学

吉原直樹＋高橋雅也＋大塚彩美 訳

作品社

ジョン・アーリ

〈未来像〉の未来

未来の予測と創造の社会学

吉原直樹・高橋雅也・大塚彩美 訳

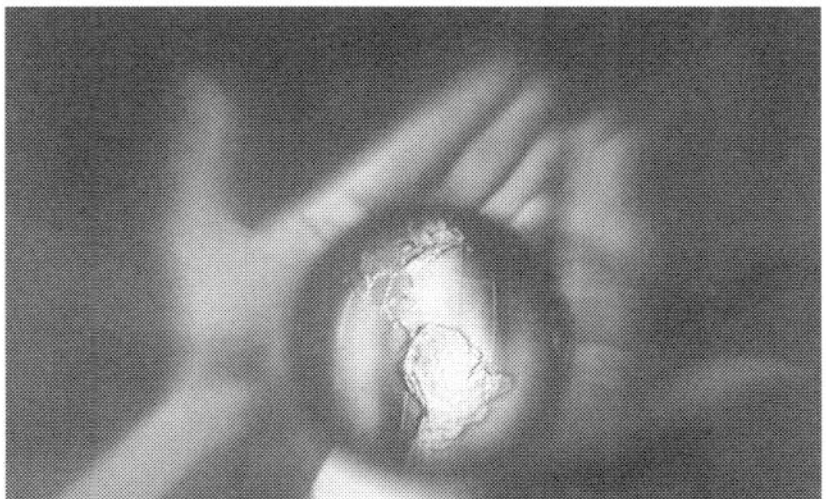

第I部　〈未来〉の歴史

A BRIEF HISTORY OF THE FUTURE

第III部　〈未来〉のシナリオ

FUTURE SCENARIOS

日本語版解説

アーリをどう読み、継承していくか

吉原直樹

［凡例］

一、「 」は、原文の引用符に対応している。

一、傍点は、原文の英語イタリック体による強調部分に対応している（書名などを除く）。

一、引用文中の［ ］は、原著者による語句の補足である。

一、本文中の引用・参照文献の出典表示は〔 〕で括った。邦訳のない文献は、欧文で記しており、巻末の「引用・参照文献一覧（欧文原書）」を参照のこと。邦訳のある文献は、著者名をカタカナで表記し、翻訳書の発行年を記載したので、巻末の「引用・参照文献一覧（邦訳書）」を参照のこと。

一、映画については、日本公開作品は邦題を、未公開作品は原題をそのまま『 』内に示した。いずれの場合も、〔 〕内の算用数字が示しているのは、その映画の初公開年である。

一、邦訳のある文献からの引用文は訳文を参照したが、本書の文脈にそくして変更したものもある。

一、出典表示のＵＲＬは、本書の原著の刊行時点のものであり、現在では失効しているものもある。

一、割註および本文に◆印を付けて見開きの左端に置いた側注は、訳注である（ただし、◯五四～五の注だけは原注である）。

What is the Future ? by John Urry (ISBN: 9780745696539)

This edition is published by arrangement with Polity Press Ltd., Cambridge,
through The English Agency (Japan) Ltd.

謝辞

ランカスター大学　社会未来研究所　ジョン・アーリ

社会的な未来像に関するここでの関心や思考に刺激を与えてくれた多くの同僚に、とても感謝している。たいへん惜しまれて亡くなったウルリッヒ・ベックの業績から大いに洞察を得た。

本書での考えは、トーマス・バーチネルと共同で展開したものであり、第6章で説明した研究を含む、さまざまな共同論文と著作に反映されている。これについては、近刊書『新しい産業の未来?——3Dプリントと生産、流通、消費の再構成』〔*A New Industrial Future? 3D Printing and the Reconfiguring of Production, Distribution and Consumption*, Routledge〕を参照されたい。バーバラ・アダム、イアン・アスピン、アラン・ビーティ、マイク・バーナーズ＝リー、ポーラ・ビアルスキ、デビット・ビッセル、レベッカ・ブラウン、モニカ・ブッシャー、ハビア・カレトリオ、レイチェル・クーパー、アンドリュー・カリー、ジョー・デヴィル、ペニー・ドリンクウォール、ニック・ダン、アンソニー・エリオット、カルロス・ガルヴィズ、ジェームズ・ヘイル、マイケル・フルム、ボブ・ジェソップ、グレン・ライオンズ、アストリッド・ノルディン、リン・ピアース、セリーナ・ポーラストリ、コスミン・ポパン、カトリーナ・サルキド、サトヤ・サビツキー、アンドリュー・セイヤー、ミミ・シェラー、エリザベス・ショーヴ、リチャード・スローター、ケン・スミス、ニコラ・スパーリング、ブロン・セルシンスキー、リチャード・タットン、デヴィッド・ティフィールド、エイミー・アーリ、トム・アーリ、シルビア・ウォルビー、ベッキー・ウィリス、リンダ・ウッドヘッドらを含め、草稿に対して全般的または具体的なコメントをくれたほかの友人や同僚にもとても感謝している。

また、バーミンガム大学のクリス・ロジャースが代表者となっているＥＰＳＲＣ［英国工学・物理科学研究会議］住みやすい都市プロジェクトの一環であるＥＰＳＲＣグラント――EP/J017698/1――にも感謝している。

序章 〈未来〉はやって来ている

The Future Has Arrived

1……〈未来〉へようこそ

一九九四年に『ニュー・サイエンティスト』誌で「未来像」と題する特集が組まれており、未来は人びとのやることとなすことが違うため、まるで見知らぬ国であるかのようだと述べられている〔*New Scientist* 1947, 5 October 1994〕。その論説では、世界が複雑性を増すなかで、現在をよく理解するうえで未来を知ることが、いっそう重要になっていることが説かれている。いくぶん似通っているが、ジョン・F・ケネディは、一九六三年に暗殺される直前に、「変化は生命の法則である。過去だけをたよりにする人びとは必ず未来を見落とす」と述べている〔一九六三年のケネディ演説、Kennedy 1963〕。

未来は間違いなく到来しているが、その正体はいまだ謎に包まれている。おそらく最大の謎であろう。未来像は今や至るところにある。未来について考え、予測することはほとんどすべての組織や社会にとって不可欠なのである。未来像を描くことは、最も今日的な検討課題になっており、過去の出来事よりも未来の方が今やるべきことを示す良い指針になると、多くの人びとは考えている。さまざまな国や団体、大学、都市、NGO、個人が、自分たちが未来を見逃すはずがないと考えている。それゆえ、未来という見知らぬ国が、今やそこかしこに見られるのである。

しかし同時に、未来像は予測不能で不確実、しばしば不可知なものであり、多くの既知の未知、とりわけ「未知の未知」の結果なのである。かつてギャレット・ハーディンは、「われわれはただ一つのことをなすことはできない」と明言している〔ハーディン 一九七二〕。単一の明確な未来の結果をもたらすような、一つのことはありえないと述べているのである。実際われわれは、ただ一つのことをしていると思っているときでさえ、多くの「こと」をしているわけであり、それらが多様で予測不能な帰結を未来にもたらすのである。

したがって、未来像について本書を著わす第一の目的は、人間活動の諸領域において過去から現在にかけて見られる、未来を予測し、可視化し、念入りに構想しようとする多くの営みを描きだすことにある。有力な社会的諸機関や思想家たちが未来を予期した多種多様な言説や技術を展開している〔予測については、Szerszynski 2016 を参照〕。この未来像の方向づけは、グーグルやシェルのような企業、IPCC〔気候変動に関する政府間パネル〕やFFF〔未来のためのフォーラム〕などの環境組織、英国のフォーサイトやEUのESPAS〔欧州戦略・政策分析システム〕のような政府団体、米国国防総省などの軍事組織、オックスフォード大学マーティンスクールやチンダル研究センターといった学術団体のほかの多くの組織や団体にとって、大規模で重要な事業になっている。これらの組織が予見した未来像のうち、いくつかは効力のある成果を生んでおり、以下、その一端を示して検討していくことにする。

可能性のある未来像を想定して、可視化し、評価するために、これまで具体的な方法が開発されてきた。いくつかの方法は、ハーマン・カーンがランド研究所で一九五〇年代に着手したシナリオ・プランニング法を起源としている〔Son 2015: 124〕。彼はとりわけ代替的なシナリオの展開を促し、それらが未来の想像を可能にすることについて述べている。

また、多くの想像された未来世界が、文学、アート、映画、テレビ、コンピュータ・ゲームなどにおいて展開されてきた。それらはしばしば目を見張るような未来の技術を伴うものであり、タイムトラベル、個人用飛行機、空を縦横に走る道路や鉄道、瞬間移動、ロボット、水上歩行、地球外コミュニティ、真空推進、無人運転電車、平等なユートピアや暗黒のディストピアが含まれる〔愉快な「一〇の画像で見る未来の歴史」www.bbc.co.uk/news/magazine-20913249を参照〕。本書は、組織、知識人、科学者、アーティスト、政策立案者や技術者が展開させてきた、あるいは展開させつつある、このようないくつかの未来像のあり方について記録し、評価しようとするものである。

アルビン・トフラーが『未来の衝撃』〔トフラー 一九七〇〕で最初に掘り下げて分析したように、未来がよりいっそう早く姿を現わしているようにも思える。トフラーは飛躍的な速度で進む技術的・社会的な変容を描いてみせた。ここ数十年、「ムーアの法則」は世界の演算処理能力（集積回路のトランジスタ数）が二年ごとに二倍になることを示してきた。今日のスマートフォンは、かつての大型汎用コンピュータと同じ演算処理能力を持っており、たった二〇年前に人びとが「必要とした」ことなど誰も知らない、「手の届く」小さなマシーンに収められた「魔法のような」価値ある意味媒体《アフォーダンス》◆となっている。未来はほとんど消え去ってしまい、長期的な未来はなくなって「拡大された現在」に姿を変えたのだと現に論じている者もいる〔Nowotny 1994〕。そして、多くの人びとが自分には「未来」などなく、特に「耐乏」の時代にあっては、チャンスも、希望や夢も、際限なく打ち砕かれると感じている。

未来の消失という感覚は、一〇〇万分の一秒でなされるコンピュータで制御された高頻度の取引に基づく金融「商品」にも見出される〔ゴア 二〇一四〕。思考の速度を超えて起こる金融行動は、人間の精神では捉えられない、金融界で働く「フラッシュボーイズ」〔ナノ秒レベルという超高速で取引を行なうトレーダーのこと〕でさえも理解が及ばないマネー

◆意味媒体（アフォーダンス）　米国の知覚心理学者、ジェームス・ギブソンによる概念。環境が動物に与える意味や価値のことで、それは情報として環境に備わっている。与えられた意味は動物の行動を通して表われる。

や情報の動きと結びついている〔ルイス 二〇一四〕。このように加速する世界で、金融の未来像は関係者が推測してきたよりも早く到来している。これはナノ秒レベルの「未来の衝撃」であり、意思決定の速度をたっぷり一秒もかけて行なう取引くらいまで落とそうとする試みは、金融機関から受け入れられなかった〔ゴア 二〇一四〕。

さらに、未来像は信じがたいほどぶつかり合い、相反する社会的利害であふれかえっている。エドマンド・バークは二世紀以上前に、社会は「生きている者同士のパートナーシップだけでなく、死者やこれから生まれてくる者も含めたパートナーシップ」とみなすべきであると論じた〔バーク 一七九〇。Beinhocker 2006: 454 に引用〕。バークは未来の社会成員の利害に目を向けて、生きている者の利害だけに基づく社会や生活に対抗していくために、彼らが力強い「代弁者」を必要とすることを指摘している。

環境保護運動は、ブルントラント委員会〔「環境と開発に関する世界委員会」〕のイコン的な報告書である『我ら共有の未来』〔Brundtland Report 1987〕のなかで提示されたような、世代間をつなぐ「グローバル・コモンズ」の考え方を展開させるうえで、重要な役割を果たしてきた。環境主義は、子や孫、そしてまだ生まれていない者の利害に与して議論するための世代的なレトリックを展開する〔ハンセン 二〇一二、www.gaiafoundation.org/earth-law-network/alliance-future-generations を参照〕。面白いことに、将来世代の擁護者として活動するべく、英国でウェールズのための将来世代コミッショナーが二〇一五年の法律制定によって設置された一方で、ハンガリーは将来世代の権利を擁護するオンブズマンの配置を始めた〔www.ajbh.hu/en/web/ajbh-en/dr.-marcel-szabo〕。

しかし、ほとんどの社会的プロセスでは、現存世代の利害関心に合わせて未来像が作られてしまう。まだ生まれていない者は、われわれが「諸世代の議会」と呼べるものにおいて代弁者を持たない。あるいは、アダムが述べるように、将来世代は今の利用料金を現存世代に課すことはできない。将来世代は彼らの利害関心を形に表わすための声や投票権を持っておらず、彼らに残されたものの多くを受け入れざるを得ない〔Adam 2010: 369〕。

しかしながら、こうした現存世代の権力に対して異議が唱えられることもあり、世代を横断する「共有の未来」を追い求める「想像の共同体」を形成するため、政府やNGOによる取り組みがなされている。そのような世代的な連帯を機会として、社会的・政治的な議論に変化が生じ、新たな制度や感情の構造が挙げられる〔〇五二～三頁を参照〕ができあがるのである。そうした機会の一つとして、一九七〇年にいくつかの社会で起きたことがある。同年の四月二二日に、二〇〇〇万の米国人が健康的で持続可能な環境を求めてデモを行なった。この最初のアースディは、合衆国環境保護庁の創設、さまざまな環境関連法の通過、グリーンピースの設立、多くのイコン的な著作の出版へとつながった。これらの機会では、長期にわたって氷河のようにゆっくり動く未来が、力強い感情の構造として作用した〔ラッシュ／アーリ 二〇一八を参照〕。未来は民主化されたのである。しかし、これらの機会はよくあることではない。全体として、本書の議論は未来の民主化に重点を置いている。

2……〈未来〉を拒絶する

しかしながら、未来像をめぐる多くの社会的コンフリクトが起きているにもかかわらず、社会科学は未来社会に分け入ることに消極的であり、その理論化や分析には限られた貢献しかしてこなかった〔ただし例外として、Bell, Wau 1971; Young 1968 を参照〕。このような消極性は、マルクスのような偉大な一九世紀の社会科学者でさえ、資本主義が工業プロレタリアートによる世界規模の革命を生じさせるという「予言」で、間違いを犯したように見えることに何ほどか起因している。マルクスは「哲学者は世界をさまざまに解釈してきただけである。肝心なのはそれを変革することである」と論じている〔マルクス 一九六〇a〕。マルクスは、蒸気動力の工場、大規模の工業都市、鉄道、労働者の窮乏化が、工業プロレタリアートを

「対自的階級」へと発展させ、ひいては資本主義世界を革命的に変化させることを期待した。プロレタリア階級とその変革力が資本主義体制を打ち壊し、世界的な資本制社会の展開を経て、共産主義体制が実現される、と。

しかし実際には、世界規模の社会革命は英国やドイツのような資本主義的な政治経済が進んだ社会でさえ始まらなかった。帝政ロシアで一九一七年に始まった革命では、当初から大規模に組織化された工業プロレタリアートを巻き込んだものではなく、ボリシェビキ革命は共産主義や一国社会主義さえもたらさず、カール・ポパーのような批評家に言わせれば、新しい野蛮をもたらしたのである。

しかし、マルクスは一八四〇年代の初期の著作において、むしろ実際は資本主義社会が大いに不確実性や予測不可能性を伴うことを強調している。マルクスが三〇歳のときに書いた『共産党宣言』で、移ろいやすく、変わりゆく近代社会について描いており、資本主義的なモダニティのもとでは固定的で硬く凍りついた関係はすべて押し流されてしまい、確固たるものはどれも溶けてなくなると論じている〔Berman 1983; マルクス／エンゲルス 一九五九〕。こうした不確実な資本主義的モダニティという見解が意味しているのは、一八四〇年代からの分析では、具体的な未来の青写真を描くことは不可能であり、実際、マルクスとエンゲルスは全般的にユートピア的な未来観には異議を唱えていたということである。

それにもかかわらず、未来を正しく理解しようとするマルクス主義的分析が「失敗」したかのように見えることは、数多くの社会分析家によって、社会科学は未来について予測を立てるか、よく計画された青写真を打ち出すべきであるという提案を退けるために用いられたことである。ユートピア的な想像やオータナティヴな社会の育成は、とりわけ冷戦期の西洋社会においては手厳しく批判された〔ポパー 一九六一、クマー 一九九三〕。社会科学はありうる未来像を展開することや分析することに対して背を向けてしまったのである〔ただし例外として、Bell, Wau 1971 を参照〕。ルフェーブルやバウマン、オリン・ライトといった数少ない社会科学者は、ユートピアは現在の限界を明らかにしてくれるゆえに、既存の社会にとって強力な木鐸となると述べている〔Bauman 1976; Levitas 1990; Pinder 2015〕。ユートピアをそのように肯定することで人びとを解放に向わせ、変わらないように見える現在の社会生活による支配を突き崩すことを可能にする。しかし、一般的にはユートピア的な社会科学はこれまでほとんどなかった。

実際のところ、過去七〇年かそこらのうちに出てきたオータナティヴな未来像の研究は、主に「社会科学」それ自体の外側で展開されたものである〔Son 2015 の時期区分を参照〕。未来研究は専門特化し、専門職化の著しい分野として発展してきたわけであり、専門のジャーナルや主要な書物、イコン的な人物、グローバルな団体を生みだしている〔www.wfsf.org/; Son 2015: 122 を参照〕。一九四五年直後の未来学的な思考は、一九六四年公開の映画〔邦題『博士の異常な愛情』〕に出てくるストレンジラブ博士のモデルとされるカーンのように、たいていは冷戦に関する議論や問題を反映していた〔www.newyorker.com/magazine/2005/6/27/fatman を参照〕。こうした未来学的な思考の多くは、コンピュータを冷戦の道具とみなす強力な軍隊や、特に企業的なアジェンダ設定と結びついていた〔Tuner 2006: 1〕。この未来像に関する思考は学界外から資金供給を受けていたが、その後は主にアルビン・トフラー〔トフラー 一九七〇〕や、遅れて登場したジェレミー・リフキン〔Rifkin 2009〕、アル・ゴア〔ゴア 二〇一四〕が設立したもののなど、多くの民間シンクタンクにおいて展開された。一九七〇年代の後半までには、じつに一七八もの未来関連のジャーナルが発行されるに至った〔Son 2015: 125〕。

未来像の研究の進展は、一九七〇年以後の数十年間における環境運動や関連諸科学の重要性が増したことも一因であった〔シューマッハー 一九八六の予見的な『スモール・イズ・ビューティフル』を参照〕。『成長の限界』という議論は一九七三年の石油危機と同じようにコンピュータ・モデルの開発と関係しており、あるものは最悪のシナリオ、他方では技術に対して楽観的な未来像と結びついていた〔Meadows, Meadows, Randers, Behrens 1972; Son 2015: 126〕。気候変動の問題に対するそうした関心の高まりが、大循環モデル〔GCM〕につながった。これらのコンピュータ化されたモデルは、一九九〇年代の初頭には未来の各時点における二酸化炭素増加による地球の平均気温を予測した。これらの予測は「気候変動に関する政府間パネル」の主要なレポートに取り入れられており、一九九〇年の創刊以来、数年ごとに発行されるたびに影響力を増している。それらのレポートは、もしも社会が「これまで通り」の活動や政策を続けるなら、継続的で重大な地球温暖化が地球規模で起こる可能性があり、そうなればこれまでの生活を維持することは到底できなくなると警鐘を鳴らしている〔本書第8章を参照〕。

3……社会科学と〈未来〉

本書では、さまざまな社会的未来像が現在の人びとの生活を決定づけることについて論じる。未来研究の領域が、社会科学やある意味で人びとの日々の生活にも再び求められるであろうことも論じる。未来像を予測するのに適した理論や研究は社会科学にも数多くあるのだが、そのような関連づけは探究されてこなかった。本書は未来を「主流化する」ことを模索していくが、それはひどく大事なことであり、単に国家や企業、技術者に委ねてしまうことはできない。未来に対する見方は強大な影響を及ぼすものであり、社会科学はそのような未来像に関するもつれを解いたり、議論をしたり、考えを述べたりするうえで、重要な役割を果たさねばならない。したがって、われわれはここで「社会的未来像」と呼ぶもの、すなわち「全体論的未来」という発想と多少とも類似した観念を展開させなくてはならない〔Bell, Wau 1971, Slaughter 2012〕。本書は「社会制度、実践、生活」がありうる未来についての理論と方法の核になることを明らかにする。今こそ未来を考えるときであり、社会科学と社会的世界は機を逸してはならない。

それは何よりもまず、単一の「時間」観念の脱構築を促すうえで、社会科学が重要だからである。アダムとその仲間は、時間には異なった形態があり、さまざまな社会や社会制度が異なった時間体制を中心に構築されていることを示している〔Abbott 2001: アダム 一九九七、Adam 1995〕。修道院や現代の金融に見られるような、計算や規律訓練からなる時間的な体制は、社会における人びとの生活の大きな関心事となっている〔一〇分の一秒を計測できることの歴史的意義についてはCanales 2009を参照〕。アダムは、生きられ、経験された時間から、標準化され、脱コンテクスト化された時間への歴史的移行の重要性について指摘している〔Adam 2010〕。

これに関連して、社会科学は、複合的な未来像がそれらの異なる時間体制といかに結びついているかについて丹念に考えてきた。アダムとグローブスによれば、未来は語り、飼い馴らし、取引、変換、そしてその論駁、考案、手直し、乗り超えの対象となる〔Adam, Groves 2007〕。とりわけ大きな影響を与えるのは未来像の取引であり、個々の社会において大幅な軌道修正を伴う。多くの宗教では、将来にわたって貸し付けたお金に利子を課すことは罪とみなされていたが、それは未来が神の所有物であり、人間のものではないからである〔Adam, Groves 2007: 9〕。しかし、西洋社会では、神の恵みは作られ、干渉され、取引された未来へと変換されたのである。こうして社会生活に数々の深刻な影響を及ぼしながら、「未来の所有権が神々から人へ移行したのである」〔Adam 2010: 365〕。

未来はしばしば空っぽで、文脈から抜き出されたものと見られてきた。その結果として、「空っぽの未来は、商品化や植民地化、支配を受けやすく、手に入れやすいものになっている。……未来が脱コンテクスト化され、非人格化されると、われわれは罪悪感や自責の念を抱くことなく、それを利用したり、乱用したりすることができる」〔Adam, Groves 2007: 13〕。未来はまさに利用され、乱用されてきた。未来を空っぽなものとみなすことで、搾取のお膳立てをしてしまう。未来の人びとは、受け継ぐはずの未来社会を自ら取り戻すことはできないからである。

社会科学は、現在あるものから未来を搾取することの危険性についても検討する。未来を知るには、さまざまな「過去」を調べ、過去、現在、未来がいかに相互に絡みあっているかについて理解する方法を展開することが不可欠である。われわれは未来の計画・準備・考案・共同制作のあいだの区別を、特にライル・ミラーが「未来のリテラシー」と呼ぶものを通して行なえるとされることがある〔Miller 2011〕。ミラーは、ありうる未来像に関するリテラシーを育むことで、現在をよりよく理解できると論じている。そこでの論点は、いくつかの予見的な未来に対抗する現在の仮説を検証することではなく、今進行中のことや、今のうちにできることについて問い、ひもとき、考案するために未来を活かすことにある。平たく言うと、ここで言う人びとの未来の予測は、現在に対して重大な影響をもたらすということである。本書では、現代社会の予見的性格を示す多くの例と、それが現在にもたらすさまざまな帰結を見ていく〔Szerszynski 2016〕。

時間とありえると予測された未来像のバリエーションは、社会システムが不連続性・変化・予測不可能性に特徴づけられることからも生じている。プリゴジンは、複雑系科学の視点から、未来像は多数の不安定な複合適応システムと、それらがしばしば数珠つなぎに連鎖して生じる相互依存関係の結果であると論じている〔プリゴジン 一九九七〕。この「確実性の終焉」は、アル・ゴアが詳しく述べているように、未来の社会的世界に影響を及ぼす〔Gore 2013〕。

技術の社会的研究は、未来の経済・社会的なイノベーションが線形的な過程の結果であることは稀であって、予測できない組み合わせを伴うことを示しており、それはアーサーが「新しい」技術の文脈で周到に述べていることである〔Arthur 2013〕。同じように、未来学者のレイ・カーツワイルは、「多くの発明が失敗するのは、研究開発部がそれらを作動させられないからではなく、タイミングがずれているからである。機能をうまく働かせるための要因は、それが求められるときにことごとく働くわけではない。発明することはサーフィンにかなり似ている。波を予測して、ここぞというときに乗らねばならない」〔http://crnano.org/interview.kurzweil.htm〕。「その瞬間に」波に乗れなかったために、明確に未来を予測することができなかったような諸局面について、以下に検討していく。

イノベーションに関する社会的研究が示しているのは、未来は予測できないということである。それというのも、技術は「動いている」ものであり、さまざまな要素とシンクロして、ときに新しいシステムを形成し、しばしば意図せざる結果を生じさせるからである。そのようなシステムは「進行中」であり、それらの組織や効果について前もって決められない。多くの「古い」技術は単に消え去るのではなく、経路依存◆的な関係を通して生き残り、再設定された予想外のクラスター〔関連のある要素の群れ〕において、「新しい」技術と組み合わされる。その興味深い実例とされてきたのが、「ハイテク」なオフィスのなかでさえ、重要性を保ち続けている紙の「技術」である。こうした「技術」への言及は、ここで展開された社会科学の考え方が、いかに社会的要素と物質的要素の偶発的な集合に根差しているかを示している〔本書第Ⅱ部を参照〕。

さらに、いくつかの未来像は現代社会にある程度組み込まれており、例えば「スマートシティ」開発という着想は、そのような都市の実現を後押しすることができるのである。そうした考えはパフォーマティヴである〔http//:smartcities.media.mit.edu を参照〕。自らが想定した未来を実現しようとする力のあるアクターは、しばしば複雑で修辞的な想像や未来の「楽園」として描く未来像を展開する。これらのアクターは、一方で楽園のような未来に反対する人びとを「ラッダイト」〔機械打ち壊し運動〕とラベリングしながら、そうした未来を演じてみせ、つくりだす〔社会的なものを演じることについてはLaw, Urry 2004を参照〕。

「未来の制作」の一例は、主要な輸送インフラの計画と資金調達にあたって、大々的に展開された「予測と供給」モデルに見出せる。こうしたモデルは、以下のように進められていく。アナリストが道路網の混雑度に関する調査研究を行ない、当該エリアにおいて道路空間への需要がさらに高まっていることが予測される。そして、その新たな道路空間は新規のインフラ建設によって供給されるべきであるとされる。そのこと自体が価値ある時間の節約につながることで正当化される。しかし、このことで今度は、新しい道路空間がより多くの交通量で満杯になってしまうという結果をもたらす。すると、道路空間へのさらなる

◆**経路依存**　現在や未来における選択や決定が、過去になされた選択や決定に伴う制約を受けること。

需要予測につながり、その結果、道路空間が新たに供給されるという具合である。こうして「予測」が現実のものとなり、「正しい」ように見え、さらなる未来への需要につながる〔Lyons 2015を参照〕。

今構想中の長期的な未来像もいくつかある。カーツワイルは、コンピュータによる技術力の強化がもたらす収穫逓増の法則について説いている。こうした指数関数的に進む変化の結果、ヒト生物学が遺伝学やナノテクノロジー、さらにロボット工学と融合する瞬間である「技術的特異点《シンギュラリティ》」に至る〔カーツワイル二〇一二、二〇一〇年公開の映画『*The Singularity is Near*』を参照〕。カーツワイルは、シンギュラリティに続いて、いかにしてヒトと機械の区別がなくなるのかを説明している。シンギュラリティに達すると予測される二〇四五年には、コンピュータを使用した知能がヒトの知力の総計を大きく上回り、実質的に新しい種が生みだされることになる。ヒトを進化の終着点とすべきではない。かつてメディア未来学者のマーシャル・マクルーハンが述べたように、「人間が道具をつくり、道具が人間をつくる」のである。飛躍的な変化によって未来がかなり近づいた。しかし、われわれが変化を単に線形的なものとみなすなら、すでに進行中のことは見逃されがちになり、そうこうするうちに変化が指数関数的に進み、未来は予測していたよりかなり早く到来することになると、カーツワイルは述べている〔Gore 2013: 240; www.technologyreview.com/view/425733/paul-allen-the-singularity-isnt-near を参照〕。

カーツワイルのシンギュラリティに関する見方は、おおむね妥当する（彼は現在グーグルで働いている!）。しかし、ほかの未来像はよりディストピア的である。しばしば、現在の短期的な利益を追い求めることは、意図しなかった、極めて予想に反した結果を未来にもたらす。社会科学の分析は、未来はたびたび計画されたり、想像されたりしたものとは正反対になることを示している。いったん願いをかなえる精霊がボトルから出されると、もはや戻すことはできない。精霊の舞台は経路依存的なパターンという「閉じ込め《ロックイン》」◆のためのものとなってしまい、未来へと、そして意図しなかった正反対の状況へと突き進んでいくのである。

社会科学者のなかには、過去数十年にわたって「豊かな北側」が達成してきた進歩の「破綻」が起こるかどうかについて調査研究している者もいる。社会科学の著述、政策介入、映画や文学の思考において、見逃せなくなっているのが「新たな天変地異説《カタストロフィズム》」である。未来における西洋社会の消失を語る者が現われている。そこではローマ帝国やマヤ文明の衰退と、特にエネルギー危機と環境危機の交差が原因となって生じるかもしれない社会の崩壊とのあいだに類似性があることが引き合いに出される〔ダイアモンド 二〇一二、本書第2章を参照〕。シリコンバレーで働く一部の人びとが、かなり長期にわたる（これから一万年）未来について考え、構想しようとして、ロング・ナウ協会の活動を展開してきたことが未来に対するこうした恐れへの一つの応答である〔http://longnow.org〕。

本書で鍵となるのは、未来をつくる権力について検討することである。社会科学にとって重要な問題は、誰が、あるいは何が未来をわがものとしているのかということであり、つまり未来像を所有する能力が権力の作用の仕方を大きく左右するのである。すでに述べたように、かつて未来は神の所有物と考えられ、こうした考えによって資本主義の成長や貨幣経済は強力に制約されていた〔ル・ゴフ 二〇〇六を参照〕。利子を課すことによって、金をもうけて未来に投資することは世界の大半で禁じられていた。しかし中世期になると、こうした未来の取引への制限はキリスト教世界で緩和されたが、イスラム教世界ではそうはならなかった。「西側」では、未来の取引は急速に多くの金を生みだす活動になっていき、そのなかで、あるいはそのことを通して、莫大な利子が得られるようになった。

ここで現われたもう一つ重要な考え方は、未来を一人ひとりが大切に思い、育んでいく個人的な事柄として捉えることである。つまり、他者が経験したことと似通っている面があったとしても、個々人がそれ

◆**閉じ込め（ロックイン）**　新しいシステムや技術への乗り換えは、それに適応するためのさまざまなコストを伴うため、これを回避する選択や決定が結果的に現状維持への閉じ込めにつながること。そのような選択・決定が制度的に再生産されるなかで、オルタナティヴな思考自体が導き出されなくなること。なお、経路依存（前々頁側注）も参照のこと。

ぞれの未来を期待し、構想し、思い描き、予測するのである。多くの文学やメディア表現では、未来は自分だけの個人的なものであり、他の誰のものでもないとみなしている。近代世界では、人びとは特に自己の再発見に向けて「かなわない夢を夢見る」よう説きふせられる〔Elliott 2013〕。そしてそこでは、夢がかなわないならば、本人のせいということになる。彼らの夢や野望、成し遂げたことが単に不十分だったのである。

最近定義されているものによると、未来はシェアされるものとみなされている。未来は共有されており、「われわれ」が欲するものはどうにか実現されるものであると、しばしば述べられている。未来は公に開かれ、共有されている。社会のメンバーは全員、この共通の未来に参加していると考えられている。しかし、ジャロン・ラニアーは、果たして未来がそのようなコモンズなのかどうかについて強く異議を唱えている。そして、大規模で国際的なコンピュータ企業、いわば情報が並外れた富に変わるような「極端に影響力の大きい」コンピュータを所有している「サーバーサイレン」の権力について言及している。ラニアーが記しているように、「あなたは、サーバーがあなたを見ているほどには、サーバーを見ることはできない」のである〔Lanier 2013: 63; Keen 2015〕。

したがって未来は、特にほぼすべてのものが貨幣経済において商品化されることによって、「企業の傘下に置かれている」のである〔ルイス 二〇一九、Srnicek, Williams 2015〕。ある種の未来は、シンクタンクや企業の未来学者、とりわけシリコンバレーの企業で働く人びとによって想像され、構想されているのである。この企業世界は、ある種のデジタルなユートピア主義をもたらしている〔Turner 2006〕。ラニアーは、このことが世界の大半で起きているさまざまな企業買収、とりわけ一九八〇年頃から、最初は米国と英国で、次に世界の至るところで新自由主義の言説や実践が拡大して以降に起きている企業買収に、いかに反映しているかを論じている〔クライン 二〇一一〕。興味深いことに、企業の傘下に置かれた未来に対して、「未来を占拠せよ」という、対抗的なスローガンを掲げて異議申し立てを行なう占拠運動が立ち現われている。ちなみに大企業のこのようなたちの悪い権力は、多くのＳＦのテーマにもなっている。

4……〈未来〉に関する議論

このように、未来に関する思考や構想は、拡散しており、予言的であり、問題をはらんだものである。すでに見たように、一つの問題は、ほとんどすべての未来の展望は、社会生活や社会制度がこれまでと異なったものになる／かもしれないことを案じているのに、社会科学の研究や諸概念を無視しているという点にある。多くの未来に関する思考では、そうした社会的な特性は「技術」や人びとの心を自分の個性に傾注させる能力ほどには重要ではないとみなされている。本書では、いかに未来の技術決定論というスキュラ〔女性、魚、犬の身体をもつギリシャ神話の怪物〕だけでなく、完全に開かれた未来像というカリュブディス〔渦潮を擬人化したギリシャ神話の怪物〕も回避しなければならないかを明らかにする。未来はあらかじめ決まっているわけでも、空っぽで開かれたものでもないのである。

さらに、未来像について考えることは、ある構想の仕方を新しい名前のもとに復活させることである。今や問題は大きく、たちが悪いため、何らかの未来像の構想が必要になってくる。しかし、ここで言及していることを「構想」と呼ぶことはできない。この用語には、組織資本主義と社会民主主義の時代から、イデオロギー的に手垢がついてしまっているからである。そのような考えは、コミュニタリアン左派やエコロジカル左派、さらに大半の右派のいずれからも批判されてきた。

しかし、社会的未来像には多くの長期的なプロセスが関わってくることを踏まえると、未来像について考えることは必要である。そして、いったん未来像について考えるようになると、公共団体やＮＧＯがプロセスに組み込まれなければならない。まさしく、それらは未来像を予測し、創りだすプロセスにおいて、しばしば重要なコーディネーターになるに違いない。例えば、気候変動に取り組む政策を有効な「構想」

もなしに展開することは、想像するのも難しい（それは気候変動の懐疑論者もよく知っている通りである）。したがって、脱組織資本主義においては、未来像を考えることは、国家や市民社会を孤立状態から救い出す主要な方法となるのである。さらに、社会的未来像に焦点をあてるなら、それは必然的に市場と技術の双方を超越することになる。「社会的未来像」は、自律的な市場と技術の絶え間ない前進を問題化《プロブレマタイズ》する。それは国家や市民社会を含む、一連の関連ある主体が未来像づくりに参加することを承認する。未来像を考え、民主化することは、市民社会、グローバルな変化、たちの悪い諸問題、市場の限界、多くの「未知の未知」などが見られる現代において、われわれが「ポストモダンの構想」と呼びうるものを含む。

以下、起こりそうな未来、実現可能な未来、望ましい未来という三つの未来像の区別が必要であることを見ていく。この区分は、ウェンデル・ベルに依拠している〔Bell, Wau 1971; Kicker 2009 を参照〕。望ましい未来は、結局のところ最も起こりえないかもしれない。少なくとも、ある未来が望ましいとしても、それが必ずしも起こるとは言えない。特定の未来が現在にとって望ましいのだから、その未来は実現されるだろうといった推測がしばしばなされる。社会のメンバーが、そういう未来がもたらされるべきであると考えるからである。しかし、ある社会でそれが実現可能な未来のうち最も望ましいという広範な合意が得られたとしても、最適なものが実際に展開される保証はない。

したがって、本書の第I部では、諸団体、著述家、未来学者、技術者、思想家たちが、どのようにして未来像を予測し、想像し、生み出してきたかを、ユートピアやディストピアを含めて明らかにし、図式化していく。まず第1章では、そうした多様な未来の展望や社会モデル、さらにいくつもの「過去の未来像」について述べ、評価をする。そして、いくつかの社会的未来像が、今日大きな反響を呼んでいることを明らかにする。次に第2章では、「狂騒《ローリング》」の一九九〇年代における未来への楽観主義、そしてそれに続いて、世紀の変わり目の頃から豊かな北側で起きている著しい変化について述べる。感情の構造面で見られる変化、いわば現代の社会思想における「新たな天変地異説《カタストロフィズム》」についても入念に論じる。ちなみに、未来の「社会の崩壊」について検討する際、特にシステム間の数珠つなぎに連鎖する相互作用を特徴づけるにあたって中心となるのは、複雑系の思考である。

第Ⅱ部では、決定論と開放性のあいだの厄介な道を進むために複雑系の思考に舵をきる。複雑系の分析には、経路依存性、閉じ込め《ロックイン》、閾値、正のフィードバックループ◆、臨界点《ティッピング・ポイント》、相転移◆といった概念が含まれている。システムは動態的で、プロセスに左右されるものであり、予測不可能で、相互依存的なものとみなされている。社会内および社会間の経済と文化のバランス、性質、機能を組み替えるような変化に特に重点が置かれる。誰も、必ずしもそうした変化を構想したり、予想したりしたわけではなく、その時点では気付いていないことすらあるのに、それらは世界を変えてしまう。このことは、未来像の世界における問題の厄介さをまぎれもなく示している。これらの章では、新たな社会物質的システムを導入するのに必要な複雑な条件を検討し、異なる社会的未来像を把握するために展開されてきたいくつかの主要な方法を評価する。

第Ⅲ部では、不安定で論争の的になっているだけでなく、社会的に有力なものにもなっている未来像のケーススタディにおいて、いかなる未来像が展開されうるかについて検討するために、さまざまな理論や方法のいくつかを提示している。それぞれの未来像にはシナリオが存在する。これらのケーススタディは、3Dプリンティングの発達をふまえたグローバルな製造業や輸送の将来的な編成、将来の脱炭素社会における都市内移動の変化する形態、そしてグローバルな気候変動が暗示する多くの未来像と関わりがある。これらの章では、さまざまなシナリオを展開し、異なる未来像の相対的な可能性について予測から逆算す

◆**正のフィードバックループ**　システムの生み出す結果をもたらす原因を促進する形で、出力を入力側に戻す循環。ミュルダールの『アメリカのジレンマ』を参照のこと。

◆**相転移**　物質の状態が固体、液体、気体というふうに変化したり、その性質が安定的なものから流動的なものへ、秩序立ったものから無秩序なものへと変化したりすること。

ることによって評価する。複雑系のシステム思考、いくつもの未来像、システムへの閉じ込めの重要性が、これらの章の中心をなす。そこでは社会科学と関連する研究分野を援用する。

結章では、未来像の将来的な分析に直接関心を向ける。妥当と思える未来像を多くの社会諸機関、実践や運動のなかに、分析的に組み込む必要があることを示す。不安定で複雑な相互に依存する適応システムからなる未来像を検討するために、複雑系の思考を持ち込まなければならない。強力な物理系システムや社会システムはあっても、しかしそれらは脆くもあり、しばしばイノベーション、予測不可能性、転倒可能性という特徴を持っている。また、将来像について考えても、別ものになってしまうかもしれないし、結果は必ずしも決まっているわけではない。だからこそ、未来を作りだす分野横断的な研究を遂行する能力を発展させる必要があるという理解が生じるのである〔www.lancaster.ac.uk/social-futures を参照〕。ここでは、本書が実証しているように、多様な未来像を検証し、作りだし、評価する過程で生じる、多くの意図しなかった思い通りにいかないたちの悪い問題について詳細に論じる。

第 I 部

〈未来〉の歴史

A BRIEF HISTORY OF THE FUTURE

第1章 過去の未来像

Past Futures

1……イントロダクション

未来に何が起こるかを私たちは「知る」よしもないが、記録された社会ではたいてい人びとが未来を予測したり、語ったり、まるで知っているかのように思わせる行動手順や言説が存在する。そうした認識された未来が神々、あるいは人びとの、掌中にあったとしても、それは同様である。人びとは良い未来も悪い未来も、さまざまに想像し、予測し、占い、予言して、語りあってきた。

こうしたさまざまな未来の集まりが形成されたありようは、私たちに社会の働きについて多くを教えてくれる。未来予測の形は、それぞれの社会の性質、特に権力関係がいかに構築され、拡がっていくのかに関して、多くの示唆を含んでいる。権力の鍵をなす要素は、いわば未来が想像され、構成され、具体化され、分与されるさまざまなありようから、未来を決める――もたらす――力なのである。SF作家のウィリアム・ギブソンは、じつはこう言ったらしい。「すでに未来はここにある――あまり均等に分与されていないだけなのだ」。

本章では「未来」が誰によって、どのように語られ、そしてどのような結果になったのかについて小史をひもとく。そうして「社会的な未来像」について検討し、ユートピアやディストピアの未来社会について、手短に説明していく。その歴史は、次章であつかう多くのテーマを開示することになる。そこでは、特定の人や組織に将来起こりうる帰結だけでなく、将来の社会を想像するという複雑な問題に向き合うことになる。

2……未来を言い当てる

たいていの周知の社会では、未来は広汎な想像や予言の対象とされてきた。多くの場合、そのような未来制作のプロセスは「未来の専門家」に託されてきた。しかしそうしたプロセスは、歴史的・地理的な文脈が異なれば変化するものである。このような専門家には預言者、占い師、予見者、託宣者、魔女、科学技術者、賢人、占星家、透視能力者、小説家、魔法使い、未来学者、易者などが含まれていた。彼らは多くの場合、特定の体系からなる〈専門〉の知識を用いた。しばしば霊的なものと世俗的なものを混ぜ合わせて用いたのである。専門知識の一部分を頼りにすることで未来を予言できるとみなされた者たちは重宝されて、それに見合う報酬を与えられた。そういう人たちは、未来に関する予想が権力者にとって「悪い知らせ」であったり、予言した未来が「間違っていた」ことが明らかになった場合厳しく罰せられた。

さらに、未来がどのようなものとなるかについての根拠は、しばしば鋭い論争の対象となってきた。たいていの信念体系は、予言された帰結がなぜ特定の状況では実現しなかったのを説明するメカニズムを組み入れている。そのようにして予言の未実現が全般的な信念体系を掘り崩すことがないようにしている。このことは、未来の結果を実験で予測することができると主張しておきながら、それが実験室もしくは現場で起きなかった場合でも、たいてい「救済」されることになる科学理論の場合にも当てはまる。予測を保護するこのプロセスは、科学哲学における主要問題となっており、なかでも自己実現しなかった予言が、全体的な理論の「反証」を導くものであるかどうかをめぐって重要な問題となっている。それはカール・ポパーが提唱したことで知られている通りである〔ラカトシュ／マスグレイブ 一九七〇を参照〕。

未来に関する予言は、一方で社会における特定の個人、特に君主、皇帝や企業のリーダーといった、しばしばお抱えの未来予言者を雇っているような人びとに起こると考えられる未来に関わるものであった。他方、予想された未来は、多くの人びとの未来の運命に関連しており、たいていの場合、占星術、透視能力、運勢占いの方法によるものであった。いくつかの未来の予言は、しばしば遠く離れた未来に起こるかもしれない大規模な宗教的、精神的、あるいは世俗的な出来事の予言に関わるものであった。少数の未来像は「良い知らせ」であり、ユートピアとなりうるものであった。未来像によっては、恐ろしい破局について語っている。「世界の終りは近い」というように。それらは往々にして、人間が根本的に異なった方法で行動しなければ、恐ろしいことが起こるかもしれないと警告することによって、現在を変革するよう目論まれていた。

未来について語るには何百もの方法がある〔Adam, Groves 2007: chs.1, 2〕。その方法は人間の夢を解釈することから、メソポタミアで見られたように生命の宿る場所とみなされていた人間の肝臓の状態を観察することに至るまで、実に多岐にわたっていた。

多くのギリシャ神話では、運命はあらかじめ決まっていると思われていた。デルフォイにいるような託宣者は未来を知っているとみなされていたにもかかわらず、彼らは起きると考えられていたことを阻止したり、変えたりすることはできなかった。多くのギリシャ神話は未来を知りながらそれを変えられなかった者たちの悲劇を題材としていた〔Adam, Groves 2007: 4-5〕。カサンドラは、トロイア人にギリシャからの贈り物であるトロイの木馬を受け取らないように警告したが無視された。そして、木馬に隠れていたギリシャの兵隊がトロイアを攻略したのである。カサンドラは何が起こるかを知っていたが、これらの悲劇的な出来事を阻むことはできなかった。本書第8章ではほかの例として、人びとが地球規模の気候変動の未来について認識していると考えながらも、それを大いに無視していることを取り上げる。それは、ときおり「カサンドラ症候群」の現代的な例としてみなされている。

ドルイド〔古代ケルト教の司祭〕的な未来の解釈は歴史的に重要であった。ドルイドは、鳥の飛行、雲の形、特定の樹木、ほかの自然界の特徴からインスピレーションを得ていた。長年にわたる専門的訓練に基づいて、ドルイドは預言者や魔術師とみなされるようになり、その多くは影響力のある王の顧問となった。ドルイドは預言と魔法の洗練された力を用いて、心を読んだり、未来の出来事を予測したりできると考えられていた。そこには「異常気象」をめぐる今日的な解釈と似ているところがあり、気候学者が明らかに未来の気候変動の証拠としているものが、理解しがたい習俗に基づいているのである〔Szerszynski 2010〕。

多くの社会では、重要なテクストが未来を予言するうえで決定的な役割を果たした。旧約聖書は、キリストの生活のなかで起こることを含め、多くの出来事について語っているが、新約聖書では世界の終末の預言が頻繁に行なわれている。預言者たちは、神の言葉に特権的に近づくことによって、未来を知るうえでの正当な根拠を引き出すのだと考えられていた。特定の預言者が神の言葉を知る力を持っていたのかどうかについては、多々意見の違いが見られた。

人間の運命に関する最も一般的な予測は、占星術、すなわち星々とそれに関連した神々の動きに基づいていた。インド、中国、マヤの文化は、このような天体観測から引き出された地球上の事象を予測するための精巧なシステムを開発した。西洋においては、占星術は多くの場合、個人のパーソナリティの側面を解釈するために使われる星占いの方法からなりたっていた。未来の出来事はその人が生まれたときの太陽、月、その他の天体の位置に基づいて予測された。ほとんどの職業的な占星術師はこれらの方法に頼っていた〔www.astrology.org.uk を参照〕。そして、占星術はそのほとんどすべての歴史において、天文学、錬金術、気象学、医学などの似通った科学システムと相互に結びついて形成されてきた学問的な伝統とみなされてきた。天文学が発展した後でさえ、過去二〇〇〇年にわたる占星術の勢力は衰えなかった。未来における多くの戦争、地震、その他の災害を予見していたとされる一六世紀の予言者ノストラダムスによる占星術の予測については、これまで議論の的になってきた〔面白い www.nostradamus.org を参照〕。

いずれにせよ、未来の預言や占いに関していくつかの強力な言説が存在する。これらの預言の多くは諸個人に起こることに関するものであり、特定の人びとの運命を言い当てることに関連していた。それらは神々や運命が、彼らや他の人びとのために何を用意しているのかについて知識を授けることに関わっていた。そのような未来は、知ることができ、人びとが起こるかもしれないその運命に気付いたところで、ほとんど変えることはできないと考えられていた。

3……いくつかの社会的未来像

過去数世紀にわたって、起こりうる未来に関してより複雑な記述が見られた。ここでは主にヨーロッパを例とする。そうした記述はしばしば未来社会について非常に詳細な分析を提示した。さらに、多くの場合、それらは警告や勧誘を通して現在の状況を変えようとした。西洋文学の古典は、いくつかの記述が書かれた歴史的な時期を部分的に反映する形でながらえてきた。これらの物語は未来社会のモデル、すなわちユートピア的世界とディストピア的世界のモデルを構築した。これらのテクストで見られたいくつかの用語は言語体系に組み入れられた。それらは未来像、しかも多くの場合、テクストが出版されて以降、何世紀も経ってから俗世的な言い回しと社会科学の言説を構築してきた。

ユートピア的な作品は中世の確固たるものが揺らぎ始めたときにようやく現われたと言われてきた。一六世紀以降、社会全体がどのように組織化されたのかを判断し、批評することが可能になった〔Kumar 1987; クマー 一九九三〕。トマス・モアの『ユートピア』〔More 1516; Andrews 1901 再版〕に始まり、いくつかの主要なテクストがユートピア文学を発展させていった。これは理想的な一つの要素からなるものではなく、オータナティヴな社会全体を記述した最初の作品であった。『ユートピア』はマキャヴェッリの『君主論』の直後に出版された。ヨーロッパ全域でカトリック教会を激しく揺るがした宗教改革を通して、単一であったキリスト教が分化していくなかで、近代的なユートピアは今から五〇〇年前（一五一六年）に誕生した〔Kumar 1987: 22〕。

トマス・モアは、それ以後の世紀に現われた社会思想を先取りしながら、神の都ではなく人の都について詳しく述べている。このなかで、彼は未来を対象とする新しい文学のジャンルと「方法」に足を踏み入れた。『ユートピア』はほぼ平等な社会がどのようにして本格的に運用されているかを描写している。現代の社会科学者にならって言うと、モアが『ユートピア』のなかで描いているのは、「人びとの交流、商取引、そしてその人びとのあいだであらゆるものが分配される際のルール」である〔Andrews 1901: 173〕。

ユートピアの島は五四のほぼ均一・均質な都市からなっており、それぞれが成人一〇人から一六人でなる六〇〇〇世帯で構成されている。人口がおよそ均等になるように、住民は世帯や町のあいだで再配置される。島の人口が過密になると、新しい植民地がどこかほかの場所に設けられる。ユートピアの島につながる道は一つしかなく、入口と出口の両方の役割を果たす。

ユートピアには私有財産はなく、物品は倉庫に保管され、人びとは必要なものを必要なときに要求する。この社会では、所得ではなくニーズが経済の主要な基礎をなす。生活必需品の生産のために労働が行なわれるが、無用な贅沢品は生産されない。不必要な労働は存在しない。女性と男性はほぼ同じ労働をする。失業はまったくなく、労働日の長さは六時間以下である。また、無料の医療があり、安楽死、司祭の結婚、離婚が認められている。面白いことに、食事は共同のダイニングホールで行なわれ、料理は各世帯が持ちまわりで行なう。洋服は統一されている。そのようなユートピアは安全であるとみなされ、家では鍵が不要になる。住宅の所有権は一〇年ごとに市民に当てがわれる。

「ほかの町に住んでいる友人を訪ねたり、旅行をして国の別の場所を見たりすることを望んでいる人がいる」〔Andrews 1901: 178〕場合には、島内を旅行できる。これは「近代的」な旅行への志向性の表われであり、そこでは、友情や、ほかの場所を眺めてみたいという欲求は正当な理由とみなされる。ユートピアの人びとには旅行手段、旅に必要なお金、国内のパスポートが与えられる。パスポートを所持していない者は帰宅させられる。ユートピアでは、プライバシーの自由はない。居酒屋やプライベートな集会にあてられる場所はない。誰もが衆人環視の下におかれ、うまく振る舞うように期待されている。数世紀が経って、ジェーン・ジェイコブスは効果的な都市の計画と規制には「街路の目」が存在することが重要であると言及している〔ジェコブス 一九七七〕。

他の宗教に対して寛容であるのは、すべてのユートピア人が唱える普遍的な祈りから窺い知ることができる。しかし、学識のあるユートピア人は、権力を後ろ盾にした官僚や司祭になることができ、奴隷になることもある。全体としてユートピア人は戦争を嫌う。彼らと親しくしてきた国々が不当に扱われたと感じた場合には援軍を送ることになる。しかし、彼らは敵を殺さずに、捕らえようとする。流血によって勝利が得られても、ユートピア人は心から喜べない。戦争のおもな目的は戦争がなかったら得られるような状態を手に入れることである。

モアの『ユートピア』について言及している論者は、ほとんどがこれを「社会的未来像」に重要な道すじをつけたテクストとみなしている。興味深いことにマルクスもまたモアを「共産主義の英雄」と賞賛している。これとは対照的にH・G・ウェルズは、一世紀後の一六二七年に出版されたフランシス・ベーコンの『ニュー・アトランティス』を最初の近代的ユートピアとみなしている〔Andrews 1901; Kumar 1987: 198-9〕。

『ニュー・アトランティス』は、ユートピアの島、とりわけ王の目とみなされていた国立の科学機関であるソロモンの館で見られる慣例について描いている。ここには科学研究で用いる多くの機器、プロセス、方法がある。ニュー・アトランティスのある場面では、ソロモンの館長がヨーロッパ人の訪問者に科学的な背景を説明し、ベーコン流の方法を用いて実験を行なっている。これらの実験は自然を理解し、征服すること、そしてその知識を社会の改良に応用することを目指している。

一八世紀の科学者コンドルセ侯爵によって、やや似通った見方が展開されている。彼は「未来の海」を見つめて、進歩的な未来世界の発展を予期した。それは、世界の穏当な科学者たちが目指す平等、啓蒙、社会に基づいている〔Kumar 1987: 44〕。科学は集合的な力を発揮し、ダイナミックに発展し、世界を変革し、改良するだろうと考えた。

より一般的には、小説家のアナトール・フランスがユートピア的思考が持つ肯定的な力について書いている。彼は次のように述べている。「過去のユートピア人がいなければ、人間は今も洞窟に住み、服も着ないでみじめなままであるだろう……。現実の進歩や発展は大きな夢から生まれる。ユートピアはすべての進歩の指針となり、より良い未来への試みとなる」〔Mumford 1922: 22 の引用から〕。一九世紀以前は、未来は未発見の国のようにまったく異なった場所として理解されることはほとんどなかった。しかし、一九世紀には未来に関する多くの考え方が展開されるようになり、それとともに未来のユートピアに関する詳細なビジョンが立ち現われた〔Armytage 1968〕。ほとんどの未来論者は、新しい科学と技術が果たすダイナミックな役割、さらに、とりわけ蒸気機関と電気がより好ましい未来世界への進歩をどのように可能にするかについて論じていた〔Kumar 1987: ch. 1; Morus 2014〕。

ユートピア像によっては、遠い未来に隔たってあるものではなく、まもなく実現されるものとみなされていた。その例として、階級闘争に由来する「真の共産主義」というマルクスの概念や、ジョン・ブライトとリチャード・コブデンの言う自由市場ユートピア〔Kumar 1987: 46-9〕が挙げられる。ロバート・オーウェンが一九世紀の初頭に展開したスコットランドのニュー・ラナークにある模範的な工場村は特に重要であった。この「真のユートピア」はさらに世紀を超えてほかのユートピアに拡がっていった。そうした新しいラナーク・ミルズに関するオーウェンの説明は、『新しい社会観』〔オウエン 一九五四〕という本になった。彼は産業資本主義の競争的で疎外を生む性質を批判する一方で、小さな規模の「協同村」を提唱した。それぞれの村には約一〇〇〇人の住民がいた。そのようなコミュニティには、大きな公共の建物、協同組合、遊び場、公共の炊事場、講義室、学校があった。オーウェンはこれらの村が新しい技術や機械の「減価償却」に対する抑止効果を促すだろうと考えた〔同書。なお、いくつかの最近の「真のユートピア」の多くが同様に小規模なものであることについてはWright 2010を参照せよ〕。

関連のある一九世紀後半のユートピアは、ウィリアム・モリスの『ユートピアだより』に描かれており、そこでは理想社会のビジョンが提示されている〔モリス 二〇〇三〕。この想像された社会、すなわち文字通り「どこにもないユートピア」では、人びとは産業化の負担から解放されて、自然界との有機的な共生に調和を見出す。モリスは機械を、苦渋に満ちた労働を何ほどか軽減するものとみなしていたが、作業の内部分割が起こることはまったく想定していなかった。人びとの物質的な環境は快適で、ゆとりがあり、美しいものであり、一種の牧歌的でシンプルな田園風景として描かれている〔Levitas 2013: 80〕。ウィリアム・モリスについての議論で、レビタスは閉鎖系システムとしてのユートピアと、現代社会を検討・批評する発見的な手段としてのユートピアを区別している〔Levitas 2013: 114-15〕。レビタスによれば、モリスの表現方法でさえも、固定されたユートピアの青写真というよりは、むしろ開放性と参加を重視するものであった。

その他の一九世紀のユートピアでは、よりいっそうダイナミックな未来世界のビジョンが提示されている。そのいくつかは特に大がかりな旅行、冒険、運動に関するものであった。例として、H・G・ウェルズの「時間旅行」と「世界の脳」の記述、ジュール・ヴェルヌの『八十日間世界一周』〔ヴェルヌ 一九七六〕が挙げられる。ほかの未来のビジョンでは、人類と、地球または宇宙のどこかで生きていると思われている、より進化した地球外生物種との衝突が描かれている。H・G・ウェルズの『宇宙戦争』はこのジャンルの最初の例であり、その後も多くの著作やその他の媒介的なビジョンを生み出している〔ウェルズ 一九九七〕。

ほとんどの一九世紀の作品は、科学技術の進歩が持つ力とその進歩がもたらす前向きな性質についておおむね楽観的であった。一八五一年にロンドンで開かれたイコン的な大展覧会でそのようなユートピアのビジョンがまさに示された。オスカー・ワイルドが世紀の転換期に次のように記したことはよく知られている。

「ユートピアが描かれていない地図は一見の価値もない。いつも人間が上陸している国が省かれているわけだから」〔ワイルド 一九六八〕。H・G・ウェルズは「ユートピア主義の化身」として述べられている〔彼の著書の多くのバリエーションについてはKumar 1987: ch. 6を参照〕。彼は、社会学はユートピアを研究するべきであると考えていた。それというのも、「社会学は、理想社会と既存社会との関係を記述するもの」だからである〔Wells 1914: 200〕。

この理想社会に関する記述は、ウェルズの『近代のユートピア』〔Wells 2011 [1905]〕に示されている。彼はこの近代のユートピアと古い固定観念を対照させている。彼のユートピアは変化と革新に満ちている。彼は時速二〇〇〜三〇〇マイルで地球上を移動する巨大な列車をとり上げて、世界規模の移動性について考えた〔Kumar 1987: 194〕。ユートピアは静的なものであるはずはない。プライバシーなどあるわけがなく、言語、貨幣、慣習、法律はすべて共有されているのだ。唯一の土地所有者であり、すべてのエネルギー源を所有する世界国家があるだけである。人類は肉体労働からほぼ完全に解放されている。デザインは効率的でシンプルで機能的である。科学的精神がこのユートピアの社会組織に浸透している。科学技術の最新の発展がもたらす機械による人びとの生活の支配を制限するものはほとんどない。広大な建物に収容された世界の全住民の目録があり、移動パターンを含めて各個人に関する多くの情報を記した記録カードがある。

しかし、H・G・ウェルズの『透明人間』はむしろ楽観的でないビジョンを提示している。そこでは、異系の科学者グリフィンは不可視性の謎を解き明かし、全能の追求にパラノイア的に力を注いでいる〔Kumar 1987: 184-5〕。人間に対する機械の意図せざる支配は、多くの未来像の予見において見られる永続的なテーマである。それは、一九世紀初頭にメアリー・シェリーが怪物のような人物として描いたスイスの科学者ビクター・フランケンシュタインの物語に続くものである〔シェリー 一九八四〕。フランケンシュタインは科学実験室という、まさに新しい空間で実験を行なっている。彼は生命が生み出される自然の法則を拒否する。実験室で彼は新しい人間を創り出そうとする――ストーリーのサブタイトルは『現代のプロメテウス』である――。しかし、フランケンシュタインは自らが別々の体の部位から組み立てたものを目の前にして、恐怖に襲われる。彼はその実験を放棄するが、のちにそのことで罰せられる。人間の活動によって創られる「科学が生み出した怪物」が、大幅に制御不能となり、その創造者を脅かすために戻ってくるというテーマはこれに続く多くのSF作品に継承された。今や古典となった映画『ブレードランナー』〔1982〕などがそれにあたる。

メアリー・シェリーの『最後の人間』は、二一世紀の終わりを舞台にしているが、「黙示録的な」小説の最初の作品であるとよく言われている。この小説は、ペストが国境を越えて急速に広がるなかで必死に生きている生存者の姿を描いている〔シェリー 二〇〇七〕。シェリーは、「米国の広大な都市、ヒンドゥスタンの肥沃な平野、中国人の密集した住居は完全な破滅に脅かされている。今や忙しい日常に追われた群集が楽しみや利益のために集まったところで、聞こえてくるのは悲鳴と悲惨な音だけである。空気は毒されていて、個々の人間は死を吸い込む」と描写している〔www.gutenberg.org/cache/epub/18247/pg18247-images.html〕。

人間と機械の問題をはらんだ関係は、サミュエル・バトラーの『エレホン』や、とりわけチャールズ・ダーウィンの『種の起源』の直後に著わされた「機械に関する書物」〔バトラー 一九七九〕で詳しく述べられている。バトラーは、適者生存の状態になると、人間はそのうち自分自身が生み出した機械を制御できなくなるかもしれないと警告した。彼は人間の体が現在の形となって現われるまでに何百万年もかかったと論じた。人間は近代的な機械が進歩しているのと同じような速さでは進化しなかったが、機械が改良されていく速さには制限はないようである。バトラーは、いつか機械が「思考」の能力、あるいは今ならAIと呼ぶようなものを発展させるかもしれないと警告した。

機械は潜在的に発展し、自己組織化し、世界を支配することができるとみなされた。バトラーは予見するかのように次のように書いている。「恐れているのは、驚くべき速さで機械が現在とはかなり異なるものになりつつあることである。過去のどの時代に存在したものも、これほど速く進展することはなかった。この進展を妬ましく見守らずにはいられないし、まだその流れを抑止できるあいだに、それを確かめずにいられようか」〔バトラー 一九七九、Armytage 1968: 52-4〕。エレホン〔どこにもないユートピアのアナグラム〕の社会では、反機械論者たちは反乱に立ち上がり、機械を破壊した。バトラーは一九世紀末に開発されたより進歩した機械を排除する必要があると主張した。

E・M・フォースターもまた科学技術によって人間が機械、あるいは彼が「〝機械〟」と呼ぶ（人間の生命維持を司る）ものに隷属させられる未来の世界像を提示した。優れた短編である『機械は止まる』には未来社会が描かれており、それには一九九〇年代半ば以降に発展してきた次世代のSFとデジタル世界に多くの追随者が現われている〔Forster 1985 [1909]〕。この物語は、一つには、機械文明や世界国家に関するウェルズの肯定的な予測に対抗する一撃となることを目指していた〔フォースター 一九九六の分析を参照〕。

フォースターは、〝機械〟によって管理された生活を送る、原子化され、移動しない人びとが目立つ未来を描いている。そこでは、多かれ少なかれ、誰もが地下にある小さな区切られた個室に住んでおり、〝機械〟を通して世界中とコミュニケーションをとっている。飛行船はあるにはあるが、ほとんどの人は他人に会う必要がないので物理的な旅行をしない。すべての人は〝機械〟にすっかり依存しており、この世界社会の中央委員会によって出版された、ただ一つ残っている現物の本である『機械の書』を手元に置いている。

地下の個室に住むこれらの人びとは、他人に触れたり、匂いを嗅いだりすることはできず、空間感覚を持ち合せていない。ほとんど旅行をしないため、人びとはお互いをつなぐ〝機械〟の糸を介して接触する。そのことによって、今で言うFacebookのリンクのように個々人が「知っている」と思われる数千人との聴覚的および視覚的な接触が可能になるのである。「集会用《ミーティング》の使い勝手の悪いシステム」と言われているものは、放置されてからしばらく経っている。二〇世紀前半の店舗で見られたような「気送管ポスト」を介して手紙が送られてくることもあったが、ほとんどの生活は〝機械〟で事足りた。フォースターは説得力のある憂鬱な未来像を示している。

主人公のヴァシュティは、ほとんどの人びとと同じように、地上での生活を拒み、〝機械〟の向こう側にある生活を理解できない。彼女の部屋にはボタン以外にこれといったものはないが、ボタンを押せば、水、熱、音楽、衣服、食べ物、そして特に他人とのコミュニケーションも調達できるのである。結果として、フォースターが書いているように、彼女は「大事に思っている世界の人びととつながっている」のである〔Forster 1985 [1909]: 111〕。彼女は「真菌のように青白い顔をした……布にくるまれた肉の塊」と表現されている〔Forster 1985 [1909]: 108〕。彼女は小さな部屋を離れることはなく、新鮮な空気を吸うこともなく、何の運動もしないで、今でいう病的な肥満の状態にある。そして、彼女の「息子」とほかの数人を除いて、この社会の大部分の人びとのように、ヴァシュティは〝機械〟に依存していることに完全に満足している。すべての人びとが〝機械〟に組織された生活に満足している参加者なのである。

フォースターの〝機械〟はデジタル用語ではなく機械学用語で描写されているが、インターネットのようなものを予見していたようにも思える。彼はこの社会における研究が、どのようにして〝機械〟の膨大なアーカイブ――今で言うインターネットかクラウドのような――から人びとがすでに知っていることを再要約する作業であることを説明している。この社会では、研究者は研究を遂行するために地上に出ることは認められていない。ある講師が以下のようにアイデアの再利用を正当化している。「直に得た《ファーストハンドの》アイデアにご注意ください……。『完全に無色』の世代が形成されつつあります」〔Forster 1985 [1909]: 131〕。ウェブのように、〝機械〟は表現のニュアンスを伝えることはできず、伝えられるとしたら実際の目的に適ったいわゆる「丁度良い」他人の一般的なアイデアだけである〔デジタルの経験の浅薄化については、Forster 1985 [1909]: 110; Carr 2010 を参照〕。

しかし、ある日、ヴァシュティの息子は彼女に連絡を取り、会って話をするよう頼む。彼はこのコミュニケーションを「うんざりする〝機械〟を通さずに」行なうよう強調する。通常ではありえないことであるが、ヴァシュティはしぶしぶながら二日間の飛行船による地球の裏側への冒険を実行し、彼女の息子と話をする〔Forster 1985 [1909]: 109〕。

フォースターが描いた世界の場合のように、モノのインターネットを介して結ばれる何十億というつながりによって、今日の人びとは〝機械〟の力に絡めとられている〔www.brookings.edu/blogs/techtank/posts/2015/06/9-future- of-iot-part-2〕。〝機械〟への依存が進み、〝機械〟が故障すれば文明は崩壊するであろう。インターネットがなければ、食料、水、電話での通話、クレジットカード決済やコミュニケーションは存在しえないであろう。今日のフォースターとも言えるナイは、次のように述べている。「米国の都市や郊外を維持しているネットワークから電気（または石油もしくはコンピュータ）が一週間以上も使えなくなると、そこは居住できなくなってしまうだろう〔Nye 2010: 131; フォースター二〇一五〕。

フォースターの物語が佳境に至るところで、実際に目もあてられない〝機械〟の故障が発生する。すべての電力供給が停止し、食べ物は届かなくなり、空気はもはや循環しなくなる。ヴァシュティは、〝機械〟最後の日々、個室の外を見て恐怖を感じる。人びとが地下墓所を這い回っているのが見える。彼らは大声を上げて泣き叫び、息も絶え絶えに、お互いに触れ合っている。彼らの土臭い身体は彼女を不快にさせる――こうした光景はおぞましい悪夢である。彼女はドアを閉め、座って最期の時を待っている。ひどい亀裂が起こり、地鳴りがする。電灯が明滅し始め、彼女は、電力が停止するとともに文明の長い日々が終わりつつあることを悟る。もはや十分なエネルギーによって電力が増強されることはなくなり、社会は崩壊する〔Urry 2014b〕。

しかし、彼女の息子は死の間際に、ホームレス――今なら「マルチチュード」〔ネグリ／ハート 二〇〇五〕と呼ぶような存在――が地上で待っていると伝えた。仲間から排除された彼らは霧やシダに身を隠し、〝機械〟の終わりを待っている。そして彼らは新たに出発する準備ができており、最期を迎えたユビキタスな〝機械〟を通さずに、触ったり、話したり、感じたりできる人生を取り戻すのを心待ちにしている〔Forster 1985: 139-40〕。この物語は、人間の贖罪の可能性を示して終わっているが、それは〝機械〟から遠く離れた周縁に追い出された人びとによって、〝機械〟を超えたところでかろうじて達成される。ジョン・フォスターはこうした考え方に基づいて、「人間の未来への希望は、未来が何であるかを見抜くことができ、そしてそれがどのようなものであっても本質的な野生との接触を維持してきた人びとに宿る」と論じている〔Foster 2015: 221〕。

フォースターのディストピアと好対照をなすのは、オルダス・ハックスレーの『すばらしい新世界』〔ハクスリー 二〇一七〕である。ハックスレーは一九二六年に米国を訪れた際に、大衆広告、心理学的な条件づけ、消費者主義、快楽主義によって人びとがこれほどまでに従順になりうるのかと衝撃を受けた。彼はまた、科学的な進歩が以前は神の生贄であった人間にゆくゆくは力をもたらすと考えた。『すばらしい新世界』の世界国家は、ヘンリー・フォードの組立ラインの原理、すなわち大量生産、均質性、予測可能性、そして新しい消費財の消費という原理のうえに築きあげられている。彼は米国を未来の姿だと思っていたが、それはおぞましい未来の姿である。フォードはこの新しい社会の神として崇められ、「フォード主義」はそのイデオロギーとなっている。ベルトコンベアが生産するのはヘンリー・フォードが開発したような商品だけでなく、人間もそうである。大量生産の原理はヒトの生物学的側面にも応用されつつある〔Kumar 1987:245〕。

ハックスレーは、人びとが生まれたときからいかに消費財を重視するよう条件づけられるのかについて説明している。物質的な要求を満たすために見られる恒常的な消費と、ほぼ完全な雇用は、安定した世界国家の礎となる。私たちが目下体外受精として知っている方法による子どもたちの大量生産も起きている。ハックスレーは子どもの成長が、子どもたちが能力を慎重に管理してきたことを確かなものにするうえでいかに役立つか、そしてそのことによってこの世界にある五つのカーストのどれかに子どもたちが不平を言わずに属することが可能になることを説明している。子どもたちは生まれたときからパブロフの条件づけの下におかれて、誰も病気になることもなく、誰もが同じ寿命を持ち（約六〇年経つと苦しまずに死ぬ）、義務としての結婚や性的な関係はなく、戦争ももはやない。

このように慈恵的な専制が見られ、そこでは被統治者はさまざまな種類の条件づけと薬で麻痺させられた身体を通して、服従を享受するようプログラムされている。この世界国家によって開発された幻覚薬によって、ユーザーたちは二日酔いのない休日を楽しむことができる。『すばらしい新世界』の支配者たちは、このようにして人びとが進んで隷属状態を受け入れるように仕向けるという課題を解決するのである。ハックスレーはのちにこう書いている。「『すばらしい新世界』では、最も魅惑的な性質を持った絶え間ない放心状態というものを……人びとが現実の社会的・政治的な状況にあまり注意を向けないようにする目的で、政策手段として意図的に用いている」〔ハクスリー 一九六六〕。全体的に見れば、ハックスレーは、人びとがあまりにも多くの娯楽、消費主義、麻薬に誘発された陶酔に興じることで、誰もが受動的になって幸せにさせられ、実際には「制御されている」ことに気づかなくなることを恐れていた。映画『トゥルーマン・ショー』〔1998〕では、主人公はテレビ番組が演出するうってつけのリアリティテレビ番組のなかで暮らすのであるが、この映画は『すばらしい新世界』の現代版となっている。その後の多くの論者が、消費主義は大衆の新しいアヘンであるというハックスレーの考えを発展させた。

民衆の管理は、おそらくは最も傑作とされるディストピア小説であるオーウェルの『一九八四』〔オーウェル 二〇〇九〕のなかで、やや異なった形で現われている。最初の頁で、ウィンストン・スミスが、「ビッグブラザーがあなたを見ている」と書かれている、あちこちに貼られたポスターを眺めている。民衆の監視は（人口の八五％を占める無力なプロレタリア階級とは異なる）人びとの住まいや職場にある「テレスクリーン」と呼ばれるものを通して行なわれる。

このテレスクリーンは、人びとに対してテレビ、コンピュータ画面として機能するとともに、個々の部屋で起こるすべてのことを国家が観察し、聴く手段としても機能する〔これが今や実際に可能であることについては http://rt.com/uk/230699-samsung-tv-listens-privacy を参照〕。現代のCCTVカメラと同様に、自分が監視されているかどうかを知る方法はない。居住者は電子的な一望監視装置《パノプティコン》の下に置かれている。オーウェルは予見的にこう書いている。「あらゆる物音は聴き取られ、暗闇のなかにいない限り、一挙手一投足まで探索されるという想定のもとに生活しなければならなかった。――現に今はそれが本能に転じた習慣となっている毎日の生活だった」〔同書〕。さらに、「表情罪」と呼ばれるものがある。これはテレスクリーンが起こりそうにない現実を伝えるのを見ているときに、人の顔に表われた不適切な表情に対して適用される〔同書〕。

オーウェルは現在音声認識ソフトとして理解されているものをあらかじめ示しており、ほとんどすべての著述が「口述筆記」の機械への吹き込みを伴うことも述べている。手書きは、だいたい冗長なものとなった。小説を書く機械すらある。

スミスが真理省で働いているときは、さまざまな気送管がスクリーンに読み込まれた（われわれが言うような）テクストのハードコピーを届けてくれる。彼はそうして新聞のレポートなどのハードコピーに印をつけ、歴史を書き換えるためにテクストを更新する。そして、気送管で送り返す。ちなみに、一九世紀後半に気送管が使われるようになったとき、それらは技術的進歩を象徴するものとして、あまねく浸透することになるだろうと広く考えられた。ジュール・ヴェルヌのディストピア的な『二〇世紀のパリ』では、海洋を横切って延伸している気送管の列車が宙に浮いている様子が書かれている〔ヴェルヌ 一九九五〕。一部の専門家は食料が各家庭に気送管で供給されるかもしれないと考えていたが、航空機よりも速く人びとを運ぶ潜水艦チューブを思い描く人もいた。

ウィンストン・スミスが日記の作成に着手していたとき、彼は昔ながらのペンを使って手帳に手書きしている。そうすることで、彼が書こうとしている内容に関する口述筆記の記録は残らない。日記を書くこと自体は法律がないので違法ではなく、オーウェルはここでファシスト諸国やソビエト連邦において法の支配が欠如していることに言及しているのである。『一九八四』は一九四六年から一九四八年のあいだに書かれたが、その期間は全体主義的な一党支配のもとでプロパガンダの歪んだ権威が明らかになった時代であった。オーウェルはさまざまなプロパガンダと管理の技術を批判している。そのあと、われわれは現代の国家や企業がニュースピークの変種を導入しているという考え方に親しんでいった。

オーウェルはニュースピークが「思考の範囲を狭める」ように設計されており、そのことは単語の選択を最小限に抑えることによって間接的に促されたと書いている〔オーウェル 二〇〇九〕。体系的な言葉の削除がもたらす帰結は、あらゆる種類の「事実」が「影の世界」に消え去ってしまうということである〔同書〕。これは、『一九八四』で人びとが姿を消し、真理省の職員たちによって直ちに歴史が書きかえられるようになったことにまさに近似している。最後には、真理省のために働いているウィンストン・スミス自身、歴史のなかで書きかえられている。

オーウェルによれば、この社会の目標は独裁政権を確立し、維持する権力そのものであり、権力を持つ指導者が社会を支配するのである。そして、そのような権力は人びとの心を支配することによって現実のものとなる。人びとは権力体制のメンバーが誰なのかを知らない。ウィンストン・スミスは七年間にわたって監視下に置かれた。長期的な闘いの末に、彼はついに失意の人になってしまった。彼はビッグブラザーを進んで愛するようになり、自分の意志に対して勝利を勝ち取った。そして最終的に二人と二人が本当に五人になると宣言するのだ〔オーウェル 二〇〇九〕。『一九八四』では、将来的に権力が組織化されていくメカニズムと、予想される権力世界において新たな監視「技術」が果たす、とりわけ危険な役割について明らかにしている。

ここで扱う最後のディストピア的な未来は、異なったジャンル、すなわち、シャーロット・パーキンズ・ギルマンの短編『黄色い壁紙』〔Perkins Gilman 1892; www.publicbookshelf.com/romance/wallpaper/yellowwallpaper〕に由来する。この物語は監禁と支配に関わっているだけでなく、その監禁は語り手の夫が行なっているのである。この物語は監禁されることが語り手のメンタルヘルスに及ぼした影響、また結果的に精神病に陥ったことへの影響について叙述している。何かが彼女を刺激したわけでもないのに、夫の権力のために逃げ出せずに留まっている部屋の黄色い壁紙の模様や色によって、彼女は強迫観念に取りつかれていく。最後には、彼女は女性が壁紙の模様の後ろで這い回っているという想念に取りつかれ、自分もそれらの一人であると信じるに至る。彼女は自分が唯一安全だと思える場所である部屋に閉じこもり、そこを離れることを拒む。その後のフェミニズム的SFは、家父長的に女性を縛りつけることに関する類似した説明を展開し、オータナティヴな「フェミニズム」的未来の可能性について検討している。

4……結論

以上見てきたように、ここでは、短い時間を割いて、二〇世紀半ばまでに英語で展開されてきた未来像を描くことを試みてきた。この章では、さまざまな「社会的未来像」を検討して、ユートピア的およびディストピア的な未来社会を予期する営みについての小史を紹介した。そして、未来社会を描く方法に関して次章で展開されている、数多くのテーマを打ち出した。

われわれにどんな未来が待ち受けているのかを「知る」ことはできないが、ほとんどの社会は、未来を予測したり、語ったり、ある意味で知ることもできるとされる手順や言説をこうして展開させた。そこでは見出された未来が神の手のなかにあるのか、人の手のなかにあるのかは問わない。人びとは未来を想像し、予測し、占い、預言し、語ってきた。これらの過去における未来予測の形は、「過去の未来像」と呼べるものであるが、それは次なる未来形成にいくつかの重要な表現や論点をもたらす。第I部の第2章では、二一世紀の初頭に立ち現われた夥しい数の新しいディストピア的な未来像について探っていく。そうして社会思想における新たな破滅主義の系譜に目を向ける。

第2章　新たな破滅的な未来像

New Catastrophic Futures

1……経済成長ともう一つの道

一九九〇年代の「西側」では、新しい明るい未来像が出現したように思われた。これは楽観的でユートピア的なグローバリゼーションのことを示していた。それは、マネー、ヒト、アイデア、イメージ、情報、モノの移動の急速な増大に基づいていた。その大規模な移動と力強い経済成長は、惑星の共有、新しいビジネス、友好的な国際関係、全世界的な統治体制、国際理解、より開放的な情報とコミュニケーションといった一連の概念によって社会を変えることを示していた。

それは新しい経験、技術、製品、旅行の可能性と機会をもたらすボーダーレス化がいっそう進んだ世界であった〔大前 一九九四〕。特に顕著であったのは、ウェブのデジタル・ユートピア主義で、それは予想もしなかったバーチャル世界やとても多くの新しい経済的・社会的な機会をもたらした〔Turner 2006〕。

この一九九〇年代の「グローバルな楽観主義」は、進歩的で開かれた未来を約束するものであった。ジョセフ・スティグリッツは、西側諸国における「狂騒《ローリング》の九〇年代」について語っている〔スティグリッッ二〇〇三、二〇〇六〕。西側諸国は冷戦に「勝利」した後、世界のほかの地域をボーダーレスで、グローバルな消費者主義と選択からなるユートピアにすることを目ざした。そこでは食料、製品、身体、場所、サービス、友人、家族、経験などが陳列、購入、使用の対象となる。西側諸国やほかのどの国々でも、経済成長とボーダーレスな世界が広く行きわたっていたように思われた。

しかし、一九九〇年代は実際のところ、そうした長期にわたる楽観的でボーダーレスなユートピアの到来を告げるものではなかった。それはむしろ極端な豊かさと退廃がせめぎ合う世紀末に近いものであり、差し迫った破滅を暗示しているようだった。そして、二〇〇一年九月一一日、ニューヨーク世界貿易センターのツインタワーで劇的な爆破という形であの大惨事が起こった（二〇〇〇年から〇二年にわたって見られたドットコムクラッシュ〔ITバブルの崩壊〕も同様に破滅的であった）。このメディアによってもたらされた退廃的な「狂騒の九〇年代」とそのユートピア的な想像の結末は、続いて新世紀についてさまざまな終末論的な見方を生み出した。九月一一日のニューヨークのイメージは、マスメディアがこれまでに作り出してきたどんなイメージよりもディストピア的であった〔Urry 2002〕。しかし、これらのイメージは、二〇〇三年のイラク戦争初期の、「衝撃と畏怖」と名付けられたバグダッドへの爆撃で生じたもう一つのディストピアによってすぐに上書きされた。元米軍一等兵のロイ・スクラントンはこの爆破の個人的経験について文字通り「世界の終わり」に居合わせているようだったと表現している〔Scranton 2013〕。

このように、グローバリゼーションには多くのディストピア的な暗い側面があることが明らかになった。国境を横断して移動するのは、西側が提示する選択肢、環境リスク、軍事力、医療パンデミック、女性売買、麻薬密輸、国際犯罪、労働力のアウトソーシング、奴隷貿易、ポルノグラフィ、亡命希望者、賭博、密輸労働者、廃棄物の移動、金融リスク、膨大な租税回避のマネーのフローといったユートピアを拒絶するテロリストである。これらの個々のフローについては新しい種類の「移動」研究によって明らかにされている〔アーリ二〇一八。薬物密輸についてはKloppenburg 2013を参照〕。

これらのフローの意義は、社会的な考察において「新しい破滅主義」と呼ばれうるものを生み出すようになったことである。社会科学のディストピア的な分析の奔流は、ごく大まかに複雑系の視点に基づいて展開されている。破滅的状況の「原因」は、カスケード〔滝状の流れ〕のように金融、気候、宗教、食糧、水、セキュリティ、エネルギーなどの諸システムに及ぼす、システミック〔システム上のこと〕であるが、しばしばたちの悪い人間活動の影響にあるところが大きい〔Walby 2015〕。

特にここで重要なのは長期にわたる社会変化であり、それはフェルナン・ブローデルが出来事に対する短期的な焦点の対極として「長期持続」と表現したものであり、「ほとんど動かない歴史を問題にする。つまり人間を取り囲む環境と人間との関係の歴史である。ゆっくりと流れ、ゆっくりと変化し、しばしば回帰が繰り返され、絶えず循環しているような歴史である」〔ブローデル 一九九二〕。歴史の移り変わりは、回顧することでかろうじて同定できる場合が多い。しばしば変動が生じ始めてずいぶん経ってから、それが社会の断層線における地殻変動であったとようやく気がつくのである。われわれは個々の出来事によって惑わされるのではなく、長期的な、知覚できないこともある微細な変化に焦点を当てた方がよい。

そして、これらの長期的変化には、レイモンド・ウィリアムズが「感情の構造」と呼ぶものが含まれる。彼は次のように説明している。

> 「感情」は、「世界観」や「イデオロギー」というより正式な概念との区別を強調するために選ばれる。われわれは正式に担保された体系的な信念を超えていかねばならないというだけではない……関心があるのは意味と価値であり、それらは積極的に生きられ、感じられている……思想に対置される感情ではなく、感じられた思想、思想としての感情なのである。すなわち、それは現在に根ざした実践感覚であり、生き生きとした相互的な関係のなかにある。したがって、次にこれらの要素を「構造」として定義する。それは、明確な内的関係をなしており、連動しながらも緊張関係を維持してい

る一つのセットとしてある〔Williams 1977: 132〕。

このように、感情、感じられた思想、思想としての感情の諸構造における長期的な変化が、未来を予測することを非常に難しいものにしている。それゆえ、未来像を「社会的」とみなして議論するときには、「長期持続」する変化、すなわちある特定の時期に生きる人びとには識別しにくい感情の構造における地殻変動がありうることを強調することになる。そのような変化が起きているときにはほとんど誰も気づかないが、それにもかかわらず長期的な結果をもたらすことがある〔第二次世界大戦以降のこうしたいくつかの地殻変動については、Turner 2006を参照〕。

このような感情の構造は、宇宙の最も一般的な特徴と言われる「暗黒物質」のようなものである。このような暗黒物質は観測できないが、引力によって他の物質に影響を与える。同じように、感情構造の変化は社会集団や社会制度の力に影響を及ぼすけれども、それを同定したり、記録したり、とりわけ計測したりすることは困難である。未来の予測は「長期持続」における変化、特に暗黒物質のようにさまざまなシステム間の引力、ゆえに社会的な制度、集団、実践が持つ力、重み、意義をともに変えてしまう、感情の構造の変化に依っている。

したがって、ここでは豊かな北側における感情や時代精神の構造をめぐる変化が、狂騒の九〇年代に見られた楽観主義が払拭された後に立ち現われていることを提示する。この大いに社会的・科学的な思想における長期にわたる破滅主義は、二〇〇三年以降の多くの文献に見出すことができる。

同じ時期にさまざまな大学が人間社会の起こりうる崩壊に関する研究センター／プログラムを立ち上げた。それらのなかには、ケンブリッジ大学の生存リスク研究センター〔http://cser.org/resources-reading; www.newstatesman.com/sci-tech/2014/09/apocalypse-soonscientists-preparing-end-times を参照〕やオックスフォード大学の人類未来研究所〔www.fhi.ox.ac.uk〕、プリンストン大学のグローバルなシステミック・リスクに関するプロジェクト〔www.princeton.edu/piirs/research-communities/globalsystemic-risk〕などがある。

この間、極めて稀に起こる出来事に関する大災害債券もしくは「キャットボンド」として知られている新しい金融商品が開発されてきた。そのこともあって、これらの債券の買い手は事実上「災害保険」を販売していることになる〔Appadurai 2013: 296-8〕。統計的には稀にしか起こらないと言われている大惨事が未来に起こる見込みに関して、過去や現在というものが良い指針にならないときに、ヘッジファンドに雇われた数学者は予期しない出来事のリスクを定量化するのである。

この破滅的な感情の構造は、多くの映画・書籍・美術展に反映されている。ナオミ・クラインは、こ

▼**二〇〇三年以降の多くの文献**（原注）　英語圏では以下のようなものがある。*Our Final Century*〔Rees 2003＝リース 二〇〇七、『今世紀で人類は終わる?』〕、*Collapse: How Societies Choose to Fail or Survive*〔Diamond 2005＝ダイアモンド 二〇一二、『文明崩壊――滅亡と存続の命運を分けるもの』〕、*Catastrophes and Lesser Calamities: The Causes of Mass Extinctions*〔Hallam 2005〕、*The Party's Over: Oil, War and the Fate of Industrial Society*〔Heinberg 2005〕、*The Next World War: Tribes, Cities, Nations, and Ecological Decline*〔Woodbridge 2005〕、*The Upside of Down: Catastrophe, Creativity, and the Renewal of Civilization*〔Homer-Dixon 2006〕、*The Long Emergency: Surviving the Converging Catastrophes of the 21st Century*〔Kunstler 2006〕、*The Revenge of Gaia*〔Lovelock 2006＝ラブロック 二〇〇六、『ガイアの復讐』〕、*Global Catastrophes: A Very Short Introduction*〔McGuire 2006＝マグワイア 二〇〇〇、『グローバル・カタストロフィー――その時、人は冷静に対処できたか』〕、*Heat: How to Stop the Planet from Burning*〔Monbiot 2006＝モンビオ 二〇〇七、『地球を冷ませ!―私たちの世界が燃えつきる前に』〕、*When the Rivers Run Dry*〔Pearce 2006＝ピアース 二〇〇八、『水の未来―世界の川が干上がるとき』〕、*The Suicidal Planet: How to Prevent Global Climate Catastrophe*〔Hillman, Fawcett, Raja 2007〕、*The Shock Doctrine: The Rise of Disaster Capitalism*〔Klein 2007＝クライン 二〇一一、『ショック・ドクトリン〈上・下〉――惨事便乗型資本主義の正体を暴く』〕、*Field Notes from a Catastrophe: A Frontline Report on Climate Change*〔Kolbert 2007＝コルバート 二〇〇七、『地球温暖化の現場から』〕、*Winds of Change: Climate, Weather and the Destruction of Civilizations*〔Linden 2007〕、*Dirt: The Erosion of Civilizations*〔Montgomery 2007＝モンゴメリー 二〇一〇、『土の文明史』〕、*With Speed and Violence: Why Scientists Fear Tipping Points in Climate Change*〔Pearce 2007〕、*The Next Catastrophe*〔Perrow 2007〕、*The Eye of the Storm: An Integral Perspective on Sustainable Development and Climate Change Response*〔Riedy 2007〕、*The*

Last Oil Shock〔Strahan 2007＝ストローン 二〇〇八、『地球最後のオイルショック』〕、*An Uncertain Future: Law Enforcement, National Security and Climate Change*〔Abbott 2008〕、*Climatic Cataclysm: The Foreign Policy and National Security Implications of Climate Change*〔Campbell 2008〕、*Reinventing Collapse: The Soviet Example and American Prospects*〔Orlov 2008〕、*Global Catastrophes and Trends: The Next Fifty Years*〔Smil 2008〕、*World at Risk*〔Beck 2009〕、*Time's Up! An Uncivilized Solution to a Global Crisis*〔Farnish 2009〕、*Hot, Flat and Crowded*〔Friedman 2009＝フリードマン 二〇一〇、『グリーン革命〈上・下〉』〕、*Why We Disagree About Climate Change*〔Hulme 2009〕、*Down to the Wire: Confronting Climate Collapse*〔Orr 2009〕、*The Empathic Civilization: The Race to Global Consciousness in a World in Crisis*〔Rifkin 2009〕、*Climate Refugees*〔Collectif Argos 2010〕、*Requiem for a Species*〔Hamilton 2010〕、*The Post-Carbon Reader*〔Heinberg, Lerch 2010〕、*The Vanishing Face of Gaia: A Final Warning*〔Lovelock 2010〕、*Fool's Gold: How Unrestrained Greed Corrupted a Dream, Shattered Global Markets and Unleashed a Catastrophe*〔Tett 2010＝テット 二〇〇九、『愚者の黄金――大暴走を生んだ金融技術』〕、*Storms of my Grandchildren: The Truth about the Coming Climate Catastrophe and Our Last Chance to Save Humanity*〔Hansen 2011＝ハンセン 二〇一二、『地球温暖化との闘い―すべては未来の子どもたちのために』〕、*Tropic of Chaos*〔Parenti 2011〕、*Living in the End Times: Updated New Edition*〔Žižek 2011＝ジジェク 二〇一二、『終焉の時代に生きる』〕、*Convergence of Catastrophes*〔Faye 2012〕、*The Great Disruption: How the Climate Crisis Will Transform the Global Economy*〔Gilding 2012〕、*The Burning Question: We Can't Burn Half the World's Oil, Coal and Gas. So How Do We Quit?*〔Berners-Lee, Clark 2013〕、*Unburnable Carbon 2013: Wasted Capital and Stranded Assets*〔Carbon Tracker 2013〕、*Does Capitalism Have a Future?*〔Wallerstein, Collins, Mann, erluguian, Calhoun 2013＝ウォーラーステインほか『資本主義に未来はあるか』〕、*The Knowledge: How to Rebuild our World from Scratch*〔Dartnell 2014＝ダートネル 二〇一五、『この世界が消えたあとの科学文明のつくりかた』〕、*Crisis Without End? The Unravelling of Western Prosperity*〔Gamble 2014〕、*This Changes Everything: Capitalism vs. the Climate*〔Klein 2014＝クライン 二〇一七、『これがすべてを変える――資本主義VS.気候変動〈上・下〉』〕、*After Fukushima: The Equivalence of Catastrophes*〔Nancy 2014〕、*The Collapse of Western Civilization: A View from the Future*〔Oreskes, Conway 2014＝オレスケス／コンウェイ 二〇一五、『こうして、世界は終わる―すべてわかっているのに止められないこれだけの理由』〕、*The Resilience Dividend: Being Strong in a World Where Things Go Wrong*〔Rodin 2014〕、*The Sixth Extinction: An Unnatural History*〔Kolbert 2015＝コルバート 二〇一五、『六度目の大絶滅』〕、*In Catastrophic Times: Resisting the Coming Barbarism*〔Stengers 2015〕、*Crime and the Imaginary of Disaster: Post-Apocalyptic Fictions and the Crisis of Social Order*〔Yar 2015〕。

のようなディストピア的な作品が最近人気を博していることを記している〔http://bostinno.streetwise.co/2014/12/26/the-divergent-effect-dystopia-genre-reflects-climate-change-fears〕。キャロルは多様な「死の寺院」を意味するものとして多くの今日的な文化的介入に注意を向けている〔Carroll 2008; Beckett 2011〕。一例は、イアン・マキューアンの『ソーラー』であり、作中でノーベル賞を受賞した気候学者のマイケル・ビアードが啓示的にこう述べている。「基礎科学は知っています。われわれはまずこのペースを落とし、次いでそれをやめなければならない。さもなければ、われわれの孫の世代が終わる前に大規模な経済的、人類的破局に直面することになるでしょう」〔マキューアン 二〇一二〕。ディストピア的な書物や映画のほかの例として、コーマック・マッカーシーの『ザ・ロード』〔マッカーシー 二〇一〇〕、アルフォンソ・キュアロン監督の映画『トゥモロー・ワールド』〔2006〕、マーセル・セローの『極北』〔セロー 二〇一二〕、フラニー・アームストロング監督の映画『愚か者の時代にいる』〔2009〕、マーガレット・アトウッドの『洪水の年《イヤー・オブ・ザ・フラッド》』〔アトウッド 二〇一八〕、映画『ハンガー・ゲーム』〔2012〕、ナサニエル・リッチの『明日に賭ける《オッズ・アゲインスト・トゥモロー》』〔Rich 2013〕、映画『ギヴァー――記憶を注ぐ者』〔2014〕、映画『ダイバージェント――異端者』〔2014〕、映画『マッドマックス――怒りのデス・ロード』〔2015〕などがある。クィーナンは「ディストピア的な映画の黄金時代……ディストピア映画の津波のなかに生きている」と述べている〔www.theguardian.com/film/2015/mar/19/dystopian-films-blade-runner-insurgent-future-grim〕。

もう一つの例は、世界経済の崩壊と大規模な市場の氾濫（二〇〇七年）によって恐慌状態に陥った英国を書いたサラ・ホールの『カルフラン陸軍』である。そこでは、石油やバイオ燃料は配給され、電力は計画配電され、缶詰の食品が米国の慈善団体から送られている。国勢調査の結果、ほぼすべての市民が都市の中心に集められている。しかし、ロンドンから離れたところに、フェミニストの最終的な要塞であるカルフラン陸軍の宿営地がある。ある少女が抑圧的な結婚の拘束から逃れ、北方の農場であるカルフランの端に住んでいる「公的な立場にない女性」の一団を見つける。ある登場人物は次のように述べている。

「私はロンドンに興味がありません。ロンドンはもう終わっています。英国はもはやかつての国家ではありません。なぜなら、中央からの統制はもうないのです。私たちは地方国家体制に戻っています。地方政権の国になる」〔Hall 2007: 104〕。しかし、カルフランに住んでいる人たちは、独裁的なリーダーシップの下で骨の折れる自給農業を強いられている。つまり、ロンドンの体制から逃れてきたにもかかわらず、同じような結末になっている。この悲劇的な結果は、荒涼とした北部の丘陵地帯における厳しい自給農業をめぐって展開されている固定的な生活の描写を解釈する上での補助線となる。

2……壊れゆく社会？

これらのディストピアの多くが打ち出しているテーゼは、人間社会とその継続的な改善と進歩は何ら自動的に進むものではないということである。社会は崩壊することもある。これらのテクストでは、生活状態はまぎれもなく改善されていくという考えを問題にしている。グリアによると、われわれは『進歩以降』〔Greer 2015〕の段階に移行している。さらに、これらのテクストはシステミックな逆転の可能性を指摘し、なかには厳しい言葉を用いているものもある。この逆転の可能性が人びとの生活や消費水準に直接影響し、若い世代の「未来」を損ない、公益の概念を脅かしていると説明している〔www.austerityfutures.org.uk〕。

興味深いことにダートネルは、あらゆる人間知がこうした破滅的な社会の崩壊によって失われた結果について検討している〔ダートネル 二〇一四〕。彼は第一原理から出発して、われわれの世界をゼロから再構築するために何が必要かを探究している。それに必要となる時間と資源について説明し、現代生活を可能にする多くの知識形態の相互依存性と社会的性格を明らかにしている。彼は、鉛筆のようなこの上なく単純な技術的加工品ですら、それを組み立てるには驚くほどさまざまな知識形態を取り揃えて、秩序づけることが必要になる点をひきあいに出して、これを説明している〔ダートネル 二〇一四、Allwood, Cullen 2012を参照〕。

ダートネルの著作は次にそもそも社会とは何か、そしてその空間的・時間的・資源的な前提条件とは何かという問いを設定している。ジンメルが「社会はいかにして可能か」〔Simmel 1910〕と問うなかで、この点を適切に指摘している。この問いは、二〇世紀中葉の社会学において盛んに議論されている。特にタルコット・パーソンズは、社会学は社会が秩序を維持する方法に関わりを持つべきだと主張した。これはしばしばホッブズ的な社会の秩序問題と言われている〔パーソンズ 一九八六〕。

ホッブズは自然状態について、次のように主張した。

> このような状況下では、勤労の余地はない。なぜか。勤労の成果が不確かなものとなるからである。そうなると、土地の耕作も航海も行なわれない。海路を通じて輸入される商品が使用されることもない。収容力のある建物が作られることもない。交通手段もない。巨大な力を加えてようやく動かすことのできる物を、運搬したり撤去したりするための装置もない。地表に関する知識、時間の計算、技芸、文字、社会――そのいずれも存在しない。そして何よりも悪いことに、絶えざる恐怖感と、暴力によって横死する危険とにつきまとわれる。人間の生活は、孤独で、粗末で、不潔で、野蛮なものとなる。寿命は短くなる〔www.bartleby.com/34/5/13.html〕。

ホッブズは、万人の万人に対する闘争を克服するには、強力なリヴァイアサンが必要だと主張した。リヴァイアサンとの社会契約に同意することで、生活が不潔で野蛮、短命に終わることを回避し、それが勤労、文化、芸術などの確保につながるならば人びとは喜んで自由を放棄することになるだろう。

こうした主張に対して、パーソンズは秩序問題は強力なリヴァイアサンによって解決されるのではなく、むしろ社会のメンバーが共通の規範と価値観を共有することによって解決されると論じている〔パーソンズ 一九八六〕。そのような規範への合意が、統合され、崩壊しない社会を実現すると述べている。パーソンズは、「米国あるいは西洋」の価値観と規範がこの秩序問題を解決し、社会を可能にし、人びとの生活が不潔で野蛮、そして短命に終わらないことを確実にするうえで不可欠であると強調した。ここでのパーソンズによる定式化は、分析における個人と社会のレベルをはっきりと区分することに基づいている。パーソンズ以後の社会学は、こうした区分を批判し、個人と社会の共編成を強調した。ノベルト・エリアスのような論者は、個人と社会は別個のものではなく、「関係構造」または社会関係のネットワークに組み込まれていると論じている〔エリアス 一九九六〕。

ここに列挙した破滅主義的なテクストの多くは、われわれが効果的なリヴァイアサンも共通の規範や価値も持たないために、社会秩序は解体されることになると提起している。また、これらのテクストの大部分は、さらに人びと、社会と物的条件が人間生活の条件をともに編成していると主張する。かつてグレゴリー・ベイトソンは、「生存の単位は生命体と環境の両方である。……その環境を破壊する生命体は、自らを破壊しているのだ」と主張した〔Welsh 2010: 34 にて引用〕。このように社会的実践は、社会理論のマルクス主義的な伝統において検討されているような物的環境のなかで／を通して行なわれるのである。しかし、社会が物的なものに依存しているという考えは、二〇世紀の社会科学ではほとんど無視されていた。地球資源、特に人類社会が埋め込まれている「エネルギー環境」の無闇な利用によって限界が近づくことや予想に反する結果が起こることはないと想定されていた。

これらの破滅主義的な分析がおおむね明らかにしているのは、現代社会の疑わしい資源基盤によってもたらされた問題を人間生活が「解決」しなかったということである。リフキンによれば、このことは現代社会が、消費と通信のレベルを特に問題なくこれまで以上に高めてくれるエネルギー資源を前提としていたからである〔Rifkin 2009〕。ディストピア的な説明にとって特に重要なのは、安全かつ確実に、持続可能な形で「エネルギー供給」がなされていない社会が抱える、困難な「エネルギー問題」である。エネルギーは社会に酸素を供給しており、長期にわたって適材適所にエネルギーが行きわたらなければ、通信と社会は消滅してしまう〔Motesharrei, Rivas, Kalnay 2014〕。

石炭・ガス・石油の化石燃料は、現在のエネルギー使用量の五分の四以上を占めている。これらの化石燃料を燃やして熱をエネルギーに変換する技術は、過去三世紀にわたって世界経済と社会において最も重要な変化要因であった〔Urry 2014b〕。実際、「西洋」文明はほかの文明より本質的に優れているわけではなかった。しかし、石炭・石油・ガスなどの気候変動を起こす炭素資源を急速に開発して、「西側」のエネルギー変換を偶発的に達成し、地球の軌道を決定して、まぎれもない地質学的時間の新しい局面に踏み出すことになった。

人類とそのエネルギー環境の重要性に着目することで、アナリストは人間社会やほかの種についてより一般的に考えるようになった。ここでは、斉一説と天変地異説のあいだで一大論争が見られた。斉一説は、同じ自然の摂理や過程がいつも作用しており、どこにでも適用され、歴史的に顕著な断絶や分断はないと仮定する。それに対して、天変地異説は惑星の歴史にはズレと分断があると論じる。それゆえ特定の種は消える。地球に生息していたすべての種のうち実に九八%が絶滅したと言われている。推定によれば、現在、種の絶滅が最も速いスピードで発生している〔Hallam 2005〕。

過去一〇年ほどのあいだに、過去の大量絶滅の規模に関する理解が進んだこともあって、天変地異説がより広く受け入れられた。特に重要であったのは、白亜紀の終わり、六五〇〇万年前に一〇キロメートル幅の小惑星が地球に衝突したことであった。この小惑星は核の冬と同等の影響をもたらし、地球上の支配的な種であった恐竜を含めて、全種の約七〇%が絶滅してしまった。広範囲の火山活動がこの極めて重大な絶滅の原因となったか否かについては議論がある。

いくつかのＳＦとともに、研究者は人類社会が消滅するかもしれないとますますコメントするようになっている〔コルバート 二〇一五〕。人類社会は地球上において所与かつ不変の要素を構成していると誤解しているようである。すでに分岐点に達しており、人類社会の破滅的な崩壊はその臨界点《ティッピング・ポイント》を通過するとみなされている。天変地異説に立ったある言説が今世紀の初めから急速に展開されるようになった。これらの分析の大部分は小惑星ではなく、人為による変化を強調しているが、さまざまなアナリストが社会的崩壊という命題を深めている。この崩壊の考え方は、考古学者ジョセフ・テインターの『複雑な社会の崩壊』に依拠している。そのなかで彼は、「どれだけ自分たちを世界史のなかで特別なものと考えようとしても、産業社会も過去の社会を崩壊させたのと同じ道筋をたどることになるのだ」〔Tainter 1988: 216〕と主張した。さまざまな意味で、社会は短期的な問題に対応するなかでより複雑になった。社会的崩壊の原因は、外部からの衝撃ではなく、内生的な経済的／社会的／資源的な過程にあると考えられていた。複雑性の増大で高品質のエネルギーが必要になったが、通常そのようなエネルギーの増大は収益の減少を伴った。エネルギーと環境の問題の組み合わせの進展によって、予測できない形で領域横断的に問題が深まり、結果としていくつかの社会が崩壊して、消滅していった。

多くの現代作家と同様に、テインターは今日の社会と二つのほかのトラウマ的な歴史的出来事、すなわちローマ帝国の崩壊と八〇〇年の中米のユカタン半島におけるマヤ文明の崩壊を類比的に論じた。マヤ文明は少なくとも五〇〇年は続いたが、その期間にわたって精緻な技術、数学、天文学、建築、文化が展開された。しかしその権勢の絶頂において、マヤ文明は終わりを迎えたようである。もはや記念碑は建っておらず、宮殿は燃え上がり、湖は干上がって消え去り、都市は放棄された。数百万人に上る人口も九〇〜九九%が消滅してしまった〔Motesharrei, Rivas, Kalnay 2014: 91〕。マヤ文明は、まるでこのうえない速さで走り抜けた車のようであり、爆発してほぼ一晩で消えてしまった。こうしたマヤの経験は、種の個体数に関する複雑系の分析が明らかにしたものに通じる。人口は急速に増加することもあれば、急速に減少することもある。特定の環境に生息する種の個体群サイズには、何ら線形性はないのである〔May 1974、本書

第4章を参照〕。

一部の論者は、ほとんどの文明は数百年しか続かないと主張している。「西洋文明」はルネッサンス時代から六〇〇年を生き延びてきたと言えるだろう。それゆえ、強力なマヤ文明と同じように、「終わり」が来る可能性がある。社会がより複雑になり、幾何級数的に多くのエネルギーを必要とするために、エネルギー需要の増加を考えてみれば、かなり急速な人口増加がエネルギー資源を上回ってみられるようになると思われる〔Motesharrei, Rivas, Kalnay 2014〕。過去の社会はその権勢の頂点に達した時点で、その人口に対して継続的に「エネルギーを供給」するシステムが整っていなかったゆえに崩壊した。社会はその絶頂期に挫折するのであり、長い時間をかけて衰退していくようなものではないと思われる〔Carroll 2008〕。

ここで得られる今世紀への教訓とはどのようなものであるか。石油と電力の時代を迎える前は、世界人口は約二〇億人であった。しかし、二〇世紀の社会に石油と電気が供給されたことによって、世界人口は六〇億に倍増した。ハインバーグはこの六〇億の世界人口が崩壊し、今世紀中に二〇億人になって、存亡をかけたエネルギーの拡大が達成される前に、一九〇〇年の人口規模に戻るかもしれないと考えている。そのような人口減少は、ローマとマヤの文明の衰退の際に経験した社会的崩壊のスケールに似ている。天変地異説に立つ多くのアナリストは、エネルギーによって組み換えられた社会科学を発展させている〔Tyfield, Urry 2014〕。彼らは社会制度と社会的実践、資源基盤と環境への意図しない影響との関係について分析している。

さまざまな希望のない分析は、暗い時代が到来していることを示しており、多くの場合、杞憂家の発する言葉や天変地異《カタストロフ》の概念を使用している。英国王立協会の元大統領マーティン・リース卿は人類が二一世紀を生き延びる可能性は二分の一であると述べて挑発している〔リース 二〇〇七〕。ジャレド・ダイアモンドのベストセラー『文明崩壊』は重要なテクストであり、過去の多くの社会が、破壊もしくは放棄された寺院、ピラミッド、モニュメントの遺跡を残したまま、滅びていった理由について説明しようとしている。

なぜクメール帝国やマヤのような強大な社会が、何世紀にもわたって力を注いだ場所を放棄したのだろうか。

ダイアモンドは、「エコサイド」を通じてそのような「崩壊」をもたらしたのは環境問題であったと答えている。それは人間が自らを苦しめているとも言える生態学的な災害である。それは特に八つの環境プロセスの責任が重大である。森林破壊と生息地破壊、土壌の問題、水質管理の問題、行き過ぎた狩猟、魚の乱獲、外来種による在来種への影響、人口増加である。人びとの環境に対する一人当たりの影響力が高まっているのである。ダイアモンドの説明は、人口がどのように増えてきたのか、そしてエネルギー資源などの天然資源を限界まで拡大利用していったのか、とりわけそのような社会の絶頂期においてはどうであったのかということに重きを置いている。

ダイアモンドは、二一世紀において、人為的にもたらされた気候変動、環境中の有害化学物質の蓄積、エネルギー不足が、潜在していた破滅的な逆転や衰退を突如として引き起こすものとして、議論を進めている。それには、植物、動物、人間を生存不可能にする地球上の気温上昇、石油の枯渇、多くの社会で進展するレジリエンス不足、世界的な経済危機と資金不足、人口崩壊、資源戦争の頻発、食糧不足などが含まれる。要するに、これらが相互に絡み合う社会生態学的な過程は、過去の文明において「社会的崩壊」を引き起こしたような最悪の状態をもたらす。時間の経過とともに、ゆっくりと、気付くことができない形で進む矛盾は、エネルギー供給には十分であるとみなされてきたものに基づく支配的なシステムを明らかに機能停止させてしまった。

天変地異というテーマは、かつてＢＢＣ１の午後一〇時のニュース番組で、第一の項目として詳しく取り上げられた［Urry 2011: ch. 1］。長期に及んだＢＢＣの報道によると、二〇三〇年までに世界は急激な気候変動、水・食糧・エネルギーの膨大な不足、人口増加の相互に絡み合う影響によって最悪の破滅的な状態に直面する可能性がある。そのようないまだ表にあらわれていない最悪の状態に関する分析は、すでにそうした状態が世界中で現実のものになっているという特派員からの報告によって示された。このBBC報告では、世界はさまざまなシステムを逆転させることなく、相互に絡み合う複数の天変地異へとなだれ込み、結果として多くの人びとがより貧しく、移動性に乏しく、空腹で、ますます不足する資源をめぐって争うようになるだろうとしている。

この天変地異説に立った分析は、多くのコメンテーターが地質学上の時代区分で現在を「人新世」として言及することで補強される。それは、二酸化炭素レベルの急上昇、浸食の量的局面の進行、広範な種の絶滅、生態系の乱れ、海水の酸性化によって特徴づけられる。人新世について語ることは、これを地質学的歴史の有限周期と考えることである。アナリストはこうして世界は変化、パラドックス、矛盾に満ちており、変わらない秩序などないということを示している。スラヴォイ・ジジェクは、「自然は一つの大きな天変地異である。われわれの主なエネルギー源である石油がこれほどの埋蔵量に達するのに、想像をはるかに越える生態系の天変地異が地球上で起こったはずであるということぐらいは想像できよう。……自然は母なる大地ではなく。……自然は不均衡なのである〔www.democracynow.org/2008/5/12/world_renowned_philosopher_slavoj_zizek_on〕。

第II部の第3章で詳しく述べる通り、本書では複雑性理論のいくつかの概念を展開している。ここでは、均衡を確立する運動の過程からなる不変の安定状態などというものは存在しないと考えている。物質界と社会は、「われわれの生活を大いに支配している、予測不可能なものと規則的なものとの奇妙な組み合わせ」〔Ball 2004: 283〕が特徴となっている。このように、パターン化され、秩序立てられ、規則に基づいたシステムが存在し、そうした規則に基づくシステムの働きがさまざまな意図しない結果をもたらす可能性がある。そして、予測不可能な出来事が、規則に基づく永続的なパターンのようなものを混乱させ、いきなり変えてしまうのである。これは、人びと、システム、社会のネットワークが本来歴史的なものであり、均衡に向けた運動は必要ないとする見方である。「正常」な状態とは不均衡なのである。それゆえ、個体数との関係で言えば、種の数は極端な不均等を示し、特定の地域に導入されると急速に増加し、その後は急速に低下する。好不況の周期があるようだ。したがって、システムは「複雑」なものであり、人口曲線も初期状態と歴史的な過程に左右されやすい〔May 1974: xiv-xv〕。

これらのさまざまなテクストが示しているのは、政策立案者がしばしば主張するように、政策が直ちに均衡を回復させるわけではないということである。実際、政策的介入は意図していたこととは正反対の、あるいはほぼ反対の結果を生み出すことがある。それゆえ、一つの結果を得ようとしてなされた決定は、複雑系の作用が原因で、求められていたものとは異なる、いくつもの意図せざる結果をもたらす〔アーリ 二〇一四〕。その理由となっているのは、一つには、しばしば「黒い白鳥」と表現され、小さいけれど潜在的には大きな変化が重要だということである。それは希少で、思いがけない、起こりそうにない出来事であるが、非常に大きな影響をもたらす。そうした黒い白鳥の例として、近年見られるのは、暴力手段のコストの劇的な低下である〔Walby 2009〕。マックス・ウェーバー〔ウェーバー 一九八〇〕にならって言うと、「国家」とは、通例、定められた領域内で物理的暴力の正当な行使の独占を首尾よく勝ちえた共同体であると論じられてきた。この独占によって、近代国民国家は合法的にその意志を押しつけ、平和を維持し、人びとを保護し、すべてに適用される法律を議会で通過させることができる。こうした国家概念は、物理的暴力手段の規模、コスト、組織化された複雑性の増大に基づいていた。国家はより強力で正当なものとなり、他国に対して国境を維持・管理することができる。アンダーソンが述べるように二〇世紀前半には国民国家のシステムができあがり、個々の国家が国民社会という「想像の共同体」のメンバーに対する物理的強制力をますます独占しているように見える〔アンダーソン 一九九七〕。

しかし、天変地異説に立つ多くのテクストは、ここ数十年のグローバルな展開によって、物理的暴力手段を独占する強力で正当な国民国家ではもはや統治できなくなり、国民社会が崩壊したことを強調している〔アーリ 二〇〇六〕。暴力手段のコストは劇的に低下してきている。その多くは資本財に変わり、著しく安価になった新素材や特にスーパーマーケットやインターネットといった武器を売るための新しい場所の出現によって規模の経済が実現したことによる。武器は消費者の選択とスタイルになっている。米国では、コネチカット州ニュータウンで起きた最悪の学校銃乱射事件（二〇一三年一二月）の犯人によって使用されて以来、半自動小銃ＡＲ－15が特に「流行している」と報告されている。それ以来、ＡＲ－15は飛ぶように売れており、多くの米国人にとって憧れの銃であるようだ〔www.nytimes.com/2013/02/03/business/the-ar-15-the-most-wanted-gun-in-america.html⊠_r=0; Walby 2009〕。

また、そのほかの多くの銃、ピストル、ロケット、無人機、爆弾がインターネット上で購入できる。暴力手段が独占されることはない。安価な暴力手段が増えたため、従来の国家に大きな被害がもたらされ、多くの「新しい戦争」が広がることになった〔ネグリ／ハート 二〇〇五、カルドー 二〇〇三〕。これらの天変地異説に立つテクストで言及されている新しい戦争は、内と外、侵略と抑圧、ローカルとグローバルといった従来の区分を無効にしている。むしろ、新しい戦争は領土よりもアイデンティティに基づいている。長期にわたるゲリラおよび／またはテロのキャンペーンが見られる。武装勢力はしばしばほかの国々や土地からやって来る。そうした抵抗軍は国際犯罪による資金提供を受けている可能性がある。彼らはかなり安価で軽装備の武器を使用するが、通常の兵士によって配備されたものと同程度に精巧なものである。子どもを含めた多くのインフォーマルな戦闘員がいる。そして、たいていの場合正式な宣戦布告や平和宣言はなされない。同時に、公式の「国家」による多くの正規軍や安全保障活動が、より安価で、厳密な交戦規則による統制をさほど受けない民間警備会社に外注されている。現在では、新しい戦争は中東や北アフリカ地域の至るところで行なわれている。

新しい戦争は、ほとんどの社会で暴力と「不安定化《インセキュリティ》」のリスクを広げてしまった。二〇世紀の前半〔特に一九一四～一八年の第一次世界大戦〕に起きた大規模な国家戦争よりも多くの死傷者が出ているわけではない。しかしハートとネグリ〔ハート／ネグリ 二〇〇五〕が述べるように、戦争と暴力は、非常に多くの場所と局面において起こりうるものである。そして、戦争はあまりはっきりと確認できるものではなく、犯罪、テロ、薬物、レイプ、その他の個人間の暴力と重複し、絡み合っている。いくつかの社会では戦争行為や暴力が制度化されており、それらは長く、いつまで続くかわからないまま続いている。国家が暴力を終わらせる可能性はほとんどない。特に国家そのものが堕落しており、私的な利益集団の方がまだ良いように思える場合や、ほかの堕落した国々に依存している場合はそう言える。

ここでは、暴力手段とその正当性が欠如しがちであることに注目してきた。国家はしばしばシステムの交差を引き起こすシステミックな矛盾を解決できないことがある。国家は脆弱で、変則的なものになりがちである。特に現に直面しているシステミックで予測不可能な、次々となだれかかる問題には弾力的に対処できない場合にそうである。

3……破滅的なカスケード

さまざまな状態が相互に絡み合いながら、次々になだれかかるカスケードのなかで、破滅的な変化が生じる可能性があるわけだが、アナリストは、そのような状態を明らかにしてきた〔Walby 2015〕。天変地異は、システムの相互作用の中から、そしてとりわけ市場メカニズムによって支配されたシステムから立ち現われるものである。カール・ポランニーは社会の「解体」の危険性について、一九四〇年代に以下のように予見的に記述している。「市場メカニズムを、まさに人間とその自然環境の運命を左右する唯一の支配者とすることは、……社会の壊滅をもたらすだろう。……自然は元素にまで分解され、街と自然景観は冒瀆され、河川は汚染され、軍事的安全は危地に陥れられ、食糧と材料を生産する能力は破壊されるだろう」〔ポランニー 二〇〇九〕。ポランニーは、システムの相互依存的な性質と、市場による支配が破滅的なものとなる危険性について、的確に描写している。

ホーマー・ディクソンは、そうした考えを次のように述べている。「われわれが直面する恐れのある危機は、すでに声高に強調されているシステムの結果だと思われる。……社会が同時に複数のショックを受けたり、複数のストレスの影響を受けたりすると危機に直面する」〔Homer-Dixon 2006: 1〕。人的および物理的システムは動的緊張の状態において存在する。システムは互いに反響し合い、カスケード的影響を生みだす可能性がある。システム移行が同時に収束することで、重大な変化がもたらされる。そのような過程は、脆弱なグローバル秩序に負荷をかけてしまい、カスケード的な障害を引き起こすことがある。

とりわけ、失敗の危険性と、一九七〇年代後半の初めに国際的な取引が大幅に、また急速に増加したこととを結びつける論者がいる〔プリンストンにおける、グローバルなシステミックなリスクに関する研究は、www.Princeton.edu/piirs/research-communities/global-systemic-Risk を参照せよ〕。これらを結びつけるには、グローバルなノード〔結節点、結び目〕とリンクが相互に絡み合う複雑系が必要になる。しかし、このような相互依存は、システミックなリスクを幾何級数的に増加させた。エネルギーの探査と生産、送電、コンピュータネットワーク、ヘルスケア、食糧と水の供給、輸送ネットワーク、商取引と金融といったシステムにおいて生じる実際のリスクは、今やグローバルな政治、経済、金融のシステムを脅かすものとなっている。以下に示すのは、グローバルなシステムのリスクの一部であり、グローバルな相互依存が見られる世紀においては、そうしたリスクは「システミックな不安定性」を生じさせるものであり、それらが破滅的に反響し合うことはさまざまなテクストが明らかにしている。

まず、世界人口が幾何級数的に増加している。わずか一万年前には約一〇〇万人であったものが、一八〇〇年には一〇億人、一九〇〇年には二〇億人、二〇〇〇年には六〇億人に達している。世界人口は最近になって二〇五〇年までに九一億人に達すると予想されている〔Emmott 2013〕。急速に増加する人口は、エネルギーと原材料のグローバルな消費を不均衡に増大させ、環境収容能力の低下を引き起こす。

第二に、この人口増加の大部分は大都市で起こる。メガシティには約三八〇〇万人の東京首都圏、二六〇〇万人のソウル、二五〇〇万人のデリー、二四〇〇万人の上海、二一〇〇万人のメキシコシティなどがある〔Urry, Birtchnell, Caletrio, Pollastri 2014〕。そのような都市は、これまでに地球上で創造された最大の構造物である。これらの人口増加が進むメガシティは、食糧とエネルギーの不足、清潔な飲料水と衛生設備の欠如、安全で信頼性の高い輸送手段の欠如、世界保健機関〔ＷＨＯ〕の基準に違反する質の悪い大気にさらされている〔北京の印象的な映像については、www.theguardian.com/cities/2014/dec/16/beijing-airpocalypse-city-almostuninhabitable-pollution-china?CMP=share_btn_tw〕。二〇五〇年には、世界人口の約七〇％が都市に住むようになるだろうと予測されている。

第三に、この急速に増加する都市人口にあてられる食糧生産は、作物に肥料と水をやり、収穫し、加工処理し、それらを都市の人びと、より一般的に言って、特に長いフードマイルを要する食事をしている人びとに輸送する炭化水素燃料に依存している。石油不足が意味するのは、「食糧がわれわれの大多数が手の届かない価格になる可能性があるということである。餓えは、世界各地でありふれたものになり、あなたの近隣にも迫るだろう」〔Pfeiffer 2006: 2〕。より一般的には、気候変動に関連して生じる洪水、砂漠化、全般的なコスト高の結果として、食糧をめぐる反乱が起こるだろう。それは食糧安全保障を確保するために「貧しい」社会の土地を「豊かな」社会が私物化する動きと相俟って進むだろう。ハーヴェイは、こうした関係を「食糧－エネルギー－気候変動のトリレンマ」という観点から打ち出している〔Harvey 2014〕。

第四に、シューマッハによれば、「エネルギーの代替品はない。現代社会の全体的な構造はエネルギーに基づいている。……それは『単なる生活必需品』ではなく、すべての商品の基になるものであり、空気、水、土地と同等のものである」〔Kirk 1982: 1-2での引用から〕。この「基となる要素」は、社会と「生活」、それ自体の社会的・時間的・空間的な組織を構成している。そして一八世紀以来、エネルギーは、石油をベースにした化石燃料エネルギーの抽出、燃焼、分配を伴うシステムを前もって準備した。そこには、以上に見た多くのテクストが明らかにしている大きな問題が二つある。特に石油のようないくつかの燃料源は、容易に入手できる石油をおおかた使い果たすにつれて、抽出が難しくなってきている。そして、そうした化石燃料を燃やすことが世界の気候を変化させてしまう〔Urry 2013b〕。

さらに、清潔で使用可能な水を供給するシステムに対する不安が高まっている。人口が増加することで、とりわけメガシティでは、都市の外から水を購入して輸送する必要があり、大規模な水の需要がある。世界人口の約五分の一にあたる一二億人が、物理的に水が不足している場所に住んでいる。世界人口の約四分の一にあたる一六億人がコストゆえの水不足に直面している〔www.un.org/waterforlifedecade/scarcity.shtml〕。一部の論者は、人間が使用できる淡水は地球上の水のわずか〇・〇〇七％に過ぎないという事実に言及するために「最大限度の生態水《ピーク・ウォーター》」という用語を使用している〔Pfeiffer 2006: 15〕。

さらに、北側の先進国における経済・金融システムは二〇〇八年一〇月に崩壊したが、論者によっては、世界の生産、金融、不動産、消費、収入システムは崩壊しえないと考えていた。経済社会は、豊かな北部に暮らす多くの人びとにとって、いっそうの繁栄と豊かな生活から悲惨なものへと反転してしまった。さらに、今もなおシステムは著しく改革されたわけではなく、ギャンブルによれば、これは「終わりのない危機」〔Gamble 2014〕なのである。ほとんどの経済が金融化の方針を逆転させたわけではないので、銀行部門と金融部門には多くの不安定要素がある〔Haldane, May 2011〕。主要な英国銀行の強靭さの「負荷テスト」のために、「世界規模の不況」というシナリオがイングランド銀行によって使用されることは意義深い〔www.bbc.co.uk/news/business-32116356〕。

最後に、より豊かな人びとの社会は、より貧しい国々から、どちらかというと保護された地域（北アメリカ、ヨーロッパ、アジアの一部）へと移っている。そのような飛び地のそとには、「野生地帯」があって、豊かで力のある人びとが可能な限り素早く移動、もしくは退出している。これらの野生地帯にとり残されているのは民族的・部族的・宗教的な「マルチチュード」であり、彼らはその時々でさまざまに難民、薬物売買業者、もしくは人身売買業者、奴隷、テロリストとして保護区に入ろうとする〔ネグリ／ハート 二〇〇五〕。貧弱で貧困化した社会は市民秩序の破綻に度々直面しており、システムの危機をまったく解決できないという事態に向き合っている。そのような社会の人びとは、安全地帯に入るために、常に海外脱出の障壁を乗り越えようとしている（そして道半ばで死にゆく人びとも増えている）。

さらに、国家はたいてい「脆弱」であり、潜在的なシステムの危機や、干ばつ、熱波、極端な天候事象、氾濫、砂漠化、移動性疾患、砂嵐、飢饉、エネルギーや水の不足といった厄介な問題に対応できない〔Abbott 2008; Leichenko, Thomas, Baines 2010〕。繁栄している社会でさえ、国家、企業、慈善援助団体は、二〇〇五年にニューオリンズを襲ったハリケーン・カトリーナ、二〇一一年の福島における原子力発電所の爆発、二〇一二年にニューヨーク／ニュージャージーで起きたハリケーン・サンディで見られたように、相互に影響を及ぼし合うシステムには、たいてい有効に対応することができない。このような予期しない危機において、カスケードシステムが破滅的に絡み合うことを食い止めることができるような、十分にレジリエンスのあるネットワークを組み立てることは、特に難しい。先ほど述べたように、特に暴力手段のコストが低下した場合にはそうである。ロダンは、明らかに「物事がうまくいかない」〔Rodin 2014〕ことはよくあるのだから、世界中の都市は天変地異に備えるべきであり、均衡状態が続くと思い込むのはやめる必要があると論じている。

さらに、過去三、四〇年にわたる不平等の拡大によって、レジリエンスのある対応を行なうことがいっそう困難になっている。数学的モデリングに基づいて、モテシャレイ、リーバス、カルネーは、経済的不平等が著しく見られるところでは、いかに社会的崩壊が起こりやすいのか、そして構造的危機に対応するために、適切な収入と物的資源を動員することがいかに困難であるかを明らかにしている〔Motesharrei, Rivas, Kalnay 2014: ピケティ 二〇一四〕。デイヴィスによれば、これらのシステムの危機はさらに激化し、二〇三〇年までに「気候変動が起こり、石油と水の使用はピークに達し、そして地球上の人口が一五億人増えることで、われわれの想像を超える負の相乗効果が生まれる」〔Davis, M. 2010: 17〕。同様に、クンストラーは複数の脆弱性について説明している。「ピーク時とそれを越えたときに、あらゆる種類の社会的・経済的・政治的なシステム障害が起こる危険性が大いにある。ピークは文字通り、臨界点《ティッピング・ポイント》である。ピークを超えると物事は破綻し、平衡の中心点は維持されなくなる。ピークを超えたとき、文明の未来に関するすべての賭けが始まる」〔Kunstler 2006: 65〕。

　ラブロックは、これらの複数のシステムと正のフィードバックの分析を次のような問いかけで締め括っている。「われわれの文明の運命が尽きたのだろうか。そして今世紀が終わる頃には人口も大量に減少しているのだろうか。敵意に満ち、傷を負った惑星の上にごろつきが群雄割拠する灼熱の社会のなかで、わずかに生き残った人びとが貧しい暮らしを送ることになるのだろうか」〔ラブロック 二〇〇六〕。石油や水だけでなく、米国の権力、ヨーロッパの福祉国家、そして「西洋的な生活」など、より一般化された「ピーク」がここにあるかもしれない。破滅的な未来は、これらのシステム問題の相互に絡み合う影響を伴い、それは生活水準の急激な低下、経済社会の強制的な再ローカル化、壊れやすい国家的またはグローバルなガバナンス形態と結びついている。オレスケスとコンウェイは、「西洋文明」の「大いなる崩壊」が最も起こりうる未来の結末であると主張している〔オレスケス／コンウェイ 二〇一五、Slaughter 2003〕。

　このように、ディストピア的な未来世界の見通しについての注目すべき一連の著作や、その他の文化的干渉が見られる。ブランとウェイクフィールドは、最近の主要な美術展やインスタレーションを評して、次のように結論づけている。「天変地異はどこにでも、そして常にある。……すでに廃墟と化した文明、……われわれはすでに終末後の状態のなかで暮らしている」〔http://societyandspace.com/material/article-extras/theme-section-a-new-apparatus-technology-government-and-the-resilient-city/bruce-braun-and-stephanie-wakefieldinhabiting-the-postapocalyptic-city; Nancy 2014〕。

4……天変地異説の危うさ

これらの著作や展覧会はこのように、エネルギー、環境、経済、人口、食糧、水、移住、ガバナンスの連動したシステムを横断し、次々になだれかかるプロセスの破滅的な結果を描いている。しかし一部の論者は、これらの「新しい天変地異説」の著作には危険があると主張している。ときに「気候変動フィクション」と呼ばれるものは、未来の環境の天変地異は避けられず、差し迫った災害に対処しようにも何もできないということを読者や視聴者に対して示している〔www.dissentmagazine.org/article/cli-fi-birth-of-a-genre〕。クラインは、一方では天変地異説が未来についての疑わしい宿命論を引き起こすと主張している。他方で、人びとは実行可能な選択肢を積極的に考え出さなければならないとも論じている。気候変動の代替は可能であり、天変地異を不可避なものとみなさないことが極めて重要である。なぜなら、未来と向き合うことを、人びとにためらわせてしまうからである〔クライン 二〇一七〕。

天変地異説の考え方には、地球工学の非常に大規模な計画への惑星連動技術の実装に対する強力な関心を喚起するという一つの危険性がある。こうしたグローバルな社会実験は、高エネルギー消費システムを機能させ続けることができる最後の方法と言えるかもしれない〔クライン 二〇一七〕。ほとんどの国は、未来の短期的な作り直しに関わらなければならないと考えるだろう。もっとも、そうなると解決しようとしている問題よりも悪い結果をもたらすかもしれない〔本書第Ⅲ部第8章を参照〕。

したがって、スローター〔Slaughter 2003〕が指摘しているように、ディストピアのみならずユートピアはパフォーマティヴでもあり、予想されている未来の実現を促している。ウィリアム・ギブソンは、彼の小説がディストピア的な考えの実現を後押ししてしまう責任を負いたくないために、作品から特定のディストピア概念を省いたと述べている。これに対してギルは、映画やテレビシリーズの『スタートレック』

が、一九七〇年代におけるモトローラの第一世代携帯電話の開発に影響を与えたとされていることについて言及している〔https://christopherharpertill.wordpress.com/2014/12/08/should-sociology-try-to-predict-the-future-in-order-to-produce-a-better-one〕。未来の見通しは、ディストピア的であろうとユートピア的であろうと、単に分析的でもなく「表現的」なものでもなく、パフォーマティヴなものであるため、実際に未来を生み出すかもしれない。

第 II 部

複雑系と〈未来〉

COMPLEX SYSTEMS AND THE FUTURE

第3章　時間と複雑系

Time and Complex Systems

1……社会科学と〈未来〉

前章で検討した多くのテクストの中心をなしているのは、複雑系の考え方である。この第II部では、時間と複雑性から始めて、こうした概念をより深く展開していく。社会科学において、社会的未来を予測するための三つの主要なアプローチがどのようなものかについて言及することから始める。

第一の、そして最も強力なアプローチは、人間行動の個人主義的モデルであり、そこで理論や方法が強調するのは、個人が何らかの意味で合理的に行動する能力、あるいは少なくとも他者から独立して、何を、なぜ行なうのかを決める能力である。この個人主義的モデルは、さまざまな人間行動を説明する際に、多くの社会科学で使用されている。それは、現在の行動を通して人びとが生み出すと思われる未来の説明にも用いられる。このアプローチでは、さまざまな種類の活動に関連した報酬と制裁の組み合わせを変えることで、個々人の振る舞い方を修正し、それによって未来を最善の形で変化させることができると考えられている。この人間のモデルは、「社会的紐帯」の力を最小限に抑え、どちらかと言うと個人を自律的なものとみなしている。個人の概念は、ほとんどの経済学の基礎をなしている「合理的」個人から、「自己制御を喪失」した個人にまで幅広く用いられ、そうした個人の概念はしばしば人びとが「犯罪」に関与する理由を説明するのに使われている。

この個人主義的アプローチは、ある種の社会科学の理論と研究、さらに最近の行動経済学によって批判されている。それらはいずれも、行動を方向づける各個人の欲望、能力、判断を形成するうえで「他者」が極めて重要な存在あることを示している。そのような他者は、近くにいるかもしれないし、遠くにいるかもしれない。少数かもしれないし、大勢かもしれない。お互いにつながっているかもしれないし、つながっていないかもしれない〔Ormerod 2012〕。社会的な制度、ネットワーク、集団は人間行動を構築し、形成し、編成する。マルクスはよく知られているように、人びとが自分たちの歴史を作っていると主張しているが、人びとは自らが選んだ環境で歴史をつくっているわけではない。なぜなら、「死んだ世代の伝統は、生きている人びとの心に悪夢のように重くのしかかる」〔マルクス 一九六〇b〕からである。未来は、個々人に「外」在する社会的なパターンや実践に部分的に依存していると見られており、そこでは過去の伝統や経験が生きている者の心と行為に重くのしかかっている。

第二の理論は、どちらかと言えば固定的で、永続的な経済社会構造の重要性を強調している。このアプローチには、家族や教育などの社会制度に焦点をあてたものから、搾取と権力のシステムとしての資本主義をとらえる分析まで、さまざまなものがある。これらの分析では、未来はむしろ固定的で、自己修正的な社会構造がもたらしたものとみなされる。未来の予測はすでにある構造の「現行ビジネス」モデルに基づいている。

この構造的把握については多くの批判がある。ケインズは、フィードバック機構が均衡を回復できないという「慢性的な準正常の活動状態」に陥るかもしれないことを強調した〔ケインズ 二〇〇八、Beinhocker 2006: ch. 3〕。さらに、構造分析は時間の経過とともにシステムの永続性を失わせるような変化の内的要因を無視している。例えばマルクスとエンゲルスは、ブルジョア社会の中心にある内生的矛盾を記述している。彼らは「自らが魔法で導き出した地底の力をもはや支配することができなくなった魔法使い」について語っている〔マルクス／エンゲルス 一九七一〕。多くの社会集団は、しばしば「死んだ世代の伝統」にくみせず、自分たちの未来を作ることを求めて、彼らの社会に抵抗する。社会構造的な説明は、社会的葛藤、予期不可能性、およびシステム転換を多様な未来の実現可能性の分析に練り上げることができない。

第三のアプローチは複雑系の理論であり、今や多くの分野に存在している。それは社会科学における新たなパラダイムである〔社会学については、アーリ 二〇一四〕。複雑系のアプローチは、未来は、個々のアクターの行為や持続的な社会構造には還元できないということを明らかにしている。それは、個人主義的アプローチと社会構造的アプローチの要素を併せ持つことで、双方の限界を乗り越えている。本章の残りの部分では、このような複雑系のいくつかの要素について、時間との関わりで考えていく。

2……複雑性の転回

時間－空間を越えて強力な物理的および社会的システムが存在し、しばしば遠くの未来にまで広がっていると考えられている。しかし、このようなシステムは、革新性、予測不能性、逆転性を特徴としている。システムは創発的な特性を持っているが、それらは不変で安定的なものではない。したがって、複雑系の思考は、いかにシステムが動的で、プロセスに左右されるもので、予測不可能であるかを強調する。それらは開かれており、エネルギーと物質が出たり入ったりしている。多くの「科学」は、物質界のシステムがいかに創発的で、ダイナミックで、自己組織的であるのかを諒解している。古典となっている『成長の限界』〔メドウズほか 一九七二、Gell-Mann 1995; Kauffman 1993; プリゴジン 一九九七〕は、気候の未来に関するシステム思考の初期の例である。

その後の複雑性理論家は、第二次世界大戦中およびその後に展開されたサイバネティック分析とは異なり、システムを均衡から遠ざける正のフィードバックの重要性を強調している。小さな変化が大きな非線形のシステム移行をもたらす可能性がある〔Arthur 2013: 3-5〕。システムは、明白な「原因」と「結果」は明らかに非対称であること、すなわち「非線形」的であることを特徴とする〔Nicolis 1995〕。そのような些細な原因は予測不可能なものがほとんどであり、予見するのは難しいが、後になって解明できる可能性がある。したがって、システムは「ロックイン」を通して長期間安定することがあるが、特定の些細な原因が新しい「経路」の出現を促すこともある。それゆえ、システムは完全には安定していない。それらはときどき「準安定」として特徴づけられる。

複雑性は、進化し、適応し、自己組織化する複雑な適応システム、複数の「組織」形態がどのようにして存在するかを重視する。おのおののシステムは、個々の要素内に必ずしも存在しない特性を示す。システムの特性は、指揮・命令がなくても表われる。これらの創発特性は、葛藤、変化、変容を伴う。したがって、システムは時間の経過とともに自己組織化するにつれて適応し、進化する。このような複雑な相互作用は、まるで人が通過すると壁そのものが並べ替わる迷路を歩くようなものである。迷路の壁に適応するために新しい一歩がふみ出されるが、壁の方は迷路を通り抜けた各人の歩行に対応して変化する。複雑系理論は、システムを構成する要素間の、動的で、予測不可能でもある相互作用の結果について研究することを伴う。

論者たちは、現代世界における自然の加速度的な変化を強調することが多いが、これは誤解を招くものである。なぜなら、長期間にわたって安定したシステムもあるからである。システムは経路依存性によって持続するが、プロセスモデルは、システムが「ロックイン」を通して展開され、そこでは特定の些細な原因でさえも「経路」の始まりのきっかけとなる。そうしたロックインとは、「周辺の」社会制度が、かつては特定の経路に置かれてきたシステムの長期的な展開を大きく左右することを意味する〔ノース　一九九四。ロックインの古典的な例は、クワーティーキーボードのキー配列である」。システムは、不可逆的で、ロックインされた性格を「当然」失わせることになる強い力が作用しても、維持することはできる〔アーサー 二〇〇三、Mahoney 2000〕。したがって、未来は「空虚」なものとして理解されるべきではない。そのようなシステムは堅牢であり、脆弱でもある〔Ormerod 2012: 18〕。プリゴジンは次のように主張している。

もし世界が安定した力学システムによって形成されているのなら、それはわれわれの周りで観察されているものとは根本的に異なるだろう。それは静的で予測可能な世界になるだろうし、われわれは予測などしないだろう。この世界ではあらゆるレベルで変動、分岐、不安定性が発見されている。確信をもたらす安定したシステムへの対応は理想化されるか、近似化された場合だけ対応している〔プリゴジン 一九九七〕。

変化は非線形的である。「原因」と「結果」には、何ら必然的な対称性はない。分析の個人レベルと統計レベルは同等ではない。システムの結果は個々の構成要素を合算した結果ではない。

さらに、時間は、システムが移動する次元のものとはみなされない。むしろシステムは、プロセスを通して、哲学者のA・N・ホワイトヘッドらが「時間の矢」〔ホワイトヘッド 一九八一～一九八三〕と呼んできたものによって構成される。したがって、複雑系思考では均衡状態と成長状態を区別するのではなく、すべてのシステムは動的でプロセスに関わるものであって、新しい構造が展開すれば、ほかのものはしばしば予測不能な形で消滅するのである。

とりわけ、運を天にまかせないで、さまざまな未来が「決まっていない」場合、開放性が高まるときがある。そうした変化に原因がないわけではないが、既存のシステムにロックインされたことに還元することはできない。上記で議論したように、長期的な経路依存性はあるが、いかなるシステムも永遠に固定されることはない。アボットによれば、「鍵穴に鍵をさして、大きな転換をもたらすという行動パターンの可能性」〔Abbott 2001: 257〕がある。

おもな転換局面は、物理学者が「相転移」と呼ぶものであり、それは水が氷に変わるときのようなことを指す〔Arthur 2013: 10-11; Nicolis 1995〕。これは単なるリスクではなく「不確実性」であり、そうした移行を「予測する」ことは途方もなく困難である。気候科学者は、今後数十年間のうちに地球の気温が数度上昇すれば、果たして北極と南極の氷が解けるといったような相転移が起こるのかどうかについて議論している。

ラズロは、システムがある経路から別の経路に転移していく際の「カオス・ポイント」について言及している〔ラズロ 二〇〇六〕。北側の先進国では、多くの政治、情報、通信のシステムが同時にとり入れられ、ともに進化して、一般化された「カオス・ポイント」をもたらすことになった一九九〇年頃が、まさにそのようなときであった。この相互に結びついた状況には、インターネットの「誕生」、ソビエト共産主義の消滅、二四時間からなるリアルタイムのグローバルな新たなニュース報道、主要な金融市場での二四時間年中無休のオンライン取引、携帯電話の急速な普及、そして多くの交通手段やコミュニケーションにおける「安価な」ビジネスモデルが含まれる〔アーリ 二〇一五〕。

したがって、システムが閾値を超えた場合、変化は徐々に起こるのではなく劇的なものになる可能性がある。スイッチの切り替えは正のフィードバックと、アーサーが「相互接続された行動による変化の伝播」〔アーサー 二〇〇三〕と表現していることを通してなされる。その一例としてケインズによる消費者信頼感の低下に関する分析があるが、それは人びとを通してカスケード状に低下し、正のフィードバックメカニズムを通して重大な経済的・社会的な危機をもたらすという〔ケインズ 一九四二〕。一九九〇年代初頭からインターネットが劇的に成長し、数十億の人びとと組織がこれに対応してともに進化するなかで、システムが転向しているのである〔ゴア 二〇一四〕。もう一つの例は一九九〇年代半ばに、ほぼ一夜にして、オフィスワーカーにファックスが「必要であった」ことがわかり、その購入が数年間で急増したことである。ファックスを送受信することがたちまち一般的なやり方になり、オフィス間の通信は個々のオフィスがよそのオフィスを真似るようにして変容していった。他人のしたことを模倣するということは道理にかなっており、ほとんどの経済的・社会的な生活においてどのように行動すべきかを示す、ケインズが言う「経験則」の一つとなっている〔オームロッド 二〇一五〕。他人を模倣すること、したがって群れるということは、個々人にとってたいてい「合理的」であり、特定の未来を想像したり、実現したりするうえで重要である。この場合、すべてのオフィスが、ファックスのネットワーク化を通してつながっているということになる。

しかし、他人を模倣することは個人やオフィスにとっては最適かもしれないが、システムに問題のある結果をもたらす危険性がある。群れることはシステムの失敗の危険性を増大させる。金融システムとの関連において、ハルデーンとメイは「すべての銀行が同じことをするような過剰な均質性は、個々の銀行のリスクを最小限に抑えることはできるが、システム全体が崩壊する危険性を最大化してしまう」と論じている〔Haldane, May 2011: 353〕。したがって、同じような群集行動は、オームロッドが明らかにしている通り、二〇〇八年八月における金融危機と銀行破綻のさなかにほぼ一夜にして起きたように、システムの失敗をより招きやすくする〔オームロッド 二〇一五〕。

緊密に結びつけられたシステムのもう一つの特徴は、どちらかと言うと日常的な「定常事故〔科学技術システムの構造的要因により一定の確率で生じる事故〕」〔Perrow 2007〕を特性とすることである。つまり、プロセスは極めて高速に進行し、止めることはできない。そして、失敗のある部分を切り離すことはできず、システムを稼働させ続ける方法はほかにはない。このように緊密に結びつけられたシステムでは、どちらかと言うと些細なものである初期障害から回復することさえできない。その結果は、素早く、無秩序に、そして不可逆的にシステム全体に拡がっていく。そのことはカスケード効果が、断続的な「機能停止」、例えば都市を機能不全に陥らせるといった事態を引き起こす危険性がある〔Nye 2010〕。

ここまでは、そのシステムが物理的／物質的なものか、社会的なものかにかかわらず、「システム」という用語を使ってきた。しかし、ラトゥールらは、社会科学における多くの定式化されたシステムの考え方があまりにも社会的であることを明らかにしている〔ラトゥール 二〇〇八〕。そのような定式化では、機械、テクスト、金属、技術、物理的環境、プラスチック、天候といった、極めて重要で異種の物質的要素が取り除かれてしまっている。それゆえ、ここでは現代社会におけるシステムを経済的・物理的・技術的・政治的・社会的なものとみなしていく。システムは、これらの個々の「要因」のいずれかに還元されるべきものではない。それは社会物質的なものである。例えば、権力は社会的であるのと同じくらい、物質的／技術的なのである。したがって、社会は、権力関係に固定された、偶発的に組み立てられ、相互に依存し合う社会物質的なシステムの組み合わせであると考えられる。そこでは、個々のシステムは、通常ほかのシステムの存立条件を提供する。そして、「物質」は非常に複雑なものである。例えば書籍は、少なくとも一〇の基本的な物質からなっている〔Allwood, Cullen 2012: 12〕。

このように、相互依存的な複雑系は、カスケード、自己修復のパターン、見かけ上は安定しているが、唐突に崩壊しかねない体制、断続平衡、「バタフライ効果」および閾値からなっている〔アクセルロッド／コーエン 二〇〇三〕。このような複雑性がもたらす影響は、未来に関する明確でわかりやすい説明を読み上げたり、予測したり、生み出したりすることはできないことを意味する。トンプソンとベックは、こうした視点についていくつかの概念的・政策的な含意について検討しており、見栄えがするというよりむしろ不恰好な問題解決策を提唱している。それは「複数の確実性が矛盾し合っている状態においてなされる意思決定」という状況で最もうまく達成できるものである〔Thompson, Beck 2014〕。

トンプソンとベックは、公的あるいは企業の意思決定者が当初は想定していなかった、二つの見栄えのしない解決策について物議をかもすような説明を行なっている。それは第一に、これまで知られていなかったノース・ロンドンの土地に、アーセナルのエミレーツ・サッカースタジアムを建設することであった。これは、よく組織化された地域住民がこの土地への建設の可能性を地元のアジェンダとすることを強要し、その後に仕掛けたキャンペーンに続くものであった。第二に、水力発電によるロープウェイの建設であった。それは辺ぴでアクセスしにくい村々から、急速に発展するネパールのカトマンズ市へと牛乳を輸送するためのものであった。これには階統秩序に則ったアクターが強く反発したが、最終的には村人や「環境」に多くの利益をもたらすことになった。このいずれの場合も、見栄えのしない結果は混乱をきたすような形で立ち現われたが、それは特に未来形成のフォーマルな過程にもともと関わってこなかった社会集団からの強制的な圧力によるものであった。

このことに関連のあるマリブの事例は、市民による抗議が問題を引き起こしている。この事例は北アメリカにおける山火事の代表例である〔Davis 2000〕。植物の年齢構造と火災の激しさには非線形的な関連がある。樹齢五〇年の木は、二〇年の木よりも五〇倍激しく燃える。しかし、マリブ地域に暮らす有力な住民の権力が働いて、一九一九年以来、「総合的な火災の鎮静化」が地域政策の一つとなっている。これは、栄養分のリサイクルに役立つような小規模な火災さえ容認されないことを意味する。この地域のほとんどの木々は樹齢が長く、発生する火災はより激しくなっている。したがって、小規模な火災を制限する政策は、その後に大規模な火災の発生を招く。さらに、極度に激しい火災は土壌の化学構造を変化させ、土壌を撥水層に変えてしまい、布状洪水や浸食を加速させることになる〔Davis 2000: 100-103〕。そうした極度の火災や大規模な洪水は、むしろマリブの生態系の日常的な特徴であるはずの小規模な火災までも防止しようとする、見栄えの良い介入の後に起こるのである。

トンプソンとベックはこうして、マリブの火災と同じように、相容れない問題がある場合には見栄えのしない解決策が必要であると主張している。そのような矛盾したプロセスは、時には「厄介な問題」として知られるものをめぐって、非常に複雑な地球規模の戦いを生み出している〔Brown, Harris, Russell 2010; Bunders, Bunders, Zweekhorst 2015; Rittel, Webber 1973〕。これらの問題は、以下のような場合に発生する。複数の「原因」と「解決策」がある場合、プロセス間に長期的なロックインと複雑な相互依存がある場合、一つの問題を解決しようとする取り組みが、ほかの問題を浮き彫りにしたり、生み出したりする場合、問題の解決策が、それぞれの問題の枠組みに左右される場合、そして逆もまた然り。さらに、さまざまなステークホルダーが、実際のところ何が当面の問題で、何がその解決策なのかを理解するうえで根本的に異なる枠組みを持っている場合、問題の対象となる制約と、その解消のために必要な資源が時間とともに変化する場合、個々の問題が明確に解決されることはけっしてなく、「停止規則」がないため、さまざまな場所で異なる形で問題が再発してしまう場合など、である。そして、そうした問題には、ぴたりと当てはまる解決策はないのかもしれない〔Thompson, Beck 2014: 8-10; Tutton 2016〕。

したがって、気候変動のような厄介な問題の場合、「オゾン層の穴」という「より単純な」問題とは違って、適切な政策を適切な場所で、適切なタイミングで講じるための恒久的な方法などは存在しない。特定の方法による行動が状況を変える可能性があるので、かつて適切であった政策でさえも、今は適切ではないのである〔Thompson, Beck 2014: 31〕。トンプソンとベックが強調しているのは、経路依存性というものは、社会がその時代には「間違い」とされた技術のなかにロックインされているものの、そこからは抜け出せないということである。そして、さらに付け加えるなら、特定の技術をロックアウトすることは可能であるが、それが町で最高のゲームであったことを後から知るはめになるかもしれないということである。トンプソンとベックは、間近に何が待ち構えているかを誰もわからないので、テクノロジーを「柔軟」なものとする、揺るぎない主張を行なっており、その結果、ある時点で最適なものは別の時点では最適でない可能性があるとしている。彼らは、「もはや市場がわれわれを最も効率的で技術的な経路に導くことができないのであれば、われわれは恐ろしく無駄の多いいくつかの開発ラインにロックインされることになるだろう」と論じている〔Thompson, Beck 2014: 34〕。

バンダースらとツィークホースは、実際のところ気候変動は極めて厄介な問題の一つであると主張している〔Bunders, Bunders, Zweekhorst 2015: 22-3〕。その問題の場合、特別な論点が存在する。つまり、時間は「解決策」を見つけ出すために使い果たされ、中心となって調整を行なう権威も存在しないというものである。問題を解決しようとする者が部分的にその原因となっており、そこには「双曲割引」と呼ばれるものが見られ、かなり後の報酬よりも、その場の報酬が何よりも重視されることになる。

これに関連していることだが、潜在的なシステムの失敗は、しばしばカスケード状に起こる相互依存の結果である。これははるかに大きな「モジュール性」を伴うシステムによって回避することができる〔Haldane, May 2011, ハルデーンはイングランド銀行のチーフエコノミストである〕。ハルデーンとメイは、システムのレジリエンスがシステムの要素間に存在するギャップやファイアウォールからどのように生じるのかについて説明している。これは企業やプランナーなどのような、階統秩序にのっとったアクターがいつも主張するものとは正反対である〔Thompson, Beck 2014〕。ハルデーンとメイは、ギャップが大きいほど、群集行動、感染症、カスケードに伴う危機が、ネットワーク全体に拡がる危険性は小さくなると主張している。

アーサーは、分析というものは歴史的に固有のものであり、ケースに基づき、プロセスに注目していなければならないと主張している。彼はケインズ主義の経済学者であるジョーン・ロビンソンを引用している。彼女は一九七三年に、「経済が時間のなかに存在することを認めれば、その歴史は取り戻せない過去から未知の未来へと、一方通行の道を歩むことになる。均衡という概念も……支持できなくなる」と論じている〔Arthur 2013: 18〕。彼女は複雑系を検討するうえで、歴史、時間、プロセスが重要であると指摘している。ここで、時間に関する簡単な分析にとりかかる。それは複数の未来像について分析するうえで、非常に重要なことである。

3……時間

時間を理解することは難しい。空間のいくつかの側面とは異なって、時間は、視覚ではとらえることができず、日時計、時計、カレンダーといった、時間の経過を示すものによってのみとらえることができる。さらに、日、週、年、一〇年、一〇〇年、および一〇〇〇年という区分は、しばしば強力な情緒的感情を生み出す〔エリアス 一九九六、アーリ 二〇〇六：五章〕。また、序章で述べたように、ただ一つの時間というものはなく、多くの時間が存在している。さらに、ニュートンが主張しているように、時間が固有の性質や個別性を持つ絶対的なものであるのか否か、あるいはライプニッツが論じているように、時間が継起するものであるのか否かに関しては、長いあいだ論争されてきた。時間に方向性があるのか否かについても論争がなされている。上記で想定されているように、さまざまな影響が時間の経過に直接生じているというような、時間の矢というものは存在するのか。それともニュートンとアインシュタインが考えたように、時間は元に戻せるものであって、過去と未来の区別などないのか〔コヴニー／ハイフィールド 一九九五〕。

これらの異なる時間の種類は、A系列とB系列の時間をめぐる哲学的区別によってさらに詳細に述べることができる〔McTaggart 1927〕。B系列とは、「ビフォー／アフター」というような、時間感覚である。出来事は互いに独立しており、時間の次元に沿って並べられているので、互いの前や後ろに位置づけられる。個々の出来事は別々のものであり、その他の出来事との関係を変化させることはない。時間は同一の瞬間が無限に連続しているものと考えられている。それぞれの瞬間がその他の瞬間の前／後にあるものとみなされている。そうした現象に関する言明は、常にあてはまる。多くのアナリストは、しばしばクロックタイムやカレンダータイムと呼ばれるB系列のプリズムを通して物質界を分析できると考えている。

これは「過去－現在－未来」という関係を伴うA系列とは区別される。ここでは過去の出来事は、現在のなかにも部分的に保持されているものとみなされ、その後、未来へと順送りされる。さらに、現在は瞬間的なものではなく、持続するものとみなされる。過去は単にそこに立ち戻っていくものではなく、現在に組み込まれており、同様に未来の想定を具体的に現わしているのである。コールリッジは、現在と未来に関する動きを次のように捉えている。

大気圏では、重大な出来事が起こる気運が、
その出来事が起こる前に、歩み出てくることがよくある。
今日のうちから、明日はすでに歩み出しているのである。

ほかの論者が、A系列の時間について展開している。ジョージ・ハーバート・ミードは、B系列にあたる、クロックタイムやカレンダータイムという抽象的な時間について、それは「慣習的な言い方」に過ぎないとして、一貫して「継起的」な視点を採用している。ミードにとって「実在」するものは現在であり、それは『現在の哲学』〔ミード 二〇一八〕において確立されているものである。われわれが過去とみなすものは、現在において再構築される。すなわち、過去における個々の瞬間は、新たに作り直されるのである。したがって、「過去」はそれ自体としては存在しない。創発は過去を変容させ、未来に対して意味と方向性を与える。この創発とは、人びとと環境との相互作用から生じるものであり、人間は自然の一部分には解消できない。このことはおおまかに、本書で取り上げている。

マルティン・ハイデガーは、『存在と時間』〔ハイデガー 一九九四〕において、哲学は「存在」の問題に立ち戻らねばならないと強調している。ハイデガーの存在論の中心をなすのは、人間主体の本質を表わすものとしての時間である。人間は継起性に意味を見出す。存在は継起的な性格、特に生まれてから死に向かう動き《ムーブメント》において可視的なものとなる。こうした時間の見方は、人間存在にとってとるに足らないもので

はなく、核心をついている。誕生と未来としての死は必然的に結びついて、一体となっている。フェミニズムの批評家は、このハイデガー流の「死に向う存在」という考え方が、時間に対する男性中心的なアプローチを示していると声高に論じてきた。そのことは、出生と出産という、いわば時間生成能力への女性の関心と、将来世代、すなわち「われわれの子どもの子ども」のために環境を保護すべきとする要求を除外してしまうことになる〔Adam 1995: 94〕。

社会科学者は通常、自然的時間と社会的時間には根本的な差異があると主張してきた。しかし、社会科学者たちが時間における明確に「人間的」な側面として扱ったのは、実際のところ物質界の特性なのである。アダムは「過去、現在、そして未来、歴史的時間、時間の質的経験、『未分化の変化』をエピソードとして構造化すること、これらはすべて、自然科学の主題に欠かせない時間の側面として確認されている」〔アダム 一九九七・二四四頁〕と主張している。複雑系思考は、歴史、時間、創発の重要性を強調する。

二〇世紀の科学は、自然の時間を変えた。アインシュタインは、参照システムに依存しない、固定された時間や絶対的時間などといったものはないことを示した。それゆえ、時間または自己的時間〔自己の固有性に特徴づけられた時間〕は、任意の観察・測定システムに固有な内部の特徴なのである。さらに、時間と空間は互いに離れてはおらず、質量の影響を受けて湾曲した四次元の時間‐空間に融合している。量子物理学者は、電子が特定のパターンに落ち着く前に、すべての未来の可能性を瞬間的に表わしているようなバーチャルな状態について記述している。量子の動きはミステリアスなまでに瞬間的なものである。

熱力学は不可逆な時間の流れについて明らかにした。時間対称性と可塑性があるのではなく、熱力学はA系列と一致している。こうした時間の矢は、すべてのシステムが時間とともにいかに組織性を喪失し、ランダム性もしくは無秩序の度合いを増していくのかということから派生する。こうした正のエントロピーは、熱力学の第二法則から生じる。負のエントロピーは、進化的成長と複雑性の増大を特徴とする熱的不安定を伴う。すべてのエネルギー変換は不可逆的であり、一方向的である。

不可逆性の最も明白な例は、宇宙論的な時間の矢である。自然の法則は歴史的である。時間の不可逆性は混とんから秩序を引き出す〔プリゴジン／サタンジェール 一九八七〕。したがって、ホーキングは次のように要約している。「空間と時間は今や動的な特性を持っている。つまり、物体が動くとき、または力が作用するとき、それは空間と時間の湾曲に影響を及ぼす。そして再び、時間－空間の構造は、物体の動きと力の作用の仕方に影響を及ぼす」〔ホーキング 一九九五〕。複雑系のシステム思考は、物理科学と社会科学に共通の時間概念があり、以下において検討するようなさまざまな社会物質的システムが存在することを前提にしている。

4……ネットワーク

「ネットワーク」は複雑系にとっても、極めて重要である。複雑系科学者のフリッチョフ・カプラは、二〇世紀後半における「生命のウェブ」とむすびついた進歩を解く鍵はネットワークであり、「生命に注目するたびに、ネットワークに目を向けることになる」〔Capra 1996: 82〕と論じている。カステルは同様に、ネットワークは「われわれの社会の新しい社会形態を構成しており、ネットワーク形成の論理が拡散することによって、生産・経験・権力・文化のプロセスでの作用と成果が大幅に更新される。ネットワーク社会は、社会的行為に対する社会形態の優越性を特徴とする」〔Castells 1996: 469〕と論じている。また、複雑系経済学者のポール・オームロッドによれば、将来の気候変動などの現代的課題について検討すると、大衆行動を劇的に変化させる必要があることがわかる。しかし、それは個人単位のインセンティブから生じてくるものではない。どちらかと言えば、人間行動、それゆえ未来のシステムにおける変化の革新を促しているのは社会的ネットワークなのである。オームロッド〔オームロッド 二〇一五〕によれば、ネットワークは未来にとって極めて重要である。

社会科学では、ネットワーク分析はグラノヴェッターによる「弱い紐帯の強さ」〔Granovetter 1983, 1985; Albert, Barabási 2000; ワッツ 二〇〇四、二〇〇六〕という説明とともに展開されてきた。彼は求職者の八四%が、よく知っている人ではなく、さほど知らない人もしくはたまにしか会わない人を介して仕事を取得したことがあることを明らかにした。知人関係と情報のフローの弱い紐帯が、仕事探しの成功の鍵となっていた。こうした弱い紐帯の強さは、うわさの拡散、社会運動への参加、新たな社会物質的システムの開始などにも見られる〔バラバシ 二〇〇二、バート 二〇〇六、グラッドウェル 二〇〇七、オームロッド 二〇一五〕。人びとを外の世界につなぐ弱い紐帯は、親しい友人や家族という「集塊」とは異なる橋となる。橋は強い紐帯よりも弱い紐帯によってつくられる。

しかし、ほとんどの人は親しい友人や家族という「集塊」のなかに住んでいる。バラバシは次のように述べている。「われわれは『小さな世界』に住んでいるのである。この世界が小さいのは、社会という網の目が細かいからだ」〔バラバシ 二〇〇二〕。しかし、人びとが親密な友人や家族といった小集団と結びついているだけなら、七〇億の世界人口は大きく分断されることになる。実際には、世界中の人びとの分断の度合いを大幅に低下させるには、少数の長距離のランダムな結びつきか、五〇人の隣人からなる「集塊」を結びつける弱い紐帯があれば十分である。これは「小さな世界《スモールワールド》」現象として知られている。多数の長距離のランダムな結びつきが、緊密に結びつけられた集塊と組み合わされると、個々人と地球上にいる人びととの分断の度合いを低くすることになる。このネットワークのパターンと世界中の人びととの分断の度合いの低さは、未来の疾病、噂、情報、イノベーションが急速に広がる理由の一つともなる〔ワッツ 二〇〇四、二〇〇六〕。

インターネットにこのようにパターン化されているようであり、個々人はたった数回のクリックを通して、地理的に離れた他の人びとと「共在している」〔Buchanan 2002: 118-19〕。そのアーキテクチャは、わずかな手順だけで情報が一点から他の点に移動することを意味している。しかし、ほとんどの社会的ネットワークとウェブのネットワークには、大きな違いがある。前者においては、世界中の人びとが正規分布（またはガウス分布）しており、圧倒的多数がどちらかというと弱いつながりしかないのに対して、より強いつながりを持つ有力な人びとはわずかである。これは人びととの正規分布と、個々人が持つつながりの数によって特徴づけられる平等主義ネットワークである〔オームロッド 二〇一五・一九一頁〕。

これに対して、ウェブサイトは通常分散していない。いくつかのノードが膨大な数のリンクを持ち、完全に支配的である。これらのハブが相当量のアクセスを交通整理しており、傾斜分布もしくは「べき法則」分布が見られる〔ワッツ 二〇〇四〕。ウェブは、「民主的な」小さな世界のネットワークとは異なり、ネットワークを完全に支配するかなり強くつながったハブで構成されている〔Buchanan 2002〕。ウェブは、「ワールド・ワイド・ウェブの集団社会学」〔Barabási, Buchanan 2002: 85 で引用〕から生じる貴族的ネットワークである。ウェブの発展の多くは計画されたものではなく、制御されておらず、無政府主義的である。そうして見かけ上は秩序とは正反対であるにもかかわらず、ウェブの隠された秩序があり、「べき法則」分布が見られるのである〔オームロッド 二〇一五・一九九頁〕。

この貴族的な秩序は、現代生活の他の側面でも見られる。貴族的システムとは、金持ちがより豊かになり、不釣り合いな影響力を持ち、他方で貧しい者はより貧しくなるというシステムである〔オームロッド 二〇一五・二〇三頁〕。ロンドンとニューヨークの市場を介したグローバルな金融のフローは、貴族的ネットワークをよく表わす例である。もう一つの例は、利益の増大を明示するグローバルブランドであり、それを消費することで、権力を実際より大きくみせ、拡大することにつながる〔クライン 二〇〇一〕。一般的に言って「金持ち」とは、ネットワークを支配し、未来像を描いてみせるうえで極めて重要なコネクタ、ブリッジ、またはハブなのである。

このようなネットワーク、とりわけネットワーク間の「取引ゾーン」から、イノベーションが生まれてくる。それは、ターナー〔Turner 2006; カステル 二〇〇九、Lanier 2013〕によって詳しく述べられているように、サイバースペースの歴史において重要であった。そのようなネットワークは、「無数の相互作用が同時に生じている。つまり、いずれかの要素が状態を変化させるとほかのすべてに影響する」〔ストロガッツ 二〇〇五〕というような、自己組織性を示している。さらに、これらの複雑系ネットワークでは、「膨大な数の要因が、絶えずめまぐるしく変化し、互いに絡み合ってしまうせいで、部分を検討するだけでは、問題の本質を解明することなどできないのである。全体とは部分の総和ではないというわけだ……そうした現象は……基本的には非線形的なのである」〔同書〕。

次章で論じるように、イノベーションのプロセスには強力なコネクタ（個人や組織）が関わっている、それはネットワークのなかで、とりわけネットワークを横断する形で、著しく不釣り合いな多くの社会的紐帯を持っており、「構造的空隙《くうげき》」を見つけ出して活用する〔バート 二〇〇六〕。グラッドウェルは、システム転換において見られる「口コミ」の社会的相互作用の重要性について指摘している〔グラッドウェル 二〇〇七〕。非線形的な結果には、三つのプロセスが含まれる。出来事と現象は人から人へと伝染しやすく、小さな原因が大きな結果をもたらすことがある。さらにシステムが切り替わると突然変化が起こる可能性がある。例えば、現代人はみな携帯電話／スマートフォンが今どき「必要」だと思い込んでいる。その理由は実際に必要だからということもあるが、大多数の人びとがそれを所有しているからなのである。社会的伝染と臨界点《ティッピング・ポイント》という概念は、特定のネットワーク関係において中心に位置する、非常に少数の極めて強力なコネクタを前提としている。このようなコネクタは多くの社会的紐帯を持ち、こうした集中ゆえに、システムが突然転換するのである。ネットワークコンピューティングの発展において、一九六八年に『全地球カタログ』を創刊したスチュアート・ブランドは、ネットワークの重要なコネクタの一人であった〔Turner 2006〕。

◆**ワールド・ワイド・ウェブの集団社会学**　個別の情報やサイトが結びつけられた緩やかな集団としてのワールド・ワイド・ウェブ（WWW）を研究する社会学。

したがってファッションは、いわゆるサイバースペースを展開するさいにネットワークにつながれたコンピュータを使用するのと同じように、人びとのネットワークを介して出現し、拡っていくので、ネットワークにおいて重要な役割を果たす。また、ファッションは、ネットワークをつなぐ際に、相互に社会的実践の関わりが希薄な領域間の同期を促すうえで決定的なものとなる可能性がある。オームロッドは、ファッションがどこからともなく現われ、ひとたび現われると、経済的・社会的生活の複数の領域を成長、拡大、変化させることになると言及している〔オームロッド 二〇一五、Turner 2006〕。そこで起きているのは、人びとが他人を模倣するということである。オームロッドは、人びとの選好が「もはや一定ではないことを意味する。これは重要な点だ。人の選好はむしろ時間とともに変化し、推移する。いろいろな人が社会的ネットワークに影響を与え、それがまた、いろいろな人の行動を左右する」様子について言及している〔オームロッド 二〇一五・四一頁〕。そういうわけで、群衆行動はネットワークから生じ、時には未来の重大な変容を引き起こす可能性がある。とりわけそれは「デジタル・ユートピア主義」と呼ばれてきたものの成長を通して起きたように、ネットワーク関係が、多くの新しい実践領域を予想した以上に組み込み、強化しながら展開するときに生じる〔Turner 2006〕。

5……結論

本章では、未来について考えるうえで重要となる概念と議論を確認してきた。第一のポイントは、さまざまな時間の考え方、そして未来の考え方があるということである。時間は歴史的なものとみなすべきであり、過去と未来は、現在と深く絡み合っていることが明らかにされた。このような時間概念であるA系列は、物理科学で見られるものと大幅に一致している。

第二に、このような時間概念は、複雑系社会システム分析の一部をなしている。そこでは持続するシステムだけでなく、予測不可能性や不確実性もまた重要である。そのような複雑系分析において鍵となるのは、経路依存性、ロックイン、閾値、正のフィードバックループ、臨界点《ティッピング・ポイント》および相転移の概念である。この一連の概念は、さまざまな未来の探究と予測に用いられる。

第三に、そのようなシステムは社会的でも物理的でもなく、社会物質的なものであると論じてきた。諸システムは、相互の力関係のもとにあるものとして理解されるべきであり、個々のシステムはほかのシステム環境を構成しているのである。社会における権力は、そのような社会物質的システムとその組織が持つ、それぞれの力に依存する。特に重要なのは、そうした各々のシステムが自らの未来を作り出したり、あるいは制御したりすることのできる能力である。

第四に、複雑系は複数のネットワークで構成され、このような伸縮自在な関係は時間‐空間を介して構成される。次章では、こうしたネットワークがさまざまな種類のイノベーション、特に社会物質的システムの分析にとって重要であることが明らかにされる。これらは、通常、特定のアイデアや対象が羨望の的になるようなファッションや流行に関する問題である。ファッションは、しばしば人びとが他人のやっていること、使っているもの、信じていることを模倣するなかで、経済的・社会的生活を成長させ、拡大し、変化させる可能性がある。

最後に、社会集団にとって、特に「厄介な」問題があるときには、何が適切なシステムの変化をもたらすのかを正確に予測することはほとんど不可能である。多くの場合、見栄えのする解決策は存在しない。集団は変化を促すプロジェクトを革新しようと模索する一方で、意図した結果が確実に起こるようにすることはできない。社会集団はその目標を達成するために奮闘しているが、ほとんどの場合、何が望ましいグローバルな変化を生み出すのかを知ることは不可能である。彼らは自分たちが言う未来の姿を信じるほかはない。しかし、経済的・社会的・政治的イノベーションから生じる時間と空間にまたがる、意図しない結果というものが常に存在する。そして、それらの結果そのものが、さらに適応性の高い、進化するシステムの結果につながっていく。予想した通りの上出来で明確な一連の結果をもたらすような、ただ一つのことをなすことはできないとハーディンが主張したことについては、すでに言及した〔ハーディン 一九七五、本書序章を参照〕。このようなシステムの世界で見られる未来の革新に関する問題については、次章で検討していく。

第4章 未来像を一新する

Innovating Futures

1……システム

前章では、世界を動かす複雑系に、未来がいかに依存しているのかについて述べた。そして、たいていそのようなシステムは、人びとがシステムを念頭において行動したり、自分たちがシステムの構成要素であることを認識したりすることがなくても、休まずに作動し続ける。システムは、ほとんどの場合、「見えないところ」で作動している。その例としては、空港での荷物配送、住宅への電力供給、スーパーマーケットへの食品供給、TVでのイメージ配信を担うシステムなど、さまざまなものがある。大多数の人びとは、自分たちの日常的実践が「体系性」を持っていることや、毎週買い物に出かけたり、通勤・通学したり、毎日シャワーを浴びたり、文化イベントに参加したりするときに、それがいかにシステムを「支える」ことにつながっているのかということに気付いていない。だが人びとは、そうしたシステム関係を「支えて」いるとも言えるのである。この考え方は、人びとは階級関係の支え手であって、創始者ではないというマルクスの命題を一般にあてはめたものである。

実際、人びとは破滅をもたらすような出来事が起きたときにかろうじてこのシステム依存性を実感する。この破滅的な出来事には、バッテリーの充電切れ、パスワードの覚え違い、些細な機械的故障による発電所の停止とカスケード状に起こる停電、クレジットカードの与信停止、火山灰雲の発生――例えば、二〇一〇年に起きたアイスランドのエイヤフィヤトラヨークトル火山の噴火によるものなど――に伴う航空機の運航停止などがある〔Birtchnell, Büscher 2011〕。そうした破滅的な出来事は、多くの場合システムからシステムへとカスケード状に起こるシステムの失敗と結びついている。未来的な内容を現わしているテレビ番組『最後の敵《ザ・ラスト・エネミー》』〔BBC 2008〕では、数学者が登場し、数多くのデータベースを結びつけることができるシステムを考案する。しかし、いろいろな理由から、元友人である彼の敵が、彼の身体に埋め込まれたＲＦＩＤ（無線自動識別装置）を無効にしたため、このシステム同士をつなぐシステムから排除されることになった。すべてのシステムが故障し、彼は仮想的なものとなり、それゆえ物理的になきものにされたのである。

前章では、厄介な問題には見栄えのするものより、「見栄えのしない」政策と解決策がますます必要とされていることを述べた。そこでは、水平的なアクターにいっそう依存することになるし、継ぎ目のない統合が不足しているのである。その意味については、未来の／に向けた「社会物質的」なイノベーションの予測とかかわらせて検討していく。

2……イノベーション

多くの未来のシナリオにとって重要なのは、斬新で予想外の社会物質的システムである。しかし、未来を展望していくには、技術優先の分析を避ける必要がある。なぜなら技術は内在的な理由だけで発展するわけではないし、技術が開発されたからと言って、その技術がもたらすイメージ通りに経済的・社会的景観を変えてしまうわけでもないからである。技術はさまざまな経済的・社会的・政治的な生活形態に組み込まれている。そのことはヒューズが電力システムの場合について明らかにした通りである〔ヒューズ 一九九六〕。そのようなシステムは自律的ではないし、非技術的な要因からの影響も免れない。全体としてヒューズは、特に「スタイル」という概念を通して、社会がいかに電力システムの発展のありように影響を及ぼしたのかについて明らかにしている。タットンは、未来を形成するうえで、いかに多くの「問題と意味の絡み合い」が見られるかについて述べている〔Tutton 2016; Adam, Groves 2007〕。

さらに、最終的に未来を形作るものが最善のイノベーションであるという結論は必然的に導き出されるわけではない。イノベーションは、政策立案者によって語られ、促進されるような線形的な考え方とはまるで違う非線形的なものを含んでいる。彼らは通常、イノベーションを階層秩序に基づくアクターによって展開され、実行される上意下達のプロセスとして記述し、そしてそれらを卓越した起業家や新技術の偶然の「発見」、または自らが導入した先見性のある知識創造システムから生じてくるものとしている。さらに政策立案者は条件さえ整えば、イノベーションは実現し、未来が成功裏に再構築されるだろうと主張している。

しかし、新しいシステムの革新は非線形的で予測不可能である。システムは自己組織された臨界点の状態を行きつ戻りつしており、そこで重要なのは、人びとや諸機関において普通に見られる行動・活動ではない。鍵となるのは、物理的および、または社会的システムに大きな影響を与える可能性のある予想外の稀に見る出来事である〔タレブ 二〇〇九〕。そのような外れ値は歴史をゆっくりと進行させるのではなく、急激に変化させる。アーサーは、新しいシステムは通常、「既存の」機械、テクスト、技術、材料、組織の諸要素の新しい組み合わせからなると主張している〔アーサー 二〇一一〕。イノベーションは、しばしば長期にわたって相互に分離していた諸要素を新しいシステムに「結合」することになる。新しいシステムは、技術的・経済的・社会的・政治的なもののいずれでもなく、これらのすべてなのである。しばしば、新たな組み合わせを生じさせ、未来を変えるような「出来事」が外部で起こることがある。

　システムのイノベーションでは、非常に多くの相互に関連する要素がともに進化することになる。そこでは、需要側と供給側の双方に変化が起こる。また、多くの行為主体《エージェント》が関与している。さらに、長期的なプロセスが数十年にわたって生じる。したがって、イノベーションは単一の「政策」や「目的」によって引き起こされるものではない。このようにイノベーションは複合的な特徴を持っているために、そのプロセスがいつ始まるのかを正確に述べることは難しい。その始まりの時点で、システムの新たな長期持続性を生み出すイノベーションの「萌芽」が見られるが、それはあとで振り返ったときに初めてわかることなのである〔Tuomi 2003〕。

　さらに、技術はたいてい「動いている《オン・ザ・ムーブ》」ことが多く、想定上の新しいシステムにおいてほかの要素と同期化するときに、意図的な結果と意図しない結果を生み出す。そのようなシステムは「進行中」であり、システムの組織や結果はあらかじめ決定されたものではない。多くの「古い」技術は消滅することなく、経路依存性を介して生き残り、いくつかの再構成されたクラスター内で、「新しい」技術と組み合わされる。「ハイテク」の職場でさえ、紙の「技術」が重要であるのはその一例であり、それはエドガートンが「古いものの衝撃」〔Edgerton 2006〕と呼んでいることを反映している。

　しばしば地理的に離れた場所で始まった、一見すると関連のないイノベーション同士が組みあわさって、新しいシステムはできあがる。変化は、生産者も消費者も含む、多くの行為主体《エージェント》が時間と空間にまたがって、徐々に「リズムを合わせる」ように行動することによって生じる〔ストロガッツ 二〇〇五〕。未来を予期したり、管理したりすることは非常に難しい。行為主体《エージェント》は、ほかの場所で起きていることに依存しているため、個々の「イノベーション」がもたらすかもしれない結果、規模、影響について知ることはできない。このことは、一九四五年以降数十年間に、米国の東海岸と西海岸で、多くのネットワークの形成と同期化を通して展開された「サイバーカルチャー」の歴史によく示されている。ターナーは、彼が「デジタル・

ユートピア主義」と呼んでいることを促進するうえで、特に冷戦時代におけるコンピュータの使用と対抗文化が果たした役割について論じている〔Turner 2006〕。

そして、あるときにはロックインされているように見えるシステムは、取り除くことができる。ストロガッツは、「ネットワークは非常に安定度が高く、外部のじょう乱にも強いようだ。続いて別の『種子』が現われるが、それは初めに登場した『種子』とは、表面上見分けがつかない。ところが、今度の『種子』は、大規模なカスケード効果を引き起こすのだ。つまり、第二の臨界点《ティッピング・ポイント》近くでは、流行はまず起こらないが、起きる場合にはとてつもなく規模の大きいものになるのである」〔ストロガッツ 二〇〇五・三九八頁〕と主張している。新しい「ファッション」が未来の世界を席巻するかもしれない。そうなれば、それ以前の世界がどのようなものだったかを想像することは難しくなる。

ギールズは特にシステム移行のためには「ニッチ」が重要であることを強調している。彼は考えられるさまざまな経路について構想しており、そうした経路を通して、ニッチが「体制」へと発展したり、最終的には未来の「ランドスケープ」に発展したりする可能性があるという〔Geels 2014〕。そうしたニッチのイノベーションは、学習プロセス、価格／性能の改善、有力なグループからの支援を引き出すことによって、内部の推進力を高める。ランドスケープの次元で見られる変化は、体制に対するきっ抗力を生み出す。体制の不安定化は、ニッチのイノベーションを未来に広める好機となる。このようなイノベーションは既存の体制とは相容れないが、偶発的に、手をたずさえて新たな体制を生み出す可能性がある。しかし、ギールズは、すでに有力な人びとがシステム移行に抵抗する数々の事例、例えば近年見られる「グリーン経済」体制の展開に対する抵抗、について述べている〔Geels 2014〕。

全体としてギールズは、システムのイノベーションは「単に技術製品の変化だけでなく、政策、ユーザーの実践、インフラストラクチャー、産業構造、象徴的な意味などの変化を含むものである」ことについて詳しく述べている〔Geels 2006: 165〕。前章で見てきたように、ネットワークはイノベーションの中核をなしている。というのも、「イノベーションは、物的な世界の『どこか向こう側』で起きるものではなく、社会と人びととの内部で起きる」からである〔Tuomi 2003: 5〕。したがって、イノベーションはビジネスモデルだけでなく社会的モデルを前提としている。人びとの生活がイノベーションをめぐって再構築され、それが中核をなすようになるのは、潜在的なイノベーションが、特定の社会的実践のなかにうまく挿入される場合だけである。このように、イノベーションは基底部にある社会的実践の変容を前提としている。トンプソンとベックが述べているように、階統的な政策による押し付けや、商業的な広告によって、新しい実践を生み出すことが困難な場合もある。オームロッドは、世界は「合理的な」政策立案者が思っているよりも、はるかに制御しにくいものであると主張している。未来に向けた政策を「正しい」ものにすることは非常に難しく、それはシステム上の問題に対するさまざまな見栄えのしない解決策について検討した第3章で示した通りである〔オームロッド 二〇一五・二七六頁〕。

それゆえ、システムそのものは「新しい技術」に還元したり、それによって説明したりできるものではない。どちらかと言えば、すでに述べたように、技術には「不安定性」や「両価性」が伴う。アーサーによれば、「新しい技術は、さらに斬新な技術を求めている……。要するに、斬新な技術は、単なる均衡の一時的な混乱ではないということである……。それは結果として、時おり起こる混乱ではなく、混乱から混乱が生じるといった次々に押しよせる波のようなものをもたらす」〔Arthur 2013: 5〕。これらはまた、既存の体制へのきっ抗力をもたらすことによって、「急進的なイノベーション」の機会を開くかもしれない〔Geels 2010〕。イノベーションはボトムアップ型になることがあり、中心から離れた場所で、実験者やオータナティヴな集団によって、予期しない形で出現する可能性がある。それは「自動車システム」が一九世紀後半に発展したことにも通じており、そこで生み出される自動車システムがどのようなものになるのかということや、最終的にそれが全世界にわたってシステム上の支配を及ぼすようになるということについて、十分な見通しを持った実験者や試行錯誤をする者がいない状態で展開されたのである〔Dennis, Urry

2009; Franz 2005〕。

アーサーによれば、未来のシステムにつながる要素の「組み合わせ」は、開発に通常三、四〇年かかる〔Arthur 2009〕。同じようにナイは、過去の体制の交代には通常四〇年以上かかっていると述べている。それには、輸送システム、人口分布、労働や社会生活の実践のありようなど、社会を数十年かけて再編成することが含まれる〔Nye 2014〕。実際、イノベーションは急速に展開するものではない。「技術をめぐるわれわれの活動が再編成されるまで、革命はやってこない。……その技術がわれわれに適応されるまでには、新しい分野は支持者と高い評価を集める必要がある。目的と用途を見つけ出す必要がある。……これにかかる時間は、数年ではなく数十年になる可能性がある。そして、この間、古い技術は生き続け」、総じて新しいものは閉め出される〔アーサー 二〇一一〕。

問題のある政策展開の一例として、人びとが炭素排出量を削減する「必要性」についての考え方が挙げられる。人間がさらなる教育を通して、この必要性をよりよく理解しさえすれば、未来の二酸化炭素排出量を減らして、不可逆的な気候変動と長期的なエネルギー不安から地球を救うための合理的な政策を追求することになるだろうと論じられている。こうした議論は通常、個人に対応した「行動変容」政策プログラムから導き出され、合理的なアクターに従来とは異なる考え方や振る舞いをするよう促している。しかし、ショーヴらは、「ＡＢＣ」の支配的なパラダイム、すなわち態度、行動、選択に基づく行動変容のモデルに強く異議を唱えている。ショーヴらは、高炭素排出型の社会的実践を変えるか、未来のエネルギー需要と二酸化炭素の排出量を大幅に削減するには、根本的に削減を可能にする、より根本的なやり方しかないと述べている〔Shove 2010〕。

未来において重要になる可能性があるイノベーションは、未来には何も存在しないわけではないのだから、既存のシステムの推進力にも対峙しなければならない。そうした推進力がシステムの転換を難しくさせており、それは大部分の人びとが社会的ネットワークを通して既存のシステムに強く埋め込まれ、大手のグローバル企業が、例えば「カーボン資本主義」のような「現行ビジネス」に興味を持っていることによるものである〔Urry 2013b〕。社会の変化は、氷河のようにゆっくりと進むことがあり、それは一九世紀後期から自動車システムが持続していることにも見られる通りである。

こうした遅々として進まない変化は、未来に関する多くの制約から生じる。そのような制約には、認知的および非認知的な人間の能力、各々の社会に埋め込まれた慣習や伝統、国内および国際的な国家の権力と保全効果、複数のスケールで作動するグローバルなプロセスの連結、建造環境の相対的な固定性、経済的・技術的・社会的な経路依存性、すでに大気中にある排出物、世界中で見られる大規模な経済－技術的、社会的、環境的、政治的不平等などの問題が含まれている。こうした強力な特徴を持つランドスケープは、いついかなるときも特定の未来像だけをもっともらしく見せることになる。

したがって、未来はただ変えられることを待っているのではない。未来学者のバックミンスター・フラーは、未来に存在するものを変化させたり、革新したりすることは非常に難しいと述べている。すなわち、「現実と対峙することでは何も変えられない。何かを変えるには、既存のモデルを時代遅れにするような、新しいモデルを作ることである」と。これは実際に、携帯電話について起こったことである。携帯電話は固定電話と並ぶ新しいモデルとして開発されたが、固定電話に直接対峙するものではなかった。携帯電話技術が、既存の電話機モデルを部分的に時代遅れにしたのは、ずっと後のことであった。

社会集団が、望み通りの変化をまさに生み出すものについて予期することもほぼ不可能である。多くの集団が変化を実現しようとしているが、好ましい未来を確実に手に入れることは途方もなく難しいことについてはすでに述べた。変化のための政治的な動きについて、アナロジーを提示することはできる。一九世紀半ばのエッセイストであるアレクサンダー・ヘルゼンは、革命が自分たちの子どもたちを破滅させると述べたことで知られてれる。実際に計画されていたこととは異なる結果をもたらした革命的な変化は枚挙にいとまがない。こうした意図しない結果は、ときに初期の変化をもたらした人びとの利益を損なうことがある。まさに「未来を制御する」ことは難しいのである。

このように、何が望ましい未来の変化をもたらすのかを知ることは、ほとんど不可能である。多くの経済的・社会的なイノベーターが、世界を特定の方法で変革することを厳密に模索しているにもかかわらず、そうなのである。経済的・社会的・政治的イノベーションがもたらす、時間と空間にまたがる多くの意図しない結果が生じている。これらの結果そのものが、さらに適応性の高い、進化するシステムの結果につながっていく。人間が社会関係の「担い手」となるシステムは、提示された未来像について理解したり、それを現実のものにしたりすることを著しく難しくするような特徴を備えている。特定のイノベーションによる、意図しない結果が及ぶ範囲を予測することは、果たして可能なのだろうか。特に自分たちを破滅させるような、革命的な変化を回避するには、どうすればよいのだろうか。

加えて、変容とは、多くの場合シュンペーターが「創造的破壊」と呼んでいるものであり、破壊の波はシステム内／間でさらに破壊を引き起こす〔シュンペーター 一九六二〕。どんな新しいシステムも、さらなる変化、イノベーション、複数の正のフィードバックを伴う新たな権力関係を下支えするために、自らの「推進力」を上げなければならない。このような権力の力学というものは、社会物質的な移行には不可欠であるが、意図的にもたらすことは非常に困難である。

しかし、新たな推進力が確立されれば、ネットワーク全体に利益が行きわたり、結果的に「収益逓増」につながる〔アーサー 二〇〇三〕。このような「外部効果」は、正のフィードバックメカニズムを介して、（一九九〇年代半ばに、あらゆる職場でファックスが設置されたときに起きたように）生産と収入の非線形的な増加を生み出すのである。「ネットワーク化された経済」は、経済と報酬システムの作動の仕方を変え、場合によっては、巨大で非線形的な利益と恩恵をもたらす。収益の増大は、事業体間の調整の改善と、関連するネットワークにまたがる組織的学習によるものである〔Benkler 2007〕。そのような経済的・社会的恩恵は、新しいシステムを定着させ、広範で進歩的な推進力を生み出す可能性がある。

したがって、新しい経路への臨界点《ティッピング・ポイント》は、通常、既存の企業、産業、実践、経済における線形的な変化から生じるのではない。経済が動くのは、個々の企業がイノベーションを繰り返すことによってではなく、企業の新規参入や撤退によって、またその創発的な影響によってである〔ただし、アップル社の場合は除く。Atherton 2005; Beinhocker 2006〕。イノベーションは、主に新企業、起業家、政府、ＮＧＯなどの参入から生じる。多くの場合、「どちらかと言うと孤立した状態でも展開できる、急進的なイノベーションの支援」を可能にするのは、ニッチを活用する、より新しく、より小さい企業や組織なのである〔Mitchell 2010: 89〕。

　また、イノベーションのプロセスに関わる多くの事業体は、市場に基づいて活動しない一般ユーザーや世帯、消費者、ＮＧＯ、特に国家や国際機関などである。マッツカートは特に起業家国家の重要性を示している〔マッツカート 二〇一五〕。彼女は、インターネット、ＧＰＳ〔全地球測位システム〕、タッチスクリーン・ディスプレイ、音声起動するＳｉｒｉなど、iPhoneの「スマート」を実現させるすべてのイノベーションが、実際に政府による資金提供を受けていたことを明らかにしている。彼女はまた、今日の緑の革命は、ＩＴ革命が二、三〇年前に「軌道に乗る」ことを可能にした公的セクターからの粘り強い資金調達活動を欠いている、と主張している。

　フォン・ヒッペルは、商品やサービスのいわゆる「ユーザー」が、どのようにしてサービスや製品の一部となり、それらの生成に役立つようになったかについて説明している〔ヒッペル 二〇〇五〕。イノベーションにつながる活動の中心となるのは、多くの場合、広く行きわたっている「資本主義の精神」〔ボルタンスキー／シャペロ 二〇一三〕や予測可能ですでに確立された軌道に沿って実現される「段階的なイノベーション」〔Geels, Schot 2007〕に異を唱える「混乱を生み出す者」である。

　この分析は、現在「責任あるイノベーション」と呼ばれているものと似ているところがいくつかあり、将来の影響や可能性を予測するのを促す制度的な能力を発展させる。そのことで上記の問いを広範で包括的な対話へときりひらき、研究への動機づけや、研究が持ちうる含意について省察するよう促す。そしてそうしたプロセスを通して応答的なやり方でイノベーションに影響を及ぼす〔Macnaghten et al 2015: 92〕。

しかし多くの場合、新しいシステムにおいて発展の見込みのある要素が同時に存在するといったことは起こらない。イノベーションは「ニッチ」に留まるか、時間の経過とともに消滅してしまうかである。もちろん、「失敗したシステム」は枚挙にいとまがない。無秩序なイノベーションにおいては、存在するすべての必要な要素が同時に存在し、寄り集まるということにはならない。

「失敗した」システムの例は、フランスの一九六〇年代と一九七〇年代に開発されたアラミス高速輸送システムである〔Latour 1996〕。これは、地下鉄の効率性と自家用車の柔軟性とを組み合わせた、個人用の高速輸送における大きな進歩となるはずだった。しかし、最終的には、電子的カップリングのシステムはあまりにも複雑で高価であり、計画は一九八七年をもって放棄された。当時、電子的および機械的に設計された高速輸送ユニットと連動した、「デジタル化」された大規模な移動は見られず、アラミスは実現可能な移動のシステムとして組み上がるはずであった。三〇年後、デジタル化の進展を経て、ヒースロー空港やセントラル・ミルトン・ケインズなどの特定の場所で、やや類似した高速輸送システムが現在稼動している。将来的にはより広範なシステムになる可能性があるが、今のところ、自動車システムに取って代わるほど強力なものになるとは考えられていない〔Druce-McFadden 2013〕。

3……「小さな」テクノロジー

以上は、非常に多様な「人間」と「非人間的」な要素がどのようにしてシステムに組み込まれ、システムの一部となるかを示している。これに類似するほかの例として、「輸送」とは関係のない多くのテクノロジーがロックや鍵、防水服、使い捨てカップ、雑誌、地図、時計、携帯電話などの移動システムの要素に変換されたことが挙げられる。ここまでは新しいシステムが、どのようにして相反する性質や機能を持つ多くの既存の要素の「組み合わせ」をもたらすかを見てきた。それらは、異種の相反する要素が偶発的に組み合わされるにつれて、異なるシステムの要素になっていく。これらの要素は必ずしも定位置に固定されているわけではなく、たぶん移動して一つまたは別のシステムに組み立てられることになるだろう。

これらの要素のなかには、「小さい」けれども、大きな影響を与えるものがある。そうした小さな変化を表わす例として、中国晋王朝時代に発明された鐙《あぶみ》が挙げられる。鐙がなければ、馬を基盤とする軍事システムは、世界中に広がることはなかっただろう。また一〇〇〇年にもわたって、駿馬に基づく移動と軍事力に依拠する諸社会を統合することはできなかっただろう。

もう一つの重要な小さなイノベーションは自動車の鍵とロックである。これによって持ち物を自動車のなかに閉じ込めることになった。そしてこのことは、自動車システムをA地点とB地点を結ぶ単なる物理的な移動手段以上のものとして、普及させるのを早めた。現代の小さな変化は、家庭や職場から離れて別の方向にむかう新たな形態の移動を促す標準化されたクレジットカードの登場である。おかげで個々人は移動をしながら、危険な思いをして大金を運ぶ必要はなくなったのである。

したがって、いくつかの要素は物理的または象徴的には「小さい」かもしれないが、非常に重要なのである〔Birtchnell, Urry 2016, および本書第6章を参照〕。それらは多くの場合、身体の上に、身体に隣り合って、または身体の近くに運ばれて、ある種の身体性を獲得する。それらは身体の器官のようなものである。大規模で壮大なテクノロジーは鍵、バッグ、化粧品、パッド、電話、カード、ペン、ナイフ、小銭入れ、ドライバー、札入れ、スプレー、本、領収書、紙などを含む、小さくて身近な具体化されたテクノロジーを前提としている。とりわけ人びとが外出中で、「モバイル生活」を実現するための複数のシステムに依存している場合、これらは有効に機能し始めるのである〔Watts, Urry 2008〕。

ペローは、そのような小さなテクノロジーの重要性を指摘している。

自動車に乗るとき、自動車の鍵（そしてアパートの鍵）をアパートに置いてきてしまったことに気づく。ちょうどそんな緊急事態のために廊下に隠しておいた予備のアパートの鍵があるので（これは安全装置で、余分のものである）、問題ない。しかしそのとき、本を借りたいという友人に、別の晩にその鍵を貸したことを思い出した。彼が来るとき家にいないことがわかっていたので、前もってそうしたのである〔Perrow 1999: 8〕。

こうした小さくて身近な具体化されたテクノロジーは、前記の鍵のように忘れたり、無くしたり、捨てたりしてはならないものである。昔ながらの鍵をなくすことは単なる鍵の紛失以上でも以下でもない。というのも、それらは複雑性の言葉を用いるとモジュラーであり、（おそらくは、同じキーホルダーにはまっているほかの鍵を除いて）ほかのテクノロジーに対して何の意味もなさないからである。

日常の当たり前に感じられる小さなモノがハイリスクとなる可能性がある。それらを無くすことは、多くのシステムから除外されることを意味する。デジタルの利便性が非常に不便なものに変わってしまう。ハイデガーが主張したように、人びとが見てきたような小さなテクノロジーを覚えておくための技術があり、時にはニーモニック〔コンピュータへの命令番号に付けられた英数字からなる符合〕を使って「準備ができている」ことを確認するのである〔ハイデッガー 一九六三〕。それらは多くの社会的実践に本来備わっており、小さな要素が適切な時期に適切な場所や条件で手に入る「準備ができている」ことを確認するために、小切手、ルーティン、リマインダー、および介入といった記憶に残るものを利用することがある。そうでなければ、ハイデガーが壊れたハンマーについて述べているように、それは「手元に」存在するだけである〔ハイデッガー 一九六三〕。

いずれにせよ、セキュリティ、通信、識別、およびエンターテインメントを保証する小さなテクノロジーがなければ、多くのルーティンは成り立たない。一つの小さなアイテムとして、米国の核ミサイル発射の暗証番号を含む「ビスケット」と呼ばれるディスクがある。それは軍事力の最も重要なテクノロジーの一つである。ロバート・パターソン中佐は、ビル・クリントン元大統領がビスケットをズボンから取り出すのを忘れたまま、うっかりドライクリーニングに送ってしまったために、ディスクを二度紛失していたことを明らかにした〔Patterson 2003: 56〕。小さなテクノロジーを安全無事に、準備された状態に保つうえで、誰もが間違いをおかしかねない。そのような問題に対処する一つの方法は余分に持っておくことであり、鍵や眼鏡のスペア、別のクレジットカード、マルチプル・デジタル・デバイスを持っておくこと、あるいは、ビスケットが職務を離れる場合に、副大統領がバックアップを提供できるようにすることである。しかし、このように余分を持つことによって、暗証番号を覚えておくことが今度は自己満足を生んでしまい、小さな要素を無くしたり、置き忘れたり、盗難されたりする可能性が高くなる。

小さなテクノロジーへのこうした依存性は、未来のシステム変更における日常的なモノの力を示している。例えば、世界的な電気自動車システムの起きる可能性のある成長は、各国の充電スタンドで使えて、壊れないユニバーサルプラグの小さなテクノロジーにある程度依存している〔Royal Academy of Engineering 2010〕。この小さなテクノロジー、つまり「電力産業」のイノベーションがなければ、近い将来、電気自動車が従来のガソリン車に取って代わる可能性はほとんどない。

ここで進歩に関する言説が、どのようにしていくつかの未来像を明らかに必要な新しいシステムとして展開させるのかについて検討する。

4……進歩と〈未来〉

進歩のアイデアは、未来を明示的もしくは暗黙的に予見するものであり、それは未来の予測が可能であり、その未来は現在の改善を表わすものであることが前提となっている。進歩という概念には多くのバージョンがあるが、大部分は無限の拡張のプロセスが存在するし、存在するはずである〔Foster 2015: 51-2〕。人類はこれまで「進歩してきた」し、現に進歩しており、今後も進歩し続けるに違いないと考えられている。未来に制限が設けられるなどまずない。

このような「進歩」の言説は、「私たちは進歩を妨げることはできない」とよく言われるように、多くの経済的・社会的・政治的な変化を正当化するために使われている。多くの開発の営みは、まぎれもなく一つの進歩であると考えられている。継続的で円滑な進歩が今後も達成されるよう、有力な化石燃料会社、デジタル企業、そして医療技術の利益を強力にサポートすべきであるといった議論がよくなされる。「進歩」を提唱する人びとが説得力のある武器として用いるのは、一八世紀末の英国人ネッド・ラッドの名にちなんだラッダイトのコンセプトである。誰かを「ラッダイト」と非難することは、容赦のない「進歩の行進」に抵抗しようとする人びとを侮辱するためである。人びとの暮らしを前進させたり、改善したりする動きが見られるなかで、個人や組織が、ラッダイトして非難されることはよくある〔www.newstatesman.com/sci-tech/2014/08/new-luddites-why-former-digital-prophets-are-turning-against-tech〕。こうして政治はしばしば二つの集団、すなわち進歩を信じる者とその急進的な歩みを必死で「停滞」させようとする者のあいだの戦いの場としてある。

このようなラッダイト運動の言説は、イアン・マキューアンの気候変動に関する小説『ソーラー』〔マキューアン 二〇一一、Foster 2015: 60-1〕の主人公マイケル・ビアードによって表現されたジレンマに見立てることができる。ノーベル賞を受賞した物理学者のマイケル・ビアードは、社会は進歩し続けなければならず、それは化石燃料の古いエネルギーから新しい太陽エネルギーへの転換によってかろうじて達成される、と主張している。ビアードは、気候科学は完全に確立されており、それによると地球温暖化が現に起きていて、化石燃料を燃やすことが原因になっているという。ビアードという人物にとって重要なのは、休みなく進歩を続け、特に手頃な価格のクリーンなエネルギーを見つけることなのである。太陽エネルギーは気候変動の問題を「解決」するので、それに反対する者はビアードからするとラッダイトということになる。

小説の大半を割いて、ビアードが私生活の崩壊のなかで、必死になって行なった試みが、太陽光発電に資金を供給するかなりの国際投資を得て、前方と上方への進歩を確かなものとしていく様子が描かれている。ビアードは太陽光エネルギーに対する支援を喚起しようとして、イノベーションが「ラッダイト」による抵抗を受けた過去の事例は数多いが、実際には、産業革命、内燃機関あるいはインターネットといった進歩が勝利を収めてきたと述べている。そのような場合、進歩の力がラッダイト運動を打ち負かしたのである。ビアードは、太陽エネルギーは進歩のための新たなダイナミックな力であると主張しており、それは気候変動の科学的な現実によって引き起こされた巨大な問題を克服する唯一の方法であると言う。

このようにして当該イノベーションの反対派をラッダイトとみなすことによって、未来を必然的で不可避なものに見せる一つの方法が確立されるのである。しかし、進歩をめぐる考え方は異なった形で概念化されることもある。例えば、マーティン・ルーサー・キングは、「人間の進歩は自動的でも不可避的でもない……正義という目標に向かうすべてのステップは、犠牲、苦しみ、闘争を伴う。すなわち、献身的な諸個人の絶え間ない努力と情熱的な関心を必要とする」〔www.thekingcenter.org/blog/mlk-quote-week-time-vigorous-and-positive-action〕と主張している。この力強い表現は、進歩、より一般的に言うと未来は、自動的に発展するのではなく、苦しみ、闘い、葛藤を伴うことを示している。ある社会集団の進歩は、別の社会集団の損失となる可能性があるゆえ、単純な進歩などはありえないのである。確かに、社会的未来像のこうした考え方は、明らかに「進歩」とみなされるものには、勝者と敗者（時には敗者同士）の社会的闘争とせめぎ合いを伴うということを強調している。

5……結論

本章では、システム変更の重要性を明らかにし、多くの場合、未来のイノベーションにつながるシステムの組み立てを行なう長期的で偶発的なプロセスが存在することを述べてきた。これらのシステムでは、小さな要素がイノベーションというジグソーパズルの最後のピースとして重要になることがよくある。ここでは社会的実践が、世界を発展させ、世界を作り直すテクノロジーの鍵となることも示した。イノベーションに関するビジネスモデルと社会学的なモデルにも言及した。

また、ある特定の未来の達成を目指す多くの言説や闘争において、「進歩」とラッダイト運動の概念がいかに重要であるかについて見てきた。未来を予期することは非常に難しく、それが空虚で開かれたものでも、固定された所与のものでもないことを示す理由として、多様な根拠を挙げた。未来像は複数あって、互いに敵対し合う複雑なものである。次章では、これらの広範囲にまたがる社会的未来を予期するために用いられるいくつかの「方法」を簡潔に説明し、検討する。その方法を用いて複雑系を論じ、未来の予測の難しさに向き合わなければならない。

第5章 未来制作の方法

Methods for Making Futures

1……はじめに

第Ⅱ部では、未来が謎に満ちており、理解したり、計画したりすることが困難である多くの理由を見てきた。未来の科学などは実際には存在しない。しかし、未来像を展開する多くの試みがすでになされており、本章では「芸術的なもの」から「科学的なもの」に至る、そのような「方法」のいくつかを検討する。留意すべき点は、「未来を考える」そうした方法が購入・販売・流通の対象となる商品に変わってきていることである。未来は、多くの組織において戦略の鍵を握る一連の商品となっている。それは「良い未来」のための一大商業市場となっているのである。

2……過去における〈未来〉のビジョンから学ぶ

未来予測の第一の方法は、過去から学ぶことであり、特に前の時期に新しいテクノロジーやアイデアがどのように開発され、導入され、取り入れられたのかを検討することである。こうした過去の学習のすぐれた例は、マーヴィンの『古いメディアが新しかったとき』〔マーヴィン 二〇〇三〕に見られる分析である。過去における未来像の学習のもう一つの例は、第7章で展開されている。そこではいろいろ考慮したあげく多くのイノベーションが「自動車システム」として組み合わされることになった歴史について検討している。

過去を振り返るほかの方法は、以前になされた未来予測の試みについて調べることである。ナイジェル・カルダーの『一九八四年の世界』〔Calder 1964〕は、さまざまなテクノロジーの未来と、それらが進歩を構成するものとなるか否かについて予測しようとするものであった〔〝昨日にとっての明日〟については、それを書名とする Armytage 1968 を参照〕。一九六四年に、有力なテクノロジーの専門家たちが招かれ、そこで二〇年後にあたる一九八四年の世界がどうなっているかについて彼らの期待が示された。IBMのアーサー・サミュエル博士は、電話機は持ち運びできるだけでなく、本の図書館も消えてしまうだろうと予測した。彼は、世界の記録された知識の大半は、あらゆる映画、情報、書籍にアクセスできる遠隔端末を備えた機械で読み取れる形式になるだろうと考えた〔Calder 1964: 142-7〕。

ケンブリッジのウィルクス博士は、ネットワークコンピュータの重要性を説明した。彼はコンピュータが国境を越えてお互いに対話するようになり、それらのあいだでメッセージを送信できるようになるだろうと考えた〔Calder 1964: 148〕。ウィルクスは、コンピュータが「人びととの行動をより詳細に把握する」ようになると警告し、監視社会と呼ばれるものを予期していた〔Calder 1964: 149〕。

しかし一九六四年の時点では、いずれのコンピュータ専門家も、シリコンの形質転換効果を予想することはできなかった。シリコンはその後、コンピュータチップに用いられる基本材料となった。その原子構造は半導体として理想的である。インテルの創設者のゴードン・ムーアは、一九六五年にマイクロプロセッサー上に置かれる電子デバイスの数はシリコンを使っているため、二年ごとに倍になり、ムーアの法則〔本書序章〇一三頁を参照〕につながると述べた。もともとこれは思い付きの予測であったが、コンピューティングの未来の指数関数的変化をめぐって組織化された急速に成長する産業の明確な期待と目標に変わった〔Turner 2006 を参照〕。

未来の期待はおおよそ適切であると思うが、しばしばタイミングに関して間違っているのは、一つには未来が非線形的なものであるためである。未来は、新しいテクノロジーの創造に関するアーサーの分析〔アーサー 二〇一一〕で詳述されているように、社会的プロセスとテクノロジー的なプロセスの明確な組み合わせから生じる。それらの発展は、コンピューティングの場合には、例えばシリコンにとっての「ブラック・スワン」のようにありえないものの発見のように、これまでにない未来の「出来事」にかかっている。未来を予測することは、社会科学にとって不可欠であるが、最も困難な課題である。というのも、多くの相互依存的な偶発事象が、後々になって信念や実践またはテクノロジーの新しいシステムになるといった状況をもたらすからである。

3……未完成の〈未来〉を学ぶ

未来を考える第二の方法は、「失敗した」未来、すなわち重大な変化として予期されていたことが、世界を予期した通りに展開させたり、変化させたりすることがなかったことを検討することである。この点、超音速ジェットのコンコルドの失敗の事例は興味深いものであり、「最速」と「最先端」が必ずしも最も成功するとは限らないことを示している。

もう一つの失敗した未来は、今世紀の最後の一〇年間にしばしば行なわれた予測であり、そろそろすべての家庭が、家事ニーズに対応する家庭用ロボットを持つようになるだろうという予測である。さらに、古典的な失敗した未来は、一九四三年にＩＢＭ社長のトーマス・ワトソンが自信を持って提案した予測であり、彼は「おそらくは五台のコンピュータのために世界市場は存在すると思う」と述べた〔www.techhive.com/article/155984/worst_tech_predictions.html〕。

未来の予測に関連した取り組みとして、二〇〇五年に『サイエンティフィック・アメリカン』誌で行なわれた五〇の予言の検証というものがある〔http://gizmodo.com/why-scientific-americans-predictions-from-10-yearsago-1701106456〕。概して、「予測」の多くは、その一〇年後にもまだ起きていない、進行中の研究に関するものであり、人工知能などがその最も明白な例である。多くの過熱気味のイノベーションは、ユーザーを見つけるまでにかなりの時間がかかり、不確実性が増大した。例えば、カーボンナノチューブは予測された効果をあげておらず、グラフェンという新材料の用途についていえば遅れをとっていた。いくつかの予測された未来は、特に医療科学分野では袋小路に追いやられており、企業が倒産したり、重要な科学者が不正行為をしているなどといったことが判明した。これ以外の予測、例えばエアバスＡ３８０機の広範な開発などは、予想したほどには商業的に成功していないために不適格と判断された。また、いくつかのイノベーションは、必ずしも前もって言われたものではなく、実際には、第二次世界大戦中やその後に現われたレーダーなどのように、迅速かつ秘密裏に展開されたものである。

こうしてみると、ギールズとスミット〔Geels, Smit 2000〕が詳述しているように、テクノロジーと未来は興味深いことに相互にむすびついている。第一に、未来の期待はテクノロジーの可能性だけでなく、その時々の変わりゆく社会文化的な期待によっても甚大な影響を受ける。第二に、ある領域におけるテクノロジー開発は、ほかの領域で現われるかもしれないものを変化させる場合があり、多くのクロスオーバーが生じる可能性がある。第三に、新しいテクノロジーは劇的なやり方で古いものに取って代わるが、多くの場合、両者は長期にわたって共存する。そうして、紙を使用しない事務所が少なくなるにつれて、紙とコンピュータからなる印刷所が増えていく。第四に、社会的実践のプールは変わらないと思われることが多いが、通常そうではない。新しいテクノロジーは代替効果も生成効果ももたらす。新たな社会的実践が立ち現われても、それらが部分的に必要なのか、それとも本当に必要なのかは誰もわからなかった。SMSの文字メッセージの成長は、こうした予想もしていなかった変革的なテクノロジーの好例であり、それは自分たちが「必要」としていたのはもちろんのこと、参加したがっていたことに人びとが気付かないでいたような多くの新たな社会的実践をもたらした。

さらに、未来に関する多くの考え方は、あまりにも機能的であり、変わりゆく社会的実践の社会的－感情的基盤を無視している。可能性を秘めた新しいテクノロジーが機能的に優れているというだけで、それが広く採用されたり、ファッション性や感情的な面で報酬が得られたりするというわけではない。これは例えば、無人自動車に当てはまるものであるが、それが現在のところ開発者が生み出した非常に大きな興奮のなかにあって、どのような社会的実践が可能になるのかについては明確に認識されていない。

さらに、新しいテクノロジーの埋め込みには、多くの場合、テクノロジーに関する楽観主義者の予想よりも時間がかかり、より多くの争点が生じる。確かに、新しいテクノロジーの「利益」は、予想以上に両価的なものになることがよくある。ギールズとスミットは、そのような新しいテクノロジーがもたらすニッチを「希望的な大恐慌」〔Geels, Smit 2000: 879-80〕と呼んでいる。テクノロジーの革新者は、しばしば初期段階ではむしろ限られたシステムであるようなものに対する関心、特に資金提供を喚起するために、新製品の可能性を明白な「進歩」を表わすものとして誇張する。魅力的な未来の視覚的イメージやほかのイメージの遂行面は、新しいシステムを革新するうえで決定的なものとなる可能性がある。未来は、現在を進歩の方に向けさせるのに役立つ約束手形を、特にラッダイトの烙印を押された人びとに対して提示することができる。

4……ディストピア的な思想を展開する

未来を予見する第三の方法は、現在生きている人たちへの警告として作用するようなディストピア的なビジョンを展開することである。ディストピアは、社会を希望の未来へと動かすことがいかに難しいかを明らかにしている。多様なロックイン、経路依存性や意図しない効果が意味しているのは、ディストピア的な未来が、（未来像を描いてきた政府や企業、関係団体や諸機関が）計画していた未来とはまったく異なるにしても、しばしば現実のものとなるということである。それらは暗い未来を回避することを難しくしている〔Beck 2009〕。多くのディストピア的な未来像は、多くの人が避けたいと願うような未来のビジョンをもたらす作品内で展開されてきた〔最近のアートインスタレーション、Dismaland: https://en.wikipedia.org/wiki/Dismaland を参照〕。以下は最も説得力のあるディストピアの一部である。

第一は、社会の一般的な崩壊である〔Dunn, Cureton, Pollastri 2014; Kumar 1987 を参照〕。映画のなかでの好例としては、ＯＰＥＣの一九七三年の石油価格上昇に続いて公開された映画『マッドマックス２』〔1981〕が挙げられる。この間、企業や州は、「外国の」石油への依存を軽減しようと精力的に取り組んだ。人びとは石油を調達し、動力化された活動の継続を確かなものにしようとして、必死になって方策を講じた〔www.couriermail.com.au/business/scientists-warnings-unheeded/story-e6freqmx-1111112631991〕。『マッドマックス２』は、「ガソリンのない世界」に住むことで引き起こされた崩壊を描き出すとともに、社会的秩序の崩壊に直面している荒涼とした、ディストピア的な貧困層の社会のビジョンを提示している。そこではエネルギー資源をめぐる血まみれの戦争が起こる。この崩壊した社会の権力は、短期間の飛行を含めて、即興で新しい移動ができる人びとに部分的に委ねられている〔『マッドマックス――怒りのデス・ロード』二〇一五年公開を参照〕。

第二の未来は、大規模な監視の進んだ世界であり、多くの場合、オーウェルのビッグブラザーとニュースピークに関する記述に基づいている。ジャン＝リュック・ゴダールの一九六五年公開の映画『アルファヴィル』では、愛・良心・感情などの自由な思想や個人主義的概念が禁止されている、魂のない未来社会が提示されている。そこでは人びとは「なぜ」と問うてはならず、「なぜなら」と言うだけである、とされる。感情を表出する市民は非論理的であるとみなされ、かり集められ、尋問を受け、しばしば処刑される。どちらかと言えばニュースピークを連想させるが、各ホテルの部屋に辞書が置かれており、感情を呼び起こす言葉が禁止されるたびに継続的に更新される。都市アルファヴィルは全能のコンピュータAlpha 60によって人命が制御される、非人間的で疎外されたディストピアとして表現されている。その後も監視社会について多くの表現が立ち現われ、社会における権力の中心から一般的に遠く離れたところにある監視からの逃避場所についての言及がしばしば見られる。

第三のディストピアでは、人びとは原子化されて生きる。それはE・M・フォースターが全能の機械に関する記述で描いている通りである。まさに二〇三五年の世界滅亡後のフィラデルフィアを舞台とした、一九九五年に公開された映画『12モンキーズ』において見ることができる。そこでは、致命的な人工ウイルスのため、誰もが地下で別々に生きなければならない。都市の地表ではほとんど動きがない。時間旅行の一つの形だけが見られ、映画の大半で、有罪判決を受けた犯罪者が危険な任務のために過去へ派遣され、ウイルスを克服できるように情報収集を行なう様子が描かれている。この映画は、テクノロジーが、人びとが互いにコミュニケーションを図るために行なう努力をいかに衰微させるかを示している。同じように、ウエルベックの小説『素粒子』は、愛のない二人の異父兄弟の荒んだ日々の生活を描いている〔ウエルベック二〇〇六〕。この小説は、人間は結局のところ別々の粒子からなり、『素粒子』というタイトルもそこから付けられていることを示唆している。

第四は、規則や法律によって過剰規制されていて、そのため富を失うことになる社会を示している。これは米国の新自由主義の重要なテクストとなっている、アイン・ランドの大著『肩をすくめるアトラス』〔ランド二〇〇四〕で展開されている。この著作は、多くの成功を収めた著名な実業家が、積極的な新しい規制に応じて、自分たちの富と国家を放棄するディストピアの米国を描いている。生命線である産業が崩壊するのである。『肩をすくめるアトラス』は、理性、個人主義、資本主義を擁護し、政府の介入の失敗を批判する。ランドは「人間」を英雄的な存在とみなし、その幸福を人生の道徳的な目的と位置づけている。略奪者と非略奪者のあいだに、重要な区別をつけており、略奪者は高い税金、大きな労働力、政府の所有権と支出、政府の計画、規制、再分配の支持者となっている。

第五のディストピアでは、地球が世界の終末後に放棄された都市景観のなかで活動する人工サイボーグによって接収されている。遠い話ではない、二〇一九年を舞台とした映画『ブレードランナー』〔1982〕では、人間とは視覚的に区別できない遺伝的に改造されたレプリカントが、有力な巨大企業によって製造されている。これらのレプリカントは地球では禁止されており、外界のコロニーで危険な作業に使われる。しかし、地球に戻るレプリカントは、ブレードランナーによって強制的に「引退」させられる。脚本は、最近逃亡してきて、ロサンゼルスに隠れている四人のレプリカントからなる自暴自棄のグループに焦点を当てており、このグループはエキスパートのブレードランナーに追われているという筋書きになっている。この映画はディストピア的な暗い未来の風景を描いた多くのシーンで知られている〔Dunn, Cureton, Pollastri 2014: 41〕。そこでは、高密度の生活、定期的に降る霧雨、ネオンの照明、空飛ぶ自動車が現われる。もはや郊外はなく、地球は衰退しており、何百万人もの人びとがほかの惑星を植民地化している。地上に残っている人びとは、四〇〇階建ての新しい建造物を持つ巨大な「垂直都市」に住んでいて、そこは以前の荒廃した遺跡と隣り合っている。

第六に、街中であっても田舎であっても多かれ少なかれ荒廃しており、陸地は劇的なまでに空っぽの大地になっている。ショックなのは、通常は人であふれる慣れ親しんだ場所が空になっているのを目撃することである。こうした全住民の消滅は、多くの場合、科学者が通常自分のラボで生み出し死に至らしめるような植物やウイルスによって引き起こされる。フランケンシュタイン物語の現代版として、ジョン・ウィンダムの小説〔ウィンダム 二〇一八〕やTVシリーズ『人類SOS』、ダニー・ボイルの映画『28日後……』〔2002〕などがある。別のものとしては、二五〇〇年を舞台とした『ウォーターワールド』〔1995〕がある。それによると人為的に引き起こされた気候変動が極地の氷冠を溶かし、海面は数百フィートも上昇し、地球の大部分は海に覆われて、文明は水のなかに広がっている。ここで人間は、水の世界に生きることに対処しなければならなくなる。地球が空になるというさらなるバージョンは、地球上の生活があまりに耐えがたいので、多くの人びとが宇宙において最終的な解決が得られるとみなすというものである。マージ・ピアシーの『時を飛翔する女』〔ピアシー 一九九七〕は、裕福なエリートの宇宙プラットフォームでの暮らしぶりと、ほとんどの人びとが向精神薬と気分の外科的なコントロールによって感情が抑えられる様子を描写している。そこでは、これまで、人間の活動が生命の可能性を壊してきたゆえに、地球上で消耗し切ったそうした生命の可能性を「宇宙」への脱出によって追求するといったいくつかのバージョンが示されている。二〇一三年公開の映画『エリジウム』では、貧しい人たちは地球上に留まり、富裕層は惑星エリジアムで申し分のない生活を送っている〔二〇一四年公開の『インターステラー』を参照〕。

以上のような未来像を描く一つまたは複数のバージョンは、ほとんどのディストピアを回避すべきとしている。そうしたディストピアは現在の人びとに対して、方向転換し、旧態依然としたやり方を拒否して、別の道を行くよう、厳しい警告を発している。

5……ユートピア

モアの『ユートピア』を始めとして、ユートピアの歴史的な側面についてはすでに述べた〔Kumar 1987; Levitas 2013〕。未来の社会がどのようなものになるべきかについて、ユートピア的なビジョンを確立しようとして、多くの試みがなされてきた。バウマンは、未来を考える能力は解放的なものであると主張し、それは人びとが、現在の日常的で通常通りの支配を打ち破ることを可能にすると言う〔Bauman 1976〕。特に、「方法としてのユートピア」は現在あるものを相対化する。バウマンは、それは「ユートピアが存在すること、つまりは現在の厄介な問題に対する代替的な解決策を考えることができるということであり、それゆえ歴史的変化の必要条件になる」と主張している〔Bauman 1976: 13; Levitas 2013〕。バウマンはこのプロセスを「活発なユートピア」と呼び、それはけっして完全に達成されるものではないが、可能なものの内部で存在するものであるとしている。レイモンド・ウィリアムズによれば、ユートピアは「願望を形にする。それは想像力に富んだ方法で、いつもと異なる感じ方と関わり方を勧めているのである」〔Williams 1983: 13; Bauman 1976; Pinder 2015〕。

エリック・オリン・ライトは、既存の一連のユートピアに関する主要な社会科学的研究によって、人びとは「リアルなユートピアを想像するだけでなく、ユートピアを進んで現実のものとすることができる」〔Wright 2010: 373〕と述べている。ルフェーブルは、一九六〇年代から一九七〇年代にかけて起きた都市の変化を見据えて、実験や発明に重きを置いて同様のことを論じている。後の章ではさまざまなリアルなユートピアについて検討し、「今日可能ではないことを明日可能にする」という目的が社会科学と社会政策にとって重要な役割を果していることを示す。〔Lefebvre 1976: 36〕。ピンダーによれば、ユートピア的な思考は、「可能性を再構築する」〔Pinder 2015: 32〕という重要な課題を担っている。こうした可能性の再構築は、以下の第7章において、自動車乗り入れ禁止の都市におけるユートピアについて展開するさいに論じられる。

最近のユートピアの例として、リチャード・ルウェリンの『ガーデニアからのたより』〔Llewellyn 2013〕がある。これはモリスの『ユートピアだより』からインスピレーションを受けた小説である。この小説には「ついにうまくできた世界」という副題がつけられ、舞台は二二一一年に設定されており、主人公ギャビンがふと旅に出る。やがてギャビンは、多くの人びとが小規模なコミュニティに住むユートピアの未来にたどり着く。このユートピアでは、人びとは非常に高品質の果物や野菜を食べて、かなりの年齢まで生きている。産業はなく、大都市も政府もない。それぞれのコミュニティは、自分たちのために必要なものを生み出すようである。不平等、犯罪、刑務所はほとんどない。住民は今日に比べてかなり少ない。人びとが何よりも自分たちのことを「園芸家」と考えている、ガーデニアと呼ばれる地域にギャビンはたどり着く。このガーデニアというユートピアはどのようにして現われたのだろうか。

　ルウェリンの小説は、二〇五〇年代半ばに多くの戦争があったことを強調している。それはシステムが崩壊した暗黒期であり、石油の供給者や工業製品の生産者が関わっていた。三つの有力な大企業の争いが戦争に発展し（ガスプロム社、サウジアラムコ社、グーグル社）、ルウェリンがロシア－中国のエネルギー戦争と呼ぶものを含む、長年にわたる対立と機能不全をもたらした。この間に海面が上昇し、ロンドンは大幅に人口が減少した湖沼に変わってしまった。その結果、多くの小規模なコミュニティが現われたのである。それらはオフグリッド［電力会社などの送電網から切り離された独立型発電システム］であり、今やおおむね無料で、もはや化石燃料に基づかない独自のエネルギーを生産している。そして、このエネルギーは「経済」とは対照的な「ノンコン」と呼ばれるシステムのもとで提供されている。「私たちは国中を庭にして、世話をする。何も無駄にしない。裕福でない人からは何もとらない」〔Llewellyn 2013: 63〕。この社会は新しいテクノロジーに依存している。興味深いことに、ここで住む高齢者は、減少するエネルギー源に代わる新たなエネルギー源の開発に必要なスキルと能力を身につけていないという理由で、若者を批判するのである。

　これらのユートピア的なビジョンに対する一つの批判は、既存の社会からこうしたユートピアの未来へいかにして到達するのかについて、多くの場合、明確にしていないというものである。そこで、『ガーデニアからのたより』は、未来の世界について詳しく述べているが、この劇的な移行をもたらすために必要な社会的勢力の配置については、ほとんど分析していない。ルウェリンの著作で「暗黒期」という年代が用いられているが、それは現代社会をこのようなユートピアに移行可能なものにする出来事とプロセスの分析としては、かなり限定されたものである。

ほかのユートピアは、文学、テレビ、映画、そしてディズニーワールドやその他のテーマパークの未来的なビジョンのなかで展開されてきた。二〇一五年公開のディズニー映画『トゥモローランド』は、映画に描かれたユートピアの最近の例であり、そのタイトルと同じ名を持つディズニーのテーマパークのいくつかのエリアが部分的に登場する。ディズニーは、実際にはフロリダ州にセレブレーション・タウンを建設したが、これはユートピアというよりもディストピアであると評されている〔www.theguardian.com/film/2015/may/21/tomorrowland-disney-strange-utopia-tomorrow〕。

第Ⅲ部ではさまざまなユートピアに立ち戻って、それらが現時点で実現することが難しいと思われるものを想像し、予測し、引き起こすうえで果たしうる強力な役割について見ていく。

6……推論する

未来を予測する第五の方法は、現在あるものから推論することである。これにつながる初期の社会学的方法の例としては、マックス・ウェーバーが述べた官僚主義の「鉄の檻」の拡大、デュルケムが予期した現代社会生活におけるアノミーや無規範の拡がり、そして大都市の精神生活が時間を厳守するシステムの強化と飽きの態度の拡がりをいっそう伴うとしたジンメルの予想などが挙げられる。

一九六〇年代と七〇年代に展開された社会科学の推論のより最近の例は、近代化論である。この理論は、近代社会は単一の軌道をたどると仮定した。社会が西洋的教育、自由市場、西洋的な価値観や政治形態を採用すれば、当該社会は近代への道を歩むと考えられ、それらは社会がとりうる最良の形態とみなされた。世界銀行とＩＭＦが「近代化」のバージョンを採用し、実施したため、それは大きな影響力を持った。しかし、アパデュライは、現在から単一の未来へのそのような推論は経験的な不十分さが多々見られると述べており、そうした不十分さを近代化論の概念的な弱点とむすびつけている〔Appadurai 2013: 218-20〕。

より最近の推論は、はるかにテクニカルなものになっており、直近の過去の時系列データから引き出され、未来への「先見性」を示すために用いられている〔Son 2015: 128〕。未来を制作する多くの試みは、ここでは通常、「現行ビジネス」を前提としている。そこでの主な問題は新しい「テクノロジー」が展開する可能性があるかどうかということと、それが未来に役立ちそうなものであるかどうかということである。このような予測は、必然的に現在のいくつかの特徴を、未来の人びとの生活が予想通りに展開されるか否かを決定する重要なメカニズムとみなすことになる。

しかし、そうした推論の多くは、例えば、一九七〇年頃に作られたものに見られるように、未来を正しく理解することはできない〔https://www.aei.org/publication/18-spectacularly-wrong-apocalypticpredictions-made-around-the-time-of-the-first-earth-day-in-1970-expect-more-this-year〕。この種の推論で困難を生じさせるものとして、特に見逃せないのは、多くの場合、変化の「原動力」と呼ばれるものに伴う二つの問題である。第一に、そうした推論は、しばしば、過去からの長期的な経路依存的な関係をめぐる限定的な理解に基づいており、至難の業である。こうした過去を言及することの重要性は、ティリーの『強制・資本・ヨーロッパ国家』〔Tilly 1992; モリス 二〇一四を参照〕で明らかにされている。この著作は一〇〇〇年の歴史を考察し、複数の過去が未来の可能性を展開することといかに密接に絡み合っているかを示している。その結論は、未来の変化の原動力は、長期的な過去の影響を理解することにあるはずだというものである。言い換えれば一九三六年にケインズが淡々と述べたように、「新しいアイデアではなく、古いアイデアから逃れることが難しい」〔ケインズ 二〇〇八〕ということである。

第二に、そのような推論は、近い将来、要素または構成要素間の関係において起きる決定的な変化と、それらがいかに線形的な推論を崩壊させるのかということを無視してしまう可能性がある。そういうわけで推論は、ひょっとしたら起こるかもしれない劇的で非線形的な変化や、とりわけ予期しない極端な出来事によってもたらされる非線形な変化についてあまり強調しない。そうした極端な出来事は、第3章で検討したように、社会過程の展開に関わって、逆転や鋭い断絶や臨界点《ティッピング・ポイント》を引き起こす可能性がある。

7……シナリオ

最後の――ある意味で最も重要な――方法は、シナリオ構築の方法である。このテクノロジーは、一九六〇年代後半から一九七〇年代初めにランド・アンド・シェル社によって開発され、世界の多くの大手企業で採用されている〔Hiltunen 2013, Son 2015: 127, Turner 2006: 186-9〕。シナリオの展開には、既知の動向、主要な変化の源泉、経済・社会生活面で起こるかもしれないパターンを考慮して、未来の経済や社会の特徴づけを行なうことが必要となる。このようなシナリオは、その特徴や可能性を想像しようとする人びとの助けになる視覚的なイメージや的確な描写を用いて、詳細に記述されていることがよくある。シナリオを構成する者は、シナリオが選択された時間内で描いた通りに実現するために起きる必要がある出来事とプロセスを明示する。「シナリオ・ワークショップ」で頻繁に行なわれるバックキャスティング〔未来像を描いた上で、そこに至るために現在なすべきことを考える思考法〕を通して、当該シナリオを現実のものとするうえで、必要となる条件や出来事を決めるための継続的な取り組みが行なわれる。

場合によって、いくつかのシナリオが詳述される〔中小企業開発の八つのシナリオについては、Atherton 2005を参照〕。しばしばこれらは２×２の表から得られる〔気候変動の未来については、Hunt et al. 2012を参照〕。第６章で詳しく述べる研究では、３Ｄ印刷の未来の可能性に関するワークショップの審査のために、四つのシナリオが展開された。アナリストは、バックキャスティングを通して、各シナリオに関連してさまざまな出来事が起こる確率、したがってどのシナリオがより見込みがあるのかを判定する。それらの出来事が起こる可能性が高い場合、シナリオは可能性というよりはむしろ蓋然性が高まる。特定の政策は、その未来をもたらすために、あるいはあまり望ましくない未来が起こるのを防ぐために提案されることがある。

シナリオの興味深い例は、ジョナサン・ポリットの『私たちが作った世界』〔Porritt 2013〕である。これは二〇五〇年の行動的なシナリオの達成にとって、必要となる重要な出来事や変化について、詳細かつ情報に基づいて分析したものである。バックキャスティングは二〇五〇年に書かれるものとされ、そこでは二〇〇〇年に生まれた男性の歴史教師アレックスの目を通して、過去数十年間に起こったことが詳しく述べられている。この著作は、過去数十年の五〇のスナップショットを説明している事実とフィクションが興味深く混ぜ合わされており、この本の説明は行きわたっており、イラストレーションだけでなく未来の写真もちりばめられている。それは持続可能な世界を精力的に発展させようとする一種の掛け声のようなものを表わしている。アレックスは、二〇五〇年までに、エネルギーの九〇%が再生可能エネルギー、とりわけ太陽から生じるであろうと述べている。彼によると製造業は、ナノテクノロジー、生物模倣〔生物が進化の過程で生み出してきた身体の構造や機能を模倣すること〕、３Ｄ印刷によって変容を遂げている。また個人的なゲノミクス〔ゲノムや遺伝子に関する生命科学の研究分野〕は、誰もが自分の健康を管理し、より長生きすることを可能にする。さらに豊かさではなく、幸福が人びとの生活にとって重要なものになり、社会的な不平等を大幅に低減するものとなる。それは、以下の章で検討されているさまざまな特徴にも共通して見られる。

この著作は、二〇五〇年に誰もが「作ることになった」世界への途上において起きる多くの出来事や、そうした出来事によって現実のものとなった「テクノロジー」について記録した興味深い年表から始まる。ポリットは、「私たちはすでに、テクノロジーの面で、やるべきことをやるために必要なものはすべて手に入れている」〔Porritt 2013: 275〕というユートピアのビジョンを提示している。彼は一連の大胆な変革に基づく「活気にあふれ、ダイナミックでリスクを伴うイノベーションに導かれた変化」〔Porritt 2013: 276〕について論じている。決定的に重要なのは、万人の万人に対する闘争ではなく、彼がグローバルな共感と呼んでいるものの拡大である。この共感は、インターネットと太陽エネルギーという二つのテクノロジーによって促されている〔グローバルな共感についてはRifkin 2009を参照〕。そうしたテクノロジーが企業の所有物となる可能性は非常に低い。ソーラーは「人類史上最大のテクノロジーを均等にするもの」と言われており、二一世紀のあいだにコストが下がるなかで、ほぼ遍在するようになると見られている〔Porritt 2013: 269〕。

ポリットによれば、この二〇五〇年に描かれた世界にスムーズにたどり着くことができるわけではない。彼のバックキャスティングは、その途中で起きた多くの潜在的な破綻と致命的な出来事について、この著作でどう記録しているのかという点で注目に値する。さまざまな時期におけるそのような出来事には、中東の洪水、ピークを迎えた石油産出量、サイバーテロリズム（特に原子力発電所に向けられたもの）、ハリケーンや大規模な氾濫、大飢饉、気候変動災害、食肉供給量のピーク、「私たちは満足！　明日のマニフェスト」運動のような大規模な抗議などが含まれていた。

しかしポリットは、これらの出来事が社会をテクノロジー面で動かし、イノベーションを通じて危機に対処するべきものとして、どこまで考慮されていたのかについて述べている。ポリットは危機をイノベーションの基盤とみなしており、特に金融と資本市場との結びつきのなかで見られる「グローバルな協調運動」を通じて組織されたイノベーションに注目している。そうしたイノベーションには、旧市街の改修、新しいエコ都市の建設、共同住宅の開発、コミュニティ農業の確立、「バーチャル旅行体験」の開始が含まれる〔都市計画についてはPorritt 2013: 128-9〕

ポリットは、今後数十年間について詳細に分析するとともに、世界が「崩壊寸前から戻ってくる」方法について幅広く説明している。それに伴ってより良い世界からの複雑なバックキャスティングと、ほかの書き手が壊滅的なものとして描写するような、多種多様な出来事がいかなるものになるのかを示している。ポリットと彼の分身であるアレックス・マッケイにとって、世界は確かにより良く、より公正でより多くのコンテンツの場所になる可能性はあるが、それは「古い世界観に対して前々から待ったをかけてきた若者、NGO、ビジネスリーダー、起業家、研究者」などのとんでもなく多くの人びとによる社会運動を通してかろうじてもたらされる〔Porritt 2013: 6〕。

この著作は、合理的な形で、非常にはっきりと示された未来からのバックキャスティングに関する、最も詳細な一つの説明になっている。後の章では、グローバルな製造業、都市の移動性、気候変動に関する類似したシナリオをいくつか展開する。

8……結論

未来研究の六つの方法について、本書の第Ⅱ部で概説した複雑系思考の観点から詳しく述べてきた。本章で簡潔に説明してきた方法とは、過去から学び、「失敗した」未来像を学び、ディストピアを展開し、ユートピアを想定し、推論とシナリオ作成、バックキャスティングを行なうというものであった。

これらの未来像は、本章で詳しく述べたように、とりわけユートピアとシナリオ構築の方法を用いている。これらは、第Ⅱ部で展開した複雑系思考に照らして未来を制作することも目指している。第Ⅲ部の各章では、そうした、この章で見たようないくつもの未来研究の方法を展開する、未来制作のさまざまな形態について検討していく。第6章では、製造物やデータを生産者から消費者へと物理的またはデジタル的に「移動」させることができるようになる、製造業の未来と変容を遂げたシステムについて述べる。第7章では、都市について検討するとともに、現行の自動車システムが、未来の都市中心部において、移動の代替的なポスト自動車システムにどの程度置き換えられるようになるのかについて分析する。第8章では、気候変動の「未来像」とそれらの方法論的な複雑さについて探っていく。そこでは、気候変動の可能性が今日の未来思考、特に急速な展開が望まれる低炭素システムにとって、最も重要なトピックになることを明らかにする。

第Ⅲ部

〈未来〉のシナリオ

FUTURE SCENARIOS

第6章
未来世界を製造すること
Manufacturing Future Worlds

1……モノを製造すること

本章では、今後数十年のあいだに商品がどのように「製造」されるのかをめぐって、未来に起こる可能性のある変化について検討する。従来の製造では、人間が道具や機械や設計を用いて材料を加工しなければならなかった。人間の心、書物、図面、コンピュータソフトのなかでデザインを展開して製造されたモノとヒトとのあいだには共存関係がある。ひとたび「作られた」モノは、多くの場合、ほかの場所に運ばれて、販売され、使用される。いったんそのような物体らしさが備わったモノは、ますます長大な距離を旅するようになる。しかし、ここでの重要な概念は「共存製造」であり、それには生産者、材料、そしてマルクスが「生産力」と呼ぶものが必要になる。

一八世紀まで、ほとんどの製造品は、地元で働く男性の工芸専門家によって、手近な場所で調達してきた材料とエネルギーを用いて、直接的に製作されていた。そのような労働者には、金物屋（鉄製品）、鍛冶屋（金属製品）、靴屋（靴）などが含まれていた。原材料、エネルギー、最終製品はあまり遠方まで運ばれることはなく、主として男性中心の工芸品取引（同じように育児における女性の仕事）とは別として、分業はほとんどなかった。

しかし、一八世紀末の英国以来、工業生産への大きな転換は、そのような工芸品取引がさほど重要ではなくなったことを意味していた。人びとは相当の距離を移動して、石炭や後の電力で稼働する「闇のサタンの工場」、作業場や工場で働いた。工業製造は、労働者と機械の新たな組み合わせによって行なわれた。仕事はより複雑になり、それは一七七六年に政治経済学者のアダム・スミスがピン製造工場における分業の利点を説明する際に製造過程を分析してみせた通りである〔スミス 一九七八〕。こうした分業は、大きな規模の経済をもたらした。原材料と最終製品は、しばしば蒸気鉄道で、そして二〇世紀後半にはトラックで遠方まで運ばれた。多くの工場は、植民地領から充当された原材料を搾取していた。それらの「資源」は加工された製品に変わり、しばしば植民地化された人びとに売り戻された〔Urry 2014b〕。

一九六〇年代にかけて自動化された大量生産が行なわれたことにより、熟練労働者はますます標準化、機械化された組立ラインに取って代わられた。大規模な米国企業（およびヨーロッパの同じような団体）は、生産、雇用、昇進、福祉、貯蓄を組織化した。これらの企業には、そのような垂直統合された組織で身を粉にして働く「企業人間」が人材として雇われていた。低コストの製造品を生産する、比較的安定した大規模な組織が、「組織資本主義」またはフォーディズムの中心をなしていた〔ラッシュ／アーリ 二〇一八〕。

しかし、一九七〇年代後半から西側の資本主義の「解体」が始まり、米国で初めて工業団地が断片化していった。所有権は、主として短期的な「株主価値」に関連する金融機関に付与された（ここで短期というのは、一秒に満たないこともある）。大企業、労働者や場所に対する長期的なコミットメントは時代遅れとなり、二一世紀に入ってから米国の企業数は半減した〔Davis 2009; セネット 一九九九〕。「企業人間」にそこそこ気前よく利益をもたらす企業文化はあまり一般的ではなくなった。多くの米国の産業や町では、収入と雇用が驚くほど減少した。同じような変化はほかの先進国でも生じた。大規模な垂直統合を基盤としてきた製造業は、もはや主流ではなくなっている。

これに関連して多くの製造業が、低賃金と弱い労働組合と規則に従った組立作業を提供してくれる国へ移転された。ＢＲＩＣＳ（ブラジル、ロシア、インド、中国、南アフリカ）の成長には、この製造のオフショアリングが不可欠であった。ブラインダーは、生産のオフショアリングが「次なる産業革命」〔Blinder 2006〕であるのか否かについて検討している。労働力が安く、労働組合化されず、規制緩和され、より柔軟性のある規制・減税区域に多くの労働者が移転された〔オフショアリングについてはアーリ二〇一八を参照〕。北側の先進国では、製品は「設計」されるものとして語られるのが通例となったが、実際には南側の途上国、特にさまざまなアジア諸国で製造／組み立てがなされてきたのである〔Saunders 2010; このパターンの英国の例は、大いに称賛されているダイソン社である〕。

コンテナ船の発達は、時にはウォルマートモデルとして知られるこの新興パターンにとって重要であった。セクーラは、「一九五〇年代半ばの米国のイノベーションである貨物コンテナがどのように港湾都市の空間と時間を変えるのか」について、また「コンテナはまさに遠隔地の労働力をのせた棺桶であり、世界の向こう側における搾取の隠された証拠を運んでいる」ことについて述べている〔Sekula 2001: 147; Cudahy 2006〕。世界の生産、流通、消費、投資、輸送に基づく広範な社会資本システムでは、平均二〇フィート相当の貨物コンテナが重要なのである。主に南側の途上国で生産される加工品を包む保護シェルとして、コンテナ船は世界貿易と世界の製造生産を牛耳っている。このような船舶はますます大きくなっており、一万八〇〇〇個のコンテナを輸送している船もある。これらの船の規模は、港湾都市の再設計と世界貿易の全体的な地理の変容につながっている〔Birtchnell, Savitzky, Urry 2015〕。

したがってコンテナは、安価な非熟練労働、低エネルギーコスト、限られた汚染基準、そして増大する「自由貿易」を基盤とした、経済の「組立」における不可欠な要素なのである。この社会資本システムは、一九七八年に改革運動が始まってから、中国が新しい世界の工場になって以来、グローバルな生産を再構築してきた。このシステムは大きな前進を遂げているようであり、逆戻りすることは想像しにくい。本章で論じるべき問題は、現在のグローバルな製造、輸送、消費のシステムは固定されており、不可逆なものなのか、あるいは、今後数十年のあいだに、別の社会資本システムに変わる可能性のある新しいニッチを予測することができるのかということである。

2……3D印刷とは何か？

とりわけ、３D印刷として広く知られている社会的物質のニッチの未来について検討していく。３D印刷は、過去四半世紀にわたり慣れ親しんできた二次元テクストや写真だけでなく、三次元形状の「印刷」を可能にする。グーグルに記録されているように、３D印刷に関しては、二〇一〇年頃から指数関数的に増加してきた。３D印刷に使用されている基本的な特許は一九八〇年代から一九九〇年代にまでさかのぼる〔Birtchnell, Urry 2013a; Birtchnell, Viry, Urry 2013: 64〕。

３D印刷では、デジタルビットを物理的な原子に変換し、アイデアと物体のあいだの境界線を曖昧にする。データのバーチャルなビットは原子に組立てられ（あるいは加工され）ており、それは理論上どこでも起こる〔ガーシェンフェルド 二〇〇六〕。『エコノミスト』誌のコメンテーターは、３Dをスマートマテリアル、３D印刷、ネットワークテクノロジーを組み合わせた「第三の産業革命」として説明している〔アンダーソン 二〇一二を参照〕。デジタルファイルを共有してオンラインで販売することができ、ボタンを押すだけでモノを印刷できる。

この可能性のある革命で、製造はより局在化するかもしれない。ここでの重要な点は、複写機や紙プリンタのように、画像とテクストを生み出すためにインクと紙の供給を組み合わせるのと同じように、標準化された素材資源から、いかにしてユーザーの近くで／によって物体が印刷されるのかということである。ちょうど第二次産業革命の主要指標のように、ＰＣ、ソフトウェア、インターネットなどの指標は、ガレージからイノベーションを起こす人びと、起業家、ベンチャー投資家、科学者、政策立案者たちの社会的ネットワークを伴うものであり、それは３Ｄ印刷にもあてはまる〔英国政府：https://www.gov.uk/government/publications/future-of-manufacturing を参照〕。

一口に３Ｄ印刷といっても幅があるが、いずれの場合も原料は三次元の「物体」に変換される。主な違いは、層がマイクロメートルの細かさでほかの層の上に置かれるとき、層がどのように構築されるかである。それらが層を成して、とても頑丈な３Ｄ印刷の自転車レース用ヘルメットなどの三次元の物体が印刷または製造される。各層は実質的にはコンピュータ支援設計によって生成されたデジタルスライスである。物体が完全に印刷または「製造」されるまで、各層の後に次の層が数分の一ミリメートル加えられる。低コストのプリンタはプラスチックを使用するが、それは加熱されて液体になり、押し出される。より高価なプリンタは、結合剤と粉末、レーザーと電子ビーム、ならびに樹脂、ナイロン、プラスチック、ガラス、カーボン、チタンおよびステンレス鋼を含むさらに多様な材料を使用する。最近開発された機械は、同じ「印刷物」内に多くの材料をいっしょに混合することができる。

三次元の物体の印刷は、初めは迅速に試作品を作成するために開発された。実際に多くの物体を製造するために工場へ機械を備え付ける前に、物体の試作品を製作するのである。システムが開発されていくにつれ、はるかに広い範囲で、より多くの形状をさまざまな材料で製造することが可能になった〔Kross 2011〕。衣類、玩具、模型、義足、楽器、衣服、自転車、家具はもちろんのこと、個々の足のために設計された医療用インプラント、自動車部品、宝飾品、チョコレート、サッカー靴、ランプシェード、Ｆ１カーの部品、航空機部品、ステンレススチールの手袋、自転車用ヘルメット、歯冠、カスタマイズされた携帯電話のカバーなどを含む、さまざまな物体がいまや印刷できるようになった。研究者は、計画された「プリンタ」のスケールアップによって、航空機の完全な翼、電気自動車または建物全体を「印刷」することを構想している。多くの３Ｄデザインは、ある場合には、「自然」からの形状の直接的なデジタルコピーを伴う、有機的な外見を有している。

未来のイノベーションには、さまざまな混合素材を日常的に、同時に印刷する機械も含まれてくるだろう。バッテリー、回路、作動装置、組立済みの機械といった電源を備えたシステムの印刷、建造物、大型構造体および車両のインフラストラクチャーの印刷、身体の内部、宇宙空間、深海域、あるいは動いている最中といった現場での印刷などである。３Ｄ印刷は臓器や義足のモデルを印刷することができ、最終的に幹細胞やその他の有機物を使って歯や血管などの有機物を印刷することもできる〔Clarke 2011; ゴア二〇一四、Moskvitch 2011〕。このように、今や３Ｄ印刷が可能になった材料が急速に増えているのである〔Silverman 2012〕。さらに３Ｄ印刷は、ほかの製造形態ではできないような複雑な幾何学的デザインを生み出すことができる。いくつかのオープンソースを含むさまざまなソフトウェアパッケージにより、複雑なカスタムデザインを３Ｄ印刷することができる。

これらの３Ｄ印刷のテクノロジーは、「付加」製造技術と呼ばれることもある。これは、木材、金属または他の材料の切断、穿孔または叩解を伴うような、大部分の以前からある「除去」製造プロセスとは対照的である。こうした除去製造には、多くの「廃棄物」を出してしまうといった多くの欠点がある。

付加製造は、機械加工や切断によって材料の量を減らしたり除去したり、または鋳造や鍛造によって物体を形成したりする代わりに、層ごとに生成物層を構築し、デジタルファイルから三次元の固体を作製するのである〔Hopkinson, Hague, Dickens 2006〕。

この可能性のある進行中の革命は、未来の経済社会のために多くの意味を持つ。こうした３Ｄ印刷は、ネットワーク化されたコンピュータと同じように普及する可能性がある。これによって、世界中の物体の輸送の規模が大幅に縮小される。このような「印刷」や「付加製造」は消費者の近くで、場合によっては、消費者が物体を生産することを可能にする。本章では、「工場の後に出現する可能性のある新しい製造システム」〔Fox 2010〕の意味について検討する。

3……新しいシステム？

3D印刷のいくつかの新しい特徴について、さまざまなイノベーターとアナリストを引き合いに出して説明していく。ニール・ガーシェンフェルドは著書『ファブ』のなかで、すっかり普及したユビキタスホームコンピューティング、オープンソースソフトウェア、デジタルとマテリアルの世界の見込まれる融合を利用した、個人による製造について記述している〔ガーシェンフェルド 二〇一二、Day 2011〕。個人による製造は、デジタルリソースと技術が物理環境にどのように移行しているかを示す「リード指標〔変化の動向を先行して示す指標〕」である。これは、大企業だけでなく、「デジタル情報の実現」〔Ratto, Ree 2010〕を通じて、草の根のコミュニティ企業によっても生み出されている。

ウェブベースのデジタルテクノロジーは、携行用のコンピュータがどこからでも構築したり印刷したりできるデザインと青写真を含む、デジタルで転送できてダウンロード可能なファイルのグローバルネットワークにおいて中心的な役割を果たすだろう。それゆえ、物体は大量生産されることはなく、デジタルビットから個々に生成され、オンラインネットワークを介して転送でき、コンピュータおよびコンピュータ制御のインターフェイスによって原子に変換される。これらのネットワークの仲介者には、メーカーボットのような小規模な新興企業からZコーポレーションのような大規模な専門的生産者まで、さまざまな3D印刷のサプライヤーが含まれる。同じように、HPなどの既存のプリンタ企業は、ストラタシスなどの小規模企業と提携して、大小の消費者および産業用の3Dプリンタの研究開発と販売に投資している〔Shankland 2010〕。

また、物体のデザインを作成またはダウンロードするためのライセンスにアクセスしたり、取得したりするうえで代金を支払うほどには、モノをあまり買わなくなるといった予測もできるだろう。これは、デジタルの「モノのインターネット」で発展しているように見える「所有」経済ではなく、ますます「アクセス」経済の一部となるだろう。すでにオンラインでオープンソースのデザインと青写真のネットワークがダウンロードできる〔アクセスについては、リフキン二〇〇一を参照〕。

オープンソースのコミュニティは、特にここに関わっている。最初の自己複製プリンタであるレップラップ（RepRap）の発明者であるエイドリアン・ボイヤーは、オープンソースの重要性を明確にしている。「それは、自らをコピーするように設計されている。それが同じものを大量に手に入れられる最も効率的な方法だからである」〔Stemp-Morlock 2010: 1の引用から〕。レップラップは自己複製することで、テクノロジーの漸進的な開発と採用を「跳び越え」、サプライヤーの既存／ニッチの区別を取り払い、学校、コミュニティ集団、先駆者などを含めた小規模ユーザーがプリンタを組み立てたり、原料やその他の部品を購入したりといった手間を取ることなくテクノロジーを採用できるようにする。家庭やオフィスで使用できる３Ｄ印刷が成長しているおもな要因は、ユーザーが組み立てるキットの形で売られたり、他者のためにテクノロジーを印刷したり、自己複製したりするオープンソースのデザインに負っている。自己複製とは、一つのユニットを購入すると、生産されうるプリンタの数に制限がないことを意味する。オープンソースの３Ｄ印刷について、その先駆者であるボイヤーは、初期のコンピュータ革命との類似点に注目しており、かつての愛好家は一般的な部品から独自のデスクトップＰＣを製作したものである。

３Ｄ印刷は、消費者の行動がオンラインで商品を見て、買うという方向に変化していることに基づいて、分散型のオンショア製造システムにつながる可能性がある。数十年以内に、低コストの製造センターはモノの製造に関して比較優位性を保つことができなくなるかもしれない。３Ｄデジタル製造は、多くの製造物の輸送に取って代わることができ、「物流」ビジネスを排除したり、それをプリンタの原料供給の標準化されたサプライチェーンに基づく「物的経済」に転換することもできる。デジタルの物体はほとんど無料で移動できる。もっとも、3D製造に使用される多くの原材料の基礎が石油であることは重要である。現在のインターネットベースのオンラインストアやサプライヤーの欠点の一つは、購入者が商品の到着を待たなければならないということである。通常、従来のメールシステムに頼って、試したり触れたりすることはできない。したがって個人の製造は、多くの消費者製品の生産に取って代わるか、または増強することができ、それは非常に上質の印刷層とユニットのイノベーションとともに増加して、混合材料を提供している。現在のハイエンドユニットは、スチールとチタンで印刷され、F1カー、バイク、飛行機用の完成部品を生産している。

製品はもはやサプライチェーンの勢力に縛られることはない。誰のデジタルデザインでもアクセス可能であり、デザインの出来不出来によって、市場で繁栄するも滅びるも自由である。支配的なエリートが範囲を決めるわけでもないし、市場に出る前に、高価なサプライチェーンを通じて物的製品を推し進めることにエネルギーを浪費せずに済む。人が何を作れるのかに関する裁量をもたせることで、自分が欲しいものを手に入れることができるようになり、集団的プロセスを通じて、デザインは迅速に改善することになる〔Sells 2009: 173〕。

どのような特定の3Dテクノロジーが支配しているかどうかにかかわらず、これらのプリンタの原材料と原料、それらの生産と輸送の問題は依然として残っている。現在、試験された原料には、ナイロン、プラスチック、樹脂、炭素、ガラス、ステンレス鋼、砂岩とチタンなどがある。多くの資源が今なお原料として必要とされているのは確かであり、多くの場合、それらはローカルな精製所を通して処理されるであろうが、現存のインフラは目的のために改良されて組み込まれる可能性が高い。小売サプライチェーンと市場が、無数の製造品を作り、保管し、原材料として分配することから手を引くなかで、企業が原材料をこぞって生産したり、市場に売り込んだりするところで材料の「集中」が起こる可能性がある。法人は、樹脂、プラスチック、金属、ナイロン、さらには食品のサプライチェーンを生産し管理するためのビジネスモデルを採用することができる。それはかなり大きなものだったとしても、おそらく現在のインクジェットプリンタで使用されているものと似通った、標準化されたカートリッジで輸送されるだろう。

一つの重要な方向性は閉鎖循環プロセスであり、そこでは不要になった、壊れて役に立たない３Ｄ印刷された物体が、工業プロセスを通してさらなる原料にリサイクルされる。コンサルタント会社のマッキンゼー・アンド・カンパニーと女性ヨット操縦者のエレン・マッカーサーは、二〇一二年、ダボスでの世界経済フォーラムに提示された「循環経済」の可能性についての報告書〔Ellen MacArthur Foundation 2012〕で、３Ｄ印刷を支持した。ロンドンのテクノロジー愛好家で、ブロガーのデービッド・フランダースは、「あなたに子どもの靴を印刷してあげるとします。子どもは成長しますよね。あなたは靴をシュレッダーにかければいいのです。シュレッダーがプラスチックを処理してくれます」とわかりやすく書いている〔BBC News 2010; Ricca-Smith 2011 の引用から〕。あらかた述べてきたように、家庭でリサイクルして、３Ｄ印刷して使うといった取り組みができる可能性がある。現在のところ、粉末およびほかの複合原料は、リサイクルされたガラス粉末またはほかの特許を取得している保護樹脂から抽出されている。Ｚコーポレーションのような会社は、独自の「危険性のない環境にやさしい」粉末を使用している。循環経済の可能性を高める一つの解決策は「リサイクル・ボット」である。それはメーカーボットの３Ｄプリンタに附属、あるいは内蔵されている機械で、古い３Ｄ印刷物を含むプラスチック廃棄物から家庭内の新製品に用いる原料をより多く生成してくれる〔Peels 2011〕。

前述の通り、個人向けの製造テクノロジーと取り組みは、消費、製造、輸送の既存のシステムに揺さぶりをかけ、世界のサプライチェーン全体にカスケード効果をもたらす。カスタム製品をデザインして３Ｄ印刷する、カリフォルニア州にあるベスポーク社の共同設立者であるスコット・サミットは、「より高い船積み費用を除いて、海外に行くことによって得られるものは何もない」と述べている〔Vance 2010: 2〕。企業は長いあいだ、貨物のコスト削減と、より少ない材料を使用してコストを削減する可能性を検討してきた。こうした進展は、オープンソースソフトウェアの集中、家庭の帯域幅とインターネットアクセスの拡大、プリンタの所有の広範な拡がり、オンラインショッピングの慣行から現われているという見方もある。

大手のBBCの報道では、ある専門家は、「膨大な数のまったく同じ部品を管理し、世界中に出荷したり、それらを生み出して、分配したりするビジネス全体が、突然その役割を変えざるを得なくなった。経済にとってそれほど重要な役割ではないからである」〔Sieberg 2010〕。必要なときに、必要な場所で印刷できるなら、会社が緊急に必要なスペア部品を海外から空輸する理由はまったくないのである。

ここで重要なのは、自分の「プリンタ」を使って、消費者のそばで、あるいは消費者によってモノを製造できるということである。また、ローカルな3D印刷の店舗は、大通りや倉庫、ショッピングセンターでも出店できる。たいていの場合、いくつかの製品にモノをスキャンして多数のコピーを作成する能力があり、コストを大幅に節約できる。オートデスク社のジェフ・コワルスキーによると、「おそらく製造業はこれまで以上にローカル化されていくだろう。世界中に多くの原材料を出荷して、低コストの労働区域でモノを生産し、それを返送することにはならない。製造を行なうとなると、実際に何らかの生産が効果的に行なわれるが、その場合、より重要なのは、複雑さから解放されて、ローカルで実行できることである」〔Karlgaard 2011: 1 の引用を参照〕。

これによって、従来のような注文、在庫、供給、調達などのパターンではなく、オンデマンドでの印刷、さらには必要に応じた印刷が可能になる。同じように、パーソナル化、仕立て直し、カスタマイズといったファッションや趣味、工芸で現在人気のあるやり方が小売りやレジャーにおいて増加し、主流になる可能性がある。無限の帯域幅を持ち、遅れが生じないオンラインネットワークによって、従来のような取引を行なうといったパターンは、現在の製造をめぐるバリューチェーンを再構築するプロセスで、発展途上国の職人が先進国の「3D印刷用の製品を製作する」ことでひっくり返される〔Bell, Walker 2011: 532〕。

このように３Ｄ印刷は、ユーザーに「未来の工芸品」を提供する広範なテクノロジーの動きをあらわすものとしてとらえることができる。このプロセスの一部は自分で組み立てられるモジュール式の新しいデザインの創作であり、ユーザーがＩＫＥＡの家具のように組み立てることができる〔www.itproportal.com/2011/7/25/objet-demonstrates-ready-use-3D-printing〕。

自宅やローカルな現場から立ち現われている新たな、あるいは変更されたやり方は、持続可能なもう一つの選択肢であり、実際のシステム移行であると考えることができる。英国のトットネスのような「トランジション・タウン」は、地場の製造業、小規模な自給自足、手工芸、そして物々交換を含む交換の新たな形態に支えられたコミュニティを思い描いているのである〔Hopkins 2011〕。トランジション・タウンで構想されているような、スキルや製品に現場で責任を持つことに対する渇望は、現在のような社会物質的なシステムの長いサプライチェーンを拒むことから出てくる。３Ｄ印刷は、より多くの現地での生産、持続可能性、再生可能エネルギーを生み出すことができるのである。

しかし最後に、３Ｄ印刷では多くの著作権と所有権に関する問題が発生することに注意することが重要である〔Weinberg 2013〕。一部の批評家は、不特定多数の個人間で用いるファイル共有ネットワークであるナップスター（Napster）を引き合いに出して、３Ｄ印刷について論じている。それは現在、著作権で保護された音楽ファイルの違法ダウンロードを可能にしている。実際、製品でなくデジタルデザインの貿易と販売に基づいて構築された情報経済は、多くの課題に直面している。現在、音楽ファイルで使用されているデジタル著作権管理〔DRM〕テクノロジーを、どのようにして迅速かつ容易に再設計できるようなデザインに適用するかについては明らかではない。

犯罪行為を誘発しかねない製品を印刷することにも問題がある。施錠された建物への侵入を可能にする鍵を写真から印刷することもできてしまうのである〔www.independent.co.jp/life-style/gadgets-and-tech/news/the-3printed-key-thatcan-unlock-anything-9701203.html〕。３Ｄ印刷は、子どもやティーンエイジャーを含む誰もが武器や偽造品などの違法な人工物を印刷するために使用できる。

また3Ｄ印刷は、3Ｄスキャンされたオリジナルからの完璧な複製によって、あるいはオリジナルの青写真やデザインの普及によって、文化的な人工物の信頼性を損なう可能性がある。イーストンは信頼の経済の重要性について説明している。企業組織や、価値づけられた製品への投資家は、製品が無限に再生産されると消費者の信頼を失う可能性がある〔Easton 2011〕。

次節では、ここで起こる可能性のある展開のパターンを詳細に論じる。3Ｄ印刷において起こりえる展開のパターンは社会的未来にとって多くの含意を有しているが、偶然にも3Ｄ印刷の影響に関する社会科学による分析はほとんどない〔ゴア 二〇一四〕。

4……起こりえる四つの〈未来〉

インテルの未来派、ブライアン・ジョンソンは、ＳＦが未来像に関する仕事の方法になるべきだと提案している。現在のイノベーションの未来についての思考は、特許が提出されて、徹底的なテストや試作品づくりが行なわれてから、何年も経過して最終的な製品が出てくるような企業にとっては重要であると論じる〔ジョンソン 二〇一三〕。彼は、ＳＦプロトタイピングを未来予測における緊急ツールとして提示する。この文脈での「プロトタイプ」とは「製品の物語または架空の描写」〔同書〕である。ＳＦは、未来世界の想像力を引き出すための単なる資源ではなく、キャラクター、プロット、物語を展開してシナリオを生成するテクノロジーでもある。「物語はテクノロジー、メガトレンド、予測に関するものではなく」、むしろ「人びとに関するもの」〔同書〕である。

「未来像に関する思考」におけるＳＦの有効性については、各書でも示されている〔Birtchnell, Urry 2013b; Collie 2011〕。そして、科学者自身がＳＦの影響を受けているという重要な例がある。多くの場合、書き手は科学的調査との対話のなかで仕事をするのであるが、イノベーションの社会的影響について考えるのと同じように、科学者にはできない方法で議論を広げていく〔McCurdy 2011: 15; ヴェルヌ 一九九九〕。メディアによる解説、ツイッターのフィードド、SF小説、会議における専門家の発表、レポート、インタビュー、意見記事〔Birtchnell, Urry 2013b から作成〕に基づいて、四つの詳細な製造シナリオがここで設定されている。それには二つの軸がある。第一の軸は、３Ｄ印刷の手頃さと、ユーザーが３Ｄ印刷の日常的な機能を習得し、社会的な実践を展開する能力を査定して、調整することである。第二の軸は、大企業が３Ｄの展開をどこまで支配することになるか、または市民社会に３Ｄ印刷を行なう集団が数多く出てくるか否かに関わることである。それぞれに異なる四つの世界をプロットする際に、気候変動やエネルギー不足の影響を含めて、二〇三〇年までに社会で生じるシステムとその諸課題に注意を払った。これらの四つのシナリオは、一連の実証的な資料から抜粋したものである。これらは二〇一三年にロンドンで開催された、シナリオ・ワークショップの元になったものである。

最初のシナリオは『家庭用のデスクトップ・ファクトリー』というものである。ここでは、人びとは日常的に３Ｄに関わっている。イノベーションに対する企業支配は、著作権侵害のみならず、デザインやテクノロジーのオープンソースまでも共有することで低減される。このシナリオでは、３Ｄスキャナ／プリンタは人びとの家庭で一般的なものになっている。子どもたちは、特に学校のプロジェクトやテクノロジーの授業を通じて、３Ｄを選択することになる可能性が高いため、登場人物のベンは教育と幼少時代および家族生活の役割を強調している〔Barlex, Stevens 2012〕。

私の名前はベンで、二〇二〇年生まれです。私は宿題を終わらせようとしているのに、妹のルーシーは毎週末にデザインしている新しいブレスレットのために、またプリンタを使っています。学校のみんなは家に３Ｄプリンタを持っています（私たちも、昨年、ついに一台手に入れました）、先生は定期的にいろいろなモノをデザインし、印刷して、授業に持ってくるという宿題を出します。

無規制の状況（家庭）でのユビキタス３Ｄ印刷では、知的財産（ＩＰ）に関してさまざまな結果がもたらされる可能性がある。実際、不特定多数の個人間（Ｐ２Ｐ）でのウェブサイトや転送可能なデジタル音楽ファイルにおける似通った家庭革命が、グローバルな音楽産業に重大な帰結をもたらした。これらの課題は企業部門からではなく、若いユーザーが設立した小規模な新興企業から、時には学校から発生した。３Ｄ印刷の場合、物理的なモノとして印刷可能なデジタルファイルが無制限に共有される可能性が高い。

今日、中世の村人たちが町をどのように建設したのかを想像する歴史プロジェクトに取り組みました。グループでの私の仕事は、村の鍛冶場のように見えるものを印刷することでした。私は少しズルをしました。父と不特定多数の個人間で通信するウェブサイトに行って考古学的調査からレプリカをダウンロードし、それを自分のものにするためにいじくり回しました。先生が気づかないことを願うばかりです！

より広いシナリオの世界に誘われるにつれて、現在のイノベーションの軌道に沿ってテクノロジーの限界が明らかになってくる。例えば、レーザー焼結または電子ビーム溶解法の３Ｄプリンタは、いつでもすぐに家庭で見つかるものではなく、そのため消費者が金属製品を製作するのが妨げられる。したがって、家庭内のデスクトッププリンタと並んで、他の形式の３Ｄ印刷を重視する必要がある。

私のお父さんは本当の専門家です。電子ビームプリンタのある地元の工場で働いています。鉄鋼でバイクパーツをデザインして、印刷するのです。お父さんの仕事に参加して、それを使えればいいなと思うのですが、とても危険だからきちんとした訓練が必要だと言います。

以下のシナリオでは、代替ビジネスのビジョンに関して、試作品が可能性をもった考え方を紹介してくれる。ワークショップの前に専門家とのインタビューで提起されたあるアイデアは、白物家電のような複雑な製品の製造者がオンラインリポジトリ〔プログラム情報やデータを一元的に保存・管理する貯蔵庫〕を作ることができるのではないかということであった。これらのデータベースは製品所有者が識別番号で閲覧できるダウンロード可能なデザインを有しており、自宅で印刷した後、モジュラーのあまり重要でない部分を置き換えることができる〔Dean 2012, この開発に関する懐疑論を参照〕。このビジョンには３Ｄ印刷された製品の相対的強度、比較的もろい層化プロセスによる剥離、射出成形と比較したさいの３Ｄ印刷の限界など、多くの問題がある。リポジトリは保証の対象となる可能性が高い問題の診断と解決を可能にするが、より複雑な材料と電子機器は専門家による修理が必要である。

> お母さんが壊れている食洗機の部品を作るためにプリンタを使いたがっているので、私が使えるのは一時間だけです。彼女はメーカーのウェブサイトに行って、部品の識別番号を入力し、新しいビットを印刷します。実生活ではそれほど容易ではありませんが、願わくはそのパーツがぴたりと収まってほしい。お母さんは新しい食洗機を買うべきだとお父さんにときどき不満を言います。

以下の寸描では、登場人物とプロットを用いて、幅広い社会的実践を想像するための空間を作り出している。この例では、補完的な役目を果たす３Ｄ「シュレッダー」は印刷された製品をリサイクルすることができ、「循環経済」の考え方と結びついている。またベンは、現在のビジネスモデル（単一のモデルにしか対応していない高価なプリンタカートリッジを販売している企業）の影響と、似通ったテクノロジーへの将来的な展開についてコメントしている。

お母さんは新しいシュレッダーを気に入ると思います。古いナイフやフォークを洗う代わりにそこに投げ込めばいいのです。彼女はその方がはるかに清潔で便利だと言いながら、私たちに暗黒時代を生きるように仕向けるお父さんを叱っています！　先週、困ったことがありました。というのも、私が小さな鍛治場を約二〇回印刷して、修正を加えるたびに出来具合を見ていたのです。お父さんは、プリンタのカートリッジはとても高価で、必要ないものにたくさんの材料を使うことは環境に悪いし、無駄だと言います。今はどこでもカートリッジを買うことができ、地元の街角の店だって手に入ります。プリンタを製造する企業がカートリッジも作っているのです。

以下の寸描はまた、バックキャスティングを導入し、未来の輪郭を示してみせて、それがどうなるのかを見るためにさかのぼって描いている。この例では、未来の配送サービスの物流管理がプロトタイプ化される。

数年前、設計者たちが最も人気のあるモデルのサイズを変更したときには、誰もが外に出かけて新しいものを手に入れなければなりませんでした！　今ではカートリッジをオンラインで購入して、メールで配達してもらえます。お父さんが言うには、現在私たちが印刷している製品はこうして配達されていたそうで、到着時に必ず家にいることは難しいので、代わりに地元の郵便局で受け取らねばなりませんでした。カートリッジの設計者は、巧みにドアの郵便受けと同じサイズにして、カートリッジを押し込むことができるようにしました。

最後に、以下の寸描は、3D印刷の当然視されている性質から生じる廃棄物の増加や多くのアイテムからなるコピーなど、未来の意図しない結果を強調している。

来年には、地元のリサイクルステーションを設けて、不要な物を取り除き、より多くのプリンタストックに細断することができるようになります。私たちの小屋は、引切りなしに印刷しては壊しているすべての古いがらくたでいっぱいです。家庭用のプリンタなしの人生なんて想像できません。家のなかや学校で使うおもちゃ、道具、服やさまざまなものをどこで手に入れるのでしょう。家で印刷するようになる前に、彼らがどのようにやりくりしていたのか想像できません。

第二のシナリオは、消費者の近くで使用できるハイエンドプリンタの未来、『ローカル化された製造』のビジョンを示している。それらは法人向けの市場で影響力を持つため、激しい局間の競争が起こる。これは小売業者と顧客の両方に、そしてより重要なことにグローバルな生産システムに影響を与えている。登場人物のアムランはそうした転換について説明する。

私の名前はアムランで、二〇〇七年生まれです。その転換は誰も気付かないうちに起こったようです。いつも通りの買い物でしたが、舞台裏ではすべてが変化していたのです。ショッピングセンターの裏側では、在庫、パレットジャッキ、シェルフスタッカーが一晩中ずっと姿を消していました。それらがあった場所には、より入り組んだ内部を見せつけるような小さな画面がついた複雑な見た目の箱が現われました。このテクノロジーはすでに紙を印刷するのに雇われていたスタッフにとっては第二の天性のようでした。しかし、これらのプリンタは、特注デザインの提供という追加ボーナスつきで、私たちが買いたいもののほとんどを生産しています。チャリティストアやコンピュータで手に入れた商品やそれに類するものを除けば、「中国製」と書かれた製品はもうほとんどありません。

アムランは靴の買い物の経験について語っている。３Ｄはカスタマイズを可能にするが、そのような製造は予想通りのようには「迅速」ではない。

今日私は就職面接のための新しい靴を買うつもりです。あなたはオンラインで欲しい靴のモデルを作って、最寄のアウトレットで受け取ることができます。私はオンラインでクレジットカードにて支払済みですが、宅配は選ばずに店内で試してみました。彼らは私が提出した足のスキャンに靴が完全に一致しなければ、別のものを印刷するというポリシーを持っています。あなた自身がスキャンをしていない場合、店内で足をスキャンします。ただ、靴はすぐには印刷されません（それは本当にクールです）。代わりに、翌日にまた来なければなりません。

より広範なシステムでは、一連の製品を印刷する単一の供給業者に小売店が集約されることになる。オータナティヴな製品の生産が、カスタム化と特注デザインの需要から得られるように、新しいビジネスビジョンは大量生産ではなく大量特注生産に基づいていた。

アウトレットの多くは複数の製品を印刷しているので、同じ場所から子ども用おもちゃとシューズを受け取ることができます。私は大切な会合があるので、見栄えの良い靴が欲しいと思っていますが、履き心地も良くないといけません。私は一九二〇年代の曽祖母の古いドレスを持ってきました。色とデザインがすばらしいのです。私は店員がそれをスキャンして、私に合う靴を印刷してくれることを期待しています。

人びとはデザインを行なうプロセスでは対等なプロデューサーであり、自己主導の活動というよりはビジネスビジョンの一部なのである。ここでは、人を熱中させることができる創造的なひらめきは、快適性、利便性、審美的な上質さと結びついている。それは「ノスタルジックな」社会的実践を生み出し、大量生産に取って代わるかもしれない。

もちろん、快適さも重要です。数ヶ月前にいくつかの靴を印刷し、手袋のようにフィットさせました。自分の足と同じカーブと寸法の中敷きに出会えることはすばらしいことです。祖父はこれが昔のやり方だったと言います。誰もが自分の足に合うように彫刻された木製の「足型」を持っていたのです。祖父は、人びとがこんなにも長いあいだ、履き心地の良くない靴を我慢してきたなんて驚きだと言います。

このような文脈での寸描を通じたビジネスビジョンの描き方は、靴を試着するといった通常の状況を、レーザースキャンと焼結のような、より未来的な実践に並置させることができる。

友人のルースは、個人用にあつらえたメガネを購入します。彼女はレンズを注文し、フレームを精確な測定値で印刷するのですが、完全に普通のものとは異なるフレームを使います。毎週新しい色やデザインのメガネを試してみたり、クリック一つでレンズを入れたり外したりすることが、彼女のアイデンティティの一部になっているのです！　店長はときどき、靴が印刷されている様子を見るために、人びとを後ろの部屋に連れて行くことがあります。小さな子どもたちは靴がレーザーで層ごとに印刷されていくのを見るのが大好きです。

加えて、イノベーションが起こる可能性のあるほかの関連ビジネスへの関心は、異なるビジョンのあいだで将来的に重なり合って生じうる。医療用3D印刷の例がこれにあたる。

私はバイオテクノロジーの会社に勤めており、バイオプリンタを使って臓器や移植器官を印刷しています。そのプロセスがさまざまな点でかなり似ていることによく感動を覚えます。待たせるぐらいなら、すぐに私の靴を印刷してくれればいいのにと思います。

第三のシナリオは『コミュニティ工芸』であり、図書館、政府ビル、団体、官民のパートナーシップ、博物館、ギャラリー、芸術センターなどにおいてすでに起きている既存の共同制作と共同作業の例から引き出されたものである。非営利的なコミュニティ環境で3D印刷を使用する例はすでに見られている〔http://theurbantechnologist.com/2013/11/12/the-sharing-economy-and-the-future-of-movement-in-smarthuman-scale-cities/〕。リチャード・セネットが『クラフツマン』〔セネット 二〇一六〕で主張しているものづくりの考え方は、工芸をベースとした3D印刷によるものづくりにも適用できる。セネットは、人びとが世界を効果的に理解するのはものづくり、すなわち好奇心旺盛であること、挑戦すること、失敗すること、繰り返すことによってのみ可能であると論じている。彼は体験の価値を「ものづくり」になぞらえて語っているのである〔同書〕。この寸描では、ジルは地元の図書館に行き、3Dプリンタを使ってそうした工芸制作に参加する。

私の名前はジルで、一九九七年生まれです。今夜は仕事の後、週に一度の工芸グループの活動で地元の図書館に行くことを楽しみにしています。数年前に議会が、コミュニティ向けに設計された特別施設に、新式の大規模な異種材料に対応した３Ｄプリンタを購入する大きな助成金を図書館に与えることを決めたのです。

寸描の力は、社会における現在のテクノロジーの問題を捉えて、未来のテクノロジーに移し替えることにある。このケースでは、ユーザーに代わって新しいテクノロジーに従事する仲介者とのやりとりや、企業以外の共有のコミュニティ空間での使用から問題が生じてくる。

最初は、大きなマシーン（私と同じくらいの高さで、壁を背にして立っていました）に腰が引けました。廊下を行った先のオフィスにある、よく故障したり、詰まったりする一元管理された紙のプリンタと見た目はそっくりなのに。これらの３Ｄプリンタは、若い男性が持参した材料を混ぜようとしたとき以外は、すべて正常に動いています。後で知りましたが、男性は小麦粉を使って印刷しようとしていたのです！　それから技術者はみな若いユーザーをとても注意深く見守っています。彼らは違法で海賊版の商品が印刷されることも恐れているのだと思います。プリンタのうち一台はまだ焼けたパンのような香りがします。

以下のシナリオでは、そのデザインの背後にある不確実性の軸について伝えることが重要であった。ジルは自分のテクノロジーへの関与度が比較的低いことを示すために、図書館の職員や設備との相互作用について述べている。

デジタル情報担当の職員がほぼ毎日手近にいて、私たちが家から持ち込んだファイルの変換や、本当の初心者のための手伝いをしてくれます。家にソフトウェアを持っていないコミュニティの人びとが、図書館の提供するコンピュータに馴染んで使えるようにしてくれるのです。図書館のソフトウェアは、使いやすいインターフェイスであらゆる種類のテンプレートを組み合わせています。リストから作成したい製品を選択するだけで、触覚型のコントローラーで好きなように変更できます。こうした図書館にあるコンピュータのソフトウェアは、私の家にあるプログラムよりはるかに簡単ですが、自分の時間にデザインする方が便利で好きなので、図書館が月に一度提供している特別コースに参加しました。私は習った内容にとても興奮して、手で持てる3Dスキャナを買いに走ったほどでした！私が最初にスキャンしたものは愛犬でしたが、実物大のレプリカがパウダーから出てくるのを見て、図書館の人たちは困った顔で笑っていました。

ほかのシナリオと同じように、「世界」が持つ幅広いシステムに見られる決定的な特徴は、材料や印刷に用いる資源の輸送を含めて、ワークショップの参加者に何でも運ぶことができるという点である。創造的なプロトタイプの使用は、こうした特徴をつまびらかにするのに役立つ。

週に一度、図書館にプリンタ用の新しいカートリッジが大量に配達されて、専門の技術者がそれを交換して空のものを取り除きます。私たちのグループは納品の翌日に会うので、材料を使い切ってもまったく問題ありません。カートリッジは見たところ海岸沿いの特別な石油精製所から直送されているようですが、そこでは地域市場向けのガソリンと原料の両方を生産しています。トラックの側面にある石油会社のロゴを見るといつも、環境面で私たちがしていることについて、眉を上げることになります。

最後に、ジルは、そのような工芸制作に関わる社交性について述べている。

工芸グループは何はともあれ社交的な機会なのです。私たちはみんな手作りのケーキを持ち込んで、プリンタが動作しているあいだに何度もティータイムを楽しみます。それは共有経済の大部分をなしているのです。私たちはみんな互いを助け合うし、多岐にわたるさまざまな関心を持っています。工芸仲間のマイケルは小さな在宅ビジネスを経営しており、模型列車の付属品の自作シリーズを販売しています。私たちはみんな家屋や鉄道駅の信じられない細密さに驚きます。彼はすべての顧客に対して、販売部品がユニークであることを保証します。私たちは毎月、自作のアイテムや手作りの品を販売する露店が軒を連ねる地元のものづくりフェアを開いています。

最後のシナリオは『単なるプロトタイプ』である。登場人物はなぜ３Ｄの世界がテクノロジーに対して多くの楽観主義者が想定したように発展しなかったのかを説明する。３Ｄ印刷は、試作段階をはるかに超えたことはなかった〔Tita 2014, ３Ｄ印刷の関連会社が「真偽の確認」を受けている〕。『持続可能な材料』というテクストでは、３Ｄ印刷にはさほど注目が寄せられていないが、鋼材の製造に伴うものなど多くの問題が特定されている〔Allwood, Cullen 2012〕。コミュニケーションにおいてテクノロジーの未来が行き詰まるという類似した例は、ビデオ会議があまり取り入れられていないことである。誇大広告の内容がこれまで現実にはなっておらず、標準化、保守管理、ズレの解消をめぐる問題を抱えている。ジュリエットのこの寸描は、二〇〇〇年に起きたドットコム・バブルの崩壊を想起させる３Ｄ印刷バブルの崩壊で終わる。

私の名前はジュリエットで、二〇〇四年生まれです。ニュースで３Ｄ印刷について読んだので、工業用プリンタをガレージ〔趣味のものづくりなどを楽しめる車庫・倉庫〕にまとめて整理するために、たくさんの友人とエンジェル投資家〔創業したばかりで実績もなく、資金調達に苦しんでいる企業に対して資金を提供する投資家〕を集めたのです。私たちはメーカーボットやその他のオープンソースで設置面積の小さな卓上プリンタをしばらくは試していました。自分たちのＩＴとエンジニアリングの経験を活用して、ニッチ局を始めることに決めたのです。３Ｄシステムズ社がほぼ一晩でガレージから多国籍企業へのし上がったことには触発されました。私たちは次のコンピュータ革命に加わりたいと思っていましたが、ドットコム・バブルを忘れてしまっていたのです。

以下の寸描では、３Ｄ印刷が世界的な製造業の再編につながるとは考えられず、なぜそのようなことが起こらなかったのかについて探っている。

私たちのアイデアにリスクはないように思えました。棚卸資産はなく、輸送費や輸入費用もかからず、中国にある工場と説得しづらい下請け契約を結んでいるわけでもありません。私たちの考え方は健全だと思いました。建築会社は常に複雑な足場を組まなければならず、小規模な鉄鋼部品を一括で、あるいは莫大な費用で個別に購入する必要があります。私たちは驚くほど迅速な処理によって独自の鉄鋼部品を小規模で印刷し、かつすべて消費者の近くで行なうことを顧客に約束しました。中国からは何も出荷されていません。しかし、いったん実際にプリンタを購入すると、うまくいかなくなってしまいました。まず、会社は材料コストに悩まされ続けました。原材料はいつも手頃な価格だろうと確信していましたが、どれくらいの量のパウダーを使い尽くすことになるのか見当がつきませんでした。その後、私たちが材料を調達していた別の会社は、注文のサイズを変更し始めました。それ以来、ほかのところから資源の代替物を手に入れなければならず、満足できるような状態ではありませんでした。私たちにはうまくいきませんでした。

ほかの寸描と同じように、推論は紙の印刷の論理から引き出される。３Ｄテクノロジーへの関与度の低い世界では、テクノロジーに対する信頼性と直観はごく限られた導入規模においてのみ重要な役割を果たす。このことについては、ジュリエットのコメントで取り上げられている。

その後、プリンタが完全に壊れました。保証契約に問題があり、直るまで修理をしてもらえませんでした。それはずっと壊れたままで、私たちの注文に対して遅れまで生じるようになりました。その後、３Ｄプリンタを提供する技術者が訓練を受けて、競合他社に就職してしまいました。動くようにするのがやっとで、ユーザーがしばしば提供するカスタム製品を改良したり、再設計したりすることなどほとんどありません。場合によっては、受けた仕事をキャンセルする必要があります。というのも、私たちの機械で作動するファイル形式を取得できないからです。

ビジネスのビジョンを描く際は、テクノロジーに関する落とし穴と同じように、誇大広告のサイクル、時流や流行に注意を払う必要がある。そして、「ブラック・スワン」というものがいて、予期しない出来事が社会に大きな影響を与えることがある。

３Ｄ印刷の未来が描かれていく様子に興ざめしているのは、私だけではありませんでした。３Ｄ市場は卓上式のプロトタイプ装置、中規模の機械、およびその他の新興の事業所で飽和状態でした。ごく少数の事務所は消費者の関心の欠如、機械の不足、共通基準の欠如のために閉鎖になりました。そして、米国の上空で大破した飛行機の一部が３Ｄ印刷された部品で作られていたことが明らかになったとき、ゲームは終わったのです。消費者の感情と投資家のサポートがすっかり損なわれてしまいました。将来私たちがまだ知らない需要に支えられて離陸するかどうかは誰にもわかりません。しかし、現時点ではバブルが崩壊し、旧式の製造業や、大型コンテナ船が世界中の大工場で生産された商品を輸送するという流れの方に勢いがあるようです。

5……結論

このように立ち現われる可能性のある社会物質的なシステムの四つの未来像を詳しく説明し、新しい製品と思考実験の方法について手短に示してきた〔最近の例についてはhttps://twitter.com/3DPrintGirlを参照〕。これらの四つのシナリオとは、『家庭用のデスクトップ・ファクトリー』『ローカル化された製造』『コミュニティ工芸』『単なるプロトタイプ』である。

最初の三つの未来のうちのいずれかが、ほかの要素と組み合わさって、最近数十年の大量生産／大量消費（ウォルマート方式）システムに取って代わる主要な新しいシステムになるのか否かを予測することはできない。現在の歴史を書くことは、一見すると「新しい」システムのイノベーションに関わる人びとのテクノロジーの誇大広告を回避するにしても、多くの危険を伴う。

3D印刷の重要な問題の一つは、多様なプリンタに共通の標準規格がないことである。これらの標準は、マイクロソフトとアップルのPC用に開発された標準のように、迅速に開発して実装する必要がある。もしそれらが展開されるなら、重要な新しいシステムが現われる可能性があり、規模の経済が生じる。既存のグローバルシステムを弱体化させるもう一つの「出来事」があるとすれば、それは、地球の一方の側から他方の側へほぼすべての物資を輸送するコンテナ船に現在使用されている石油が比較的安価で、利用可能であるという状況が続かなくなることである。比較的高価な状態が続き、石油の利用可能性が実際に低くなるなら、ウォルマート方式の生産、流通、消費の現行の基盤は損なわれるだろう。石油が世界を動かす数多の複雑性については、ほかのところで詳述した。このことは次章〔Urry 2013b〕で検討する。

これまでのところ、3Dの成長率はさほど大きくはない。二〇一八年までに3D印刷の世界規模は年間約三〇億ドルになる〔www.slashgear.com/3D-printing-market-to-hit-3-billionby-2018-23239870〕。したがって近い未来、オフショア製造、長いサプライチェーン、コンテナ化の代わりに、新しい３Ｄ製造の世界が実現するとは考えにくい。しかし、３Ｄ印刷は機械とテクノロジーの全体的な生態を変えるであろうし、ローカル化された製造とコミュニティ工芸の３Ｄ印刷の組み合わせは今後最も可能性がある。３Ｄは重要なニッチを構成するであろうが、問題はそのニッチがどこまでシステム全体の変化につながるかである。

第7章　シティ・オン・ザ・ムーブ

Cities on the Move

1……オートピアとは

二〇〇七年になって、歴史上初めて都市人口が世界人口の半数を上回った。そして二〇五〇年には、世界の都市人口は六〇億人を超え、世界人口の三分の二に達するであろうと言われている〔www.un.org/en/development/desa/news/population/world-urbanization-prospects-2014.html〕。これは推定としてはもっともらしく見える。とはいえ、それはグローバルな感染症、気候変動、大洪水、食料不足、深刻な景気後退などのような破局的な出来事がなかったらと仮定してのことである。

大膨張を遂げている都市の特徴は、人びとのつながりやネットワークや移動が途方もない規模で見られることである〔UN-Habitat 2013〕。そして都市は、資源を求めてヒト、情報、モノがものすごい勢いで入り乱れて移動する場となっている。そうした移動の根底にあるのはエネルギーである。「都市の存続はたいてい、上下水道から電気と情報へ、さらに人と動物から機械と野菜へというように、異なったレベルで生じるエネルギー消費の移動にかかっている」のである〔Amin, Thrift 2002: 82〕。都市は高い強度を誇るエネルギーが集積する場となっている。

今日、ほとんどすべての都市で見られる移動の中心となっているのは、オートモビリティである。J・G・バラードはいみじくも次のように述べている。「二〇世紀の全体像を一つの精神像へと要約するよう求められたら、よく見かける日常の光景ではあるが、コンクリートでできた高速道路上をあてどもなく運転している人の姿を挙げることになろう」〔Platt 2000: 194 より引用〕。オートモビリティという社会物質的なシステムが作り出しているのは都市の空間である。それは石油で走る鋼鉄製の車やトラックが空間を占有することによって生み出された「機械空間」である〔Horvath 1974: 174-5〕。

バージニア・ウルフは、一九二七年に最初の車を購入したが、その後に現われたカーシステムの新奇な物ごとを変える力を次のように述べている。「そうね。自動車はまぎれもなく私たちの生活の喜びになっている。それは新たに拓かれた生活であり、自由で可動的《モービル》で軽やかなものである。今は洞窟のなかの生活など、考えも及ばないように、やがて自動車がない日々を振り返るようになるだろう」〔Morrison 2008 より引用〕。ウルフらにとっては、カーシステムは一つのユートピア、すなわちウォーレンとカーが「オートピア」と名付けたものであった。それは前世紀から世界中に徐々に広がっていた〔Wollen and Kerr 2002〕。

カーシステムについては別の説明も見られる。SF作家のアーサー・C・クラークは「現代文明は車がなければ一〇分たりとも存続することができないが、まっとうな社会なら信用ならない車を黙って受け入れるということはない」と記している〔クラーク 一九八〇〕。クラークは、人びとが日常のなかで、自分たちは動く車のせいで生き地獄にはまってしまったと、月曜日の朝、ふと思うようになるだろうと説明している。同じことを英国詩人のヒースコート・ウィリアムズが『オートゲドン』のなかで言っている。彼によれば、惑星（地球）の生活を観察している異星人たちは、そこで見られる生命体はまったく人間らしくなく、オートモバイルが惑星の貪欲な炭素消費者の旗振り役をつとめていると考えているという〔Williams 1991; シュナイダー 一九七五〕。

オートモバイルは、多面的な人間の文明化作用を象徴的に表わしている。カーシステムは前世紀、特に一九〇一年にテキサスのスピンドルトップで噴出油井が最初に現われてから発展した。事実上、地上にエネルギーが自由に噴出することによって、多くの人びとは虹のあとで実際に（黒い）金《きん》が現われると信じるようになった。適当な場所で掘削さえすれば、ほぼ自由なエネルギーが大量に噴出することになるのだと考えたのである。アプトン・シンクレアはこのことを『石油！』のなかで次のように説明している。「地中で油井がこんこんと湧いているように見える。誰も確信を持って言えないが、ナイアガラの滝のように、轟音を発しながら、奔流のごとく、黒い円柱のようなものを二〇〇フィート、二五〇フィートと解き放っている。そして厚みがあり、黒色のべとべとした、つかみにくい大量の流動体状のものを地上に音を立てて出している」〔シンクレア 二〇〇八、Urry 2013b〕。

石油を動力源とする鋼鉄製の四人乗りの車が惑星を席捲するといった事態は、自然に現われたわけではない。一九世紀末に、事実上、三つの燃料、すなわち蒸気、電池、石油が、「馬いらずの乗り物」の台頭を促した。これらのうち、特に石油が中心的な役割を果たしたが、それは歴史的には偶然の「ちょっとした」理由によるものであった〔Dennis, Urry 2009; Urry 2013b〕。ヨーロッパと合衆国で同時に新しい「スピードマシーン」を競うレースが公的に開催され、レースを制した四輪車はほんの一握りであった。それらは石油を動力源とするものであったが、この期間最も興味をひいたのは、電池を動力源とする「馬いらずの乗り物」であった。それは一八九九年にパリ近郊でスピード記録を打ち立てたロードスターであった。そのとき合衆国で生産された車の四分の一以上は電池を動力源としていた。その多くは、ヘンリー・フォードの新工場で製造されたものであった〔Miller 2000: 7〕。

しかしながら、スピンドルやその他多くのところで噴出油井が現われてから安価な米国産の石油が出回ったために、石油を動力源とする、馬力がある、馬いらずの乗り物が急速に拡がった。それらを支えた人たちは、「汚れていて、うるさく、煙で黒くなったマシーンは、まさに進歩をこれみよがしに誇張したもの」、「でしゃばりで、不快で、下品で、汚らわしい、進歩的なモダンマシーンの発達」〔Black 2006: 64-5〕と声高に主張した。石油体制は、T型フォードで知られる第一次フォードシステムが一九〇八年早々に立ち現われ、ほぼ同じ頃に未来思考論者のフィリッポ・マリネッティが新たな「スピード美」を宣言するなかで構築され、確固たるものになった。総じて、主要なテクノロジーの歴史からわかることは、最もすぐれた新しいシステムでさえ、多くの場合、たまたま勝ち抜いて現われたというようなものではないということである。

第3章で確認したのは、いったん新しい道が切り拓かれると、社会制度がそうしたシステムの長期にわたる展開の道筋において決定的な役割を果たすようになるという点である〔Franz 2005; ノース 一九九四〕。石油を動力源とする、鋼鉄製のカーシステムが作り出した経路依存パターンは、石油が「西洋文明化」にとって欠かせないものであるということを意味した。石油は高密度エネルギーであり、貯蔵することができ、可動性があり、何にでも利用できる便利なものである。そして二〇世紀の大半において極めて安価なものであった〔Owen 2011: 95を参照〕。燃料油は現代世界の少なくとも九五%においてほぼすべての輸送エネルギー源となっており、車、トラック、飛行機、船舶、列車を走らせるものとなっている〔Worldwide Fund for Nature 2008: 2〕。移動を前提とするほぼすべての活動は石油に依存している。そして現代都市において重要な活動で何らかの移動を伴わないものはほとんどない〔Owen 2011; Urry 2013b〕。

総じて、石油を動力源とする鋼鉄製の車は、二〇世紀資本主義を先導してきた経済分野やイコン的な会社で作られた模範的な製品となっている。住宅供給のコストは別として、車はまた個人消費の主要なアイテムとなっており、ごく最近まで新世代の大人たちにとって非常に人気のあるものであった。シェラーが論じているように、車はスピード、セキュリティ、安全、性的な達成、職務実績、自由、家族、そして時として男らしさを通して地位を与え、感情的な影響を及ぼす〔Sheller 2004: 221-42〕。車は視覚的なイコンとなっており、とても強力で人を惹きつける文学や映画や広告イメージによって広がっている〔Wollen,

Ker 2002〕。また車によって多様な旅ができるようになり、人びとが「動いていて」、仕事や場所を転々としている場合でも、必要なものを運んだりしまい込んでおくことができるようになる。

車は、その車輌に乗っている人と「キリングフィールド」と呼ばれる現代的な道路を猛スピードで走っている対向車／併走車が作り出しているほかの車の危険な世界とのあいだに、一つの保護区域である聖域を生み出している。ドライバーは多くのリスクから切り離された鉄のカゴのなかでカークーン〔内蔵したファンで空気の繭をつくり、車体の劣化を防ぐこと〕され、肘掛けイスに身をしずめ、カーナビのようなマイクロエレクトロニクスによる情報源やカーエアコンやカーステレオを含むあらゆる制御のしくみに身をまかせることによって快適さを手に入れる〔車の発する音についてはBijsterveld,Cleophas, Krebs, Mon 2014を参照〕。車の危険性は、自転車や歩行者、とりわけ子どものような非ドライバーの側に具体的に表われている。

初期の郊外は、公共交通によって整備されたものであり、北米では「路面電車の登場による古典的郊外住宅地」として知られていた〔Glaser 2011: chap. 7. ちなみに路面電車は、ヨーロッパではトラムのことである〕。その後、郊外が世界規模で広がったが、それはもともと車のためではなく、地域をつなぐものとして作られた。道路沿いに展開された、車をベースとする日々の通勤によって促された〔Reid 2015〕。建築家のリチャード・ロジャーズは、以下のように述べている。「都市の凝集性のある社会構造の基盤を掘り崩すのに決定的な役割を果たしたのは車である。車は公共空間を台無しにし、郊外のスプロール化〔無秩序に拡大すること〕を促した。……車は日常生活における諸活動を、オフィス、店舗、家屋に振り分けるという構想をまるまる実行可能なものにした」〔ロジャーズ 二〇〇二〕。そうした区画設定は、一部には低密度住宅の供給と郊外の拡大を求める住宅所有者の求めによるものであった〔Ross 2014: ch. 7 を参照〕。

こうした車に基づく郊外化は、自然発生的なものでも起こるべくして起こったものでもなかった。合衆国では、それはある意味で「結託によって」もたらされたものであった。一九二七年から五五年にかけて、ゼネラル・モーターズ、マック・マニュファクチャリング（トラック）、スタンダード・オイル（現エクソン〕、フィリップス石油、ファイアストーン、タイヤ&ラバー、グレイハウンド鉄道が共謀して、情報・投資・活動を分担し、米国の都市から路面電車を排除した。彼らはいろいろなフロント企業を立ち上げたが、特にナショナル・シティ鉄道は、一九三〇年代に買い占めを行ない、少なくとも四五の電化した路面電車システムをただちに閉鎖した〔Urry 2013b: ch. 5〕。路面電車を失った都市は、どこに行くにも石油をベースとする車やトラックやバスに依存するほかなかった。

実際に、車両メーカーのスチュードベーカー・コーポレーションの社長は、車を所有することができる人も車を所有しない、と怒りを露わにした。彼は、一九三九年に声高に次のように言った。「都市を造り直さなければならない。今日、最大の自動車市場であり、顧客となりうる人を抱えた最大の未開拓の領域は、車の所有を拒否している大多数の都市人である」〔Rutledge 2005: 13より引用〕。しかしもちろん、車の所有を拒む人びとの数は北米では戦後極端に減少した。そして、今となってはそのことは過去のことになってしまった、と言えよう。

車がたゆみなく拡大し、ほかの移動手段を支配するような状況は、広範囲に及んだニューディールの道路建設計画の一環として、オートピアが拡大するとともに必然的で不可避的なものとみなされるようになった。車の支配に立ちはだかるものは何もなかったし、それは合衆国のモダニティにとって絶対に欠かせないものとみなされた。セネットは以下のように述べている。

今日、……われわれは個人の自由な移動を絶体的な権利とみなしている。個人の自動車はこの権利を行使するために必然的に必要とされる道具であり、……その影響としては、空間が自由な動きに従属できなければ、無意味になるか、さらに腹立たしいものにさえもなるということなのである〔セネット 一九九一〕。

このようにして、当初は車は侵入者とみなされていたが、道路はビジネスにとって役に立つものであり、現代の経済社会にとって絶対に必要なものであるという考えを広く浸透させることに、「カーボン資本」は成功した。初めのうちは、道路改良を推進したのは自転車乗りの団体であった。しかし車と石油のロビーイストたちは、そうした道路は車にとって「必需品」であり、車に対する課税は当然であるとしても車製造業者は外すべきであるという考えを打ち出した。そういうわけで、二〇世紀を通して、都市と郊外は車によって占拠されるようになり、車は道路空間と都市環境のほとんどを支配した。オートピアは特にロバート・モーゼスの道路建設計画と結びついて、まず合衆国で立ち現われた。ナイはこの高エネルギー消費のユートピアについて、この開発の塊は「奇跡の化学繊維、安価な食品、大規模な郊外住宅地、高速旅行、安価な燃料、環境制御、限界のない成長という未来」を想起させるのに役立つものである、と述べている〔Nye 1998: 215; Ross 2014: ch. 3〕。都市で見られる移動システムは、大部分、車、石油、郊外の複合体に基づいているのである。

車やトラックが都市を支配すると、どのような問題が起こるのであろうか。第一に、広範囲に及ぶ車をベースとする移動は、特に日々の通勤の場合、対面的な社会化、ボランティア活動、フィランソロピーを弱めてしまう。パットナムは、『孤独なボウリング』において、「移動性は、市民参加およびコミュニティを基盤とした社会関係資本を蝕んでしまう」〔Putnum 2000 = 2006: 248〕と論じている。車通勤の三分の二は一人で運転をしており、しかもしばしば道路混雑で通勤時間が長くなるため、通勤者であっても通勤者でなくても、コミュニティの行事への参加が損なわれてしまう。人びとは交通インフラの整備をますます求めるようになっており、その分効率的な都市サービスは後回しになり、汚染は進み、乗り物の出費と衝突事故が増え、罹患率が上がっている〔http://usa.streetsblog.org/2015/03/24/study-sprawl-costs-every-american-4500-a-year/; Owen 2011: 25〕。多くの論者は通勤時間を短くし、近隣とのつながりを増やし、「幸せな街」をつくり出すべきだ、と主張している〔Montgomery 2013; ジェコブス 一九七七も参照〕。

第二に、通勤率が上がり、車への依存が進んだために、都市の物的空間の多くが車にあてがわれるようになっている。一九七〇年のジョニ・ミッチェルのよく知られた歌のなかに出てくるように、「人びとは楽園を掘り起こし、駐車場を建てた」。多くの駐車空間と道路は都市の土地面積の三分の一まで占めるようになっている〔Ben-Joseph 2012を参照〕。その結果、どの車も多くの駐車空間にアクセスすることができる。ヒューストンでは、驚くべきことにどの車にもそうした駐車空間が三〇もあると言われている。車は多くの死の空間を生みだす単一作物のようになっている。ルイ・マンフォードは半世紀前に、「誰もが自動車を所有している時代に、私有の自動車で都市のあらゆる場所に乗り入れることを認めれば、都市を破壊する権利を与えてしまうことになる」と指摘している〔www.nytimes.com/2012/01/08/arts/design/taking-parking-lots-seriously-as-public-spaces.html〕。意義深いことに、大都市のなかには、車の乗り入れが制限されているところもある。例えば、香港、ロンドン、パリ、ニューヨーク、シンガポールがそうである〔Owen 2011: 205-7〕。

第三に、車は、人びとの都市の移動と感覚風景を変える〔www.streetsblog.org/2011/06/15/the-art-and-science-of-designing-good-cities-for-walking〕。歩行者の優先度は低く、赤信号のときに長く待ち、青信号の時間は短い。横断歩道は基本的人権を守るために作られているのではなく、交差点でボタンを押すことによって歩行者が渡ることができるものとしてある。さらに信号があるところで、歩行者は人込みのなかを移動し、与えられた時間内で渡り切らねばならない。こうして「健常者」の歩行スピードが求められることになる。たいていの社会では、信号無視の歩道の横断には罰金を課すが、デフォルトで起動する活動は「信号無視の道路横断」になり、「信号通りの運転」は違法になると言う人がいるかもしれない。

第四に、約一二五万人が毎年交通事故で亡くなっている。これは世界中で青年の死亡の主たる原因となっている〔http://en.wikipedia.org/wiki/List_of_countries_by_traffic-related_death_rate〕。人口一〇万人当たりの死亡率では、ばらつきが見られる。最も低いのはノルウェーとスウェーデンの三人であり、合衆国は一二人である。最も高いのはリビアであり四〇人である。世界の道路で死ぬ人の半数は、「被害に遭いやすい道路利用者」である歩行者であり、自転車であり、オートバイである。毎年、二〇〇〇万人から五〇〇〇万人が不慮の事故にあっていると考えられる。今日、戦争やテロの攻撃であっても、とてもこれほどまでの死傷者数とはならないのである。

第五に、大量の二酸化窒素の排出によって深刻な大気汚染が生じている。これは重篤な呼吸器系疾患をもたらし、多くは早死に至る。混雑した道路に隣接して居住している人びとは、特に危険にさらされている。悪い空気が心臓麻痺を引き起こす一方で、混雑した道路の近くに住んでいる子どもたちは低発育の肺と高率の喘息を抱えながら大きくなっている。こうした大気汚染は早死の主要な環境要因となり、何十億という医療費を要することになる。特にディーゼルエンジンで動く乗り物がもたらす大気汚染によって、毎年、英国で二万九〇〇〇人以上が、そして世界中では数百万の人びとが短命に終わっている〔www.airquality/news.com/2014/12/05/uk-nitrogen-dioxide-mortality-figures-due-next-year〕。

第六に、都市の活力は、石油の価格とそのフローにかかっている。これまで瞬間的に石油価格が高騰したことがある。そのとき世界的な不況が起きている〔最も近年では、二〇〇〇年初めから半ばにかけて起きている。Murray, King 2012〕。国際エネルギー機関〔IEA〕によると、ほとんどのイージーオイル〔開発・生産・市場への供給が容易にできる石油〕は燃焼し尽くされており、石油供給はピークに達しているという〔Mitchell 2011; Urry 2013b を参照〕。石油市場の異例の金融化も見られ、石油価格と入手可能性が不安定化している〔Labban 2010〕。近年、将来の地球の気温上昇を摂氏二度以内に留めるには、大量の化石燃料が地下に埋蔵され続け、燃焼し尽くされないことが必要であることがわかっている〔Berner-Lee, Clark 2013; Carbon Tracker 2013〕。「地球温暖化」の二五％以上は、ヒト、食品、モノの、石油をベースとする移動から起きている、と想定されている〔Banister, Schwanen, Anable 2012〕。

このようにして、カーシステムはほぼすべての社会に広がっており、さまざまな害悪を引き起こしている〔Ross 2014: 69〕。しかしあちこちで、都市および移動に関するオータナティヴなユートピア的見解も表明されるようになっている。スウェーデンでは、道路死ゼロをめざす国家的構想が打ち出されている〔www.visionzeroinitiative.se/en/Concept/Does-the-vision-zero-work〕。ほかの社会や組織でもゼロ・カーボンの未来を説くユートピアを表明するようになっている。そしてごく最近になって、「カーフリー都市」という考え方が展開されるようになり、世界中の都市に明確なユートピア的見解を提示している。二〇一四年のダボス会議である提案がなされた。それは都市の再デザイン化と改造のために九〇兆円を使い、車なしに機能する都市ができあがると、気候変動に対して極めて重要な役割を果たすことになるだろうというものである〔http://uk.businessinsider.com/plan-to-spend-90-trillion-redesigning-cities-without-cars-2015-1?r=US〕。現に世界カーフリーネットワーク／機構〔www.worldcarfree.net〕ができており、それとともに多くの都市がカーフリーの未来をめざす構想を立ち上げている〔http://carfreechicago.com を参照〕。ちなみに、インパクトのある設計マニュアルが立ち現われ、カーフリー都市の展開のためのデザイン目標と関連ある研究計画を打ち出している〔Crawford 2009〕。

最後に、旅行を、統計的なモデル化によって考えられた、多くの外部要因の影響を受けた「派生需要」とみなす従来の考え方に代わって、「新しいモビリティ・パラダイム」では、人びとの生活を形成する数々の社会制度や実践に焦点を据えている〔Sheller, Urry 2006〕。人びとが「動いている《オン・ザ・ムーブ》」最中でも、たまたま、社会制度や実践の内部で生じる移動や出会いが重要性を持つからである。また、移動は複雑に絡み合いながら、さまざまな形態の社会的実践がいっしょになって、立ち現われるのを促している。そしてこうした多様で相互依存的な移動は社会物理的なシステムの内部で、さらにそうしたものを通して生じる。さらに実践は、人びとが多様な異なる技術を用い、取り込み、結び付けることによって起こる「意図せざる結果」から立ち現われるのである。したがって、新しい技術や現存する技術は、特定の分野や「領域」に限られた特有のものとみなされてはならない。「輸送技術」について言うなら、それは独自に展開するものではなく、一つの環境内で作動するのである。そしてそうした環境の構成要素を引き込んで、新しいシステムの一部、例えばGPS、冷凍庫、リチウムイオン電池、高速道路センサー、持ち帰り用のコーヒーカップなどとなるのである。

2……車以降のモビリティ・システム

ここで、「車以降」のモビリティ・システムが将来見られるのかどうか、そしてかりに見られるとして、それがどのようなものになるのかについて検討することにしよう。第4章で、筆者はバックミンスター・フラーに依拠して、あるシステムが別のシステムに直接取って代わる可能性は低い、と述べた。むしろ、モバイル・コミュニケーションが部分的に異なった一連の意味媒体《アフォーダンス》を与えながらも固定電話と並行して発展するように、新しいシステムは古いシステムとともに発展する可能性がある。時間の経過とともに新しいシステムは古いシステムを駆逐するかもしれないが、それは単なる代替によるものではない。ここで問題となるのは、世界の再構成が進んだら、過去「自動車があった時代」を思い起こすことが困難になってしまうのかどうかという点である（この点は、まさにバージニア・ウルフが述べていることである）。それは、機械製のタイプライターや白黒テレビやコンピュータのない家のような、はるか過去のものになってしまうのであろうか。

そこでまず、「個人を目当てにした乗り物」を製造し、使用し、編制する新しい方法だけでなく、より一般的には、移動のパターンとフローの再編成に関わりのあるほかのイノベーションを求める実験が世界中に立ち現われていることを述べることにしよう。現在、イノベーターになりうるものは数多く存在する。それらは大手の自動車製造業者だけでなく、それ以外の大小の会社、NGO、組合、大学、ソフトウェアのデザイナー、科学機関、都市協議会、コミュニティ企業、「消費者」など、である。「環境パイオニアによる新しいうねり」が異なるさまざまな文脈内でいくつかの低炭素のニッチをもたらしている。これは「ニューテクノロジー」をめぐる論題だけでなく、「より広汎なイノベーション、例えば、組織的形態やビジネスモデルにおけるイノベーション」〔Willis, Webb, Wilsdon 2007: 4〕をめぐる論題にもなっている。さらにいくつかの都市には、低炭素の実験と実装を行なう空間が集中している〔Urry 2013b〕。

世界のいろいろなところで見られる「環境パイオニア」の社会運動は、必ずしも明確な目標に向かっているわけではない。しかし時間の経過とともに、どのイノベーションによるドラムも同じリズムを奏でるようになる可能性はある。指揮者はなくてもいいかもしれないが、演奏者たちの背後でイノベーションのシンクロ化〔同期化〕が起こり、それが体制《レジーム》とかシステムなどの変化をもたらすかもしれない〔ストロガッツ二〇〇三〕。いずれにせよ、前衛主義的な政策が欠かせないのであって、これによって「グローバルな低炭素のコモンズ」が生まれるのである。予期しない破壊的イノベーションが動き出し、組み換えを行ない、予期しない場所で取り込まれるようになるかもしれない。一連の連動する変化とともに、規模でも重要性でも二〇世紀のオートモビリティに引けを取らない新しいシステムができあがる可能性がある（Dennis, Urry 2009; Geels, Kemp, Dudley, Lyons 2012; Mitchell, Borroni-Bird, Burns 2010; Sloman 2006 を参照）。

本章では以下、車が支配するシステムに代わってどのようなことが起こりうるかを考えてみる。カーシステムに「亀裂」ができているとして、それらはより大きくなり、裂けたままになるのか、それともカーシステムはいっそう堅固なものになり、過去一世紀かそこらのあいだに生じた、競争者を「駆逐」するというようなことになるのであろうか。カーフリー・ユートピアの想像と展開にとって中心となるのは、過去二〇年ほどにわたって展開してきたカーシステムにおいて見られた以下のような深刻な亀裂である。

◆**高速道路センサー**　高速道路上を通過する車の数と平均速度を一定間隔で計測することによって、渋滞情報などをリアルタイムで電光掲示板に表示する。

●政策立案者、交通計画者、自動車工業界は、いかなる単純な意味においても「解決」不可能であると思われる車が引き起こす健康問題・環境問題・エネルギー問題をますます強く認識するようになっている〔Owen 2011〕。

●政策立案者や車製造業者の現行カーシステムへの従来通りのコミットメントは弱まる傾向にある〔Better Transport 2014; Böhm, Jones, Land, Paterson 2006〕。

●代替的な充電システム、本体型式、バッテリー、燃料タイプ、軽量本体材料の開発では、たいていが中小の会社、ＮＧＯ、地方自治体、大企業による実験なのである〔Barkenbus 2009; Royal Academy of Engineering 2010; Tyfield 2014〕。

●アーバンデザインは車を抑制する方向に向かっている。それには駐車制限、課税、トラフィック・カーミング〔交通静穏化〕、歩行者専用の都心、バス専用道路、自転車道、公共自転車スキーム、ロードプライシング〔道路課金〕などが含まれている〔Nikitas,Karlsson 2015; Ross 2014: ch. 10〕。

●石油が将来も供給され〔Murray.King 2012〕、化石燃料の継続的な燃焼に反対する大規模な運動が起こる〔Carbon Tracker 2013〕可能性については、まったく予測がつかない。

●都市がますます車依存から離脱する動きを見せ、都心居住が進むとともに、居住者および訪問者に対してより高水準の福祉がもたらされるようになっていることが明らかになっている〔Montgomery 2013; Ross 2014〕。

●車依存社会で車の利用がある程度減っている。それとともに、自動車免許を取得する若者の数が減少し、都市内でカーフリーの時間と空間が増大している〔Lyons, Goodwin, Millard-Ball, Schipper 2011; Sheller 2015a〕。

●国によっては、若者世代はあえて選択するとしたら、車よりもスマートフォンを好むことが証明されている。そして若者たちの三分の二は、車よりも「新しいテクノロジー」にお金を割くようになっている、と言われている〔Rosenthal 2013〕。

しかしながら、新しいシステムを「設計」する際に、技術的・経済的・組織的・社会的に見て由々しき問題が生じる。第一の問題は、権力に関わる論点である。それは他者に対する権力と新しいシステムを指揮する社会力という能力もしくは権力に関わるものである〔Tyfield 2014〕。特に重要なのは、「カーボン資本」の組織化された利害である。それは石油会社、自動車製造販売会社、国営石油会社、そして石油ベースの移動と生産システムの利害を擁護する国家および政府とのあいだで見られるネットワーク化された関係から生まれる〔Paterson 2007; Mitchell 2011; Urry 2013b〕。シェルの前コンサルタントであるジェレミー・レゲットは、この複合的なものを世界のうちで最も重要な、唯一の「利害」と呼んでいる〔レゲット二〇〇六、オレスケス／コンウェイ二〇一四〕。他方、別のある人は、「カーボン・ウェブ〔石油関連業界の利益を擁護する、国家を含むネットワーク化された関係のこと〕」のもたらす複雑な影響力を詳細に説明している〔www.carbonweb.org〕。ＩＭＦ〔国際通貨基金〕の推計によると、このカーボン・ウェブは五・三兆ドルという、驚くほどのグローバルな年度助成金を受け取っている。ちなみに、この「助成金」額は地球全体のＧＤＰの六・五％にあたる。

新たに登場しつつあるシステムの内部で骨抜きにされているか組み込まれているかしている、こうした資本の権力がなければ、いかなる新しいシステムの展開もないであろう。より一般的には、大規模な車両製造業者が現実にただ自動車による移動性を作りだしているというよりはむしろ、移動の組織者として自らを「再ブランド化」しているという点が注目に値するのである〔http://audi-urban-future-initiative.com/facts/award-ceremony〕。

第二の問題点は、「車以降」の未来のシステムがどのようなものであれ、その意味媒体を除去してはならないという点、すなわち他のものをある程度まで「善いもの」として導入しなければならないという点である。シェラーは次のように記している。「車の消費はけっして合理的な経済的選択に留まるものではない。それはそれだけで運転に対する美的で情動的で感覚的な対応となっているのであり、さらに近似、社交性、居住、労働のパターンにもなっているのである」〔Sheller 2004: 222〕。どのようなポスト・カーシステムも消費者のファッションの対象になるに違いない。それはただ単にそれ以前の体制の「消失」やノスタルジアを意味するのではない。それは現行のカーシステムの意味媒体をことごとく取り込むものでなくてもよいが、シェラーが指摘しているように、ほかのもの、すなわち運動感覚と感情が新たに組み合わさったものを与えねばならない〔Sheller 2004: 227〕。この新しいシステムは当然ファショナブルで気まぐれであり、固定電話に対立するスマートフォンの場合のように、より楽しいものであることで心と精神を虜にするはずである。それはまた、「リバウンド」の問題を回避しなければならない。省エネルギーがある領域で達成されても、その領域やほかの領域でその後エネルギー消費の増大があるならば意味がない〔Paterson 2007: 199〕。

第三の問題は、新しいシステムにとって必要な公共支出の規模にかかわっている。というのも、交通はたいていインフラの整備が欠かせないからだ。十分な収入を得るために、それぞれの社会でそれぞれの会社の生産の特性を示す活動のスケールに大まかに合わせて、課税をしなければならない。このことから現代経済の特徴となっている「オフショア」金融と課税の規模に何らかの反転現象が生じることになる〔Urry 2014a を参照〕。さらに、モビリティの戦略をめぐって見られる市場介入を互いに並べて評価することが可能になるような算定方式を設定しなければならない。このため共通の費用便益システムが必要になる。それは便益を特定のスキームに帰する明確な方法であり、潜在的な資金の流れを脱タコツボ化（de-silo）する様式である。こうした費用便益システムは、個人の利害だけではない集合的利害や「都市」の「コモンズ」を当然促すことになる。そうしたシステムが高所得層の利害を優先させることはよくある。モンゴメリーが「幸せな街」になるものを決める際に持ち出しているように〔Montgomery 2013〕、実際はすべての人が効率的な移動システムから利益を得るにしても、新しいスキームによって短縮され作り出された時間は高所得者層にとってより価値があるのである。

しかしながら、このことは問題含みである。なぜなら、インフラのための資金調達の多くは民間部門によって行なわれるからである。こうした民間部門の会社は作為的なコスト／価格計算を隠すために、しばしば「商業上の守秘義務」という概念を持ち出す。そこで生じる透明性の欠如によって、民主的な諸力が代替案や集合的な便益を正しく評価し実施に移すのが困難になる。何十年にもわたって、時には世紀を越えて広がっていくような、計測しがたいが長期にわたって有効なシステム（言うなれば、英国の新しいHS2鉄道計画のようなもの）を導入したり、資金調達したりすることも困難になる。メデジン〔コロンビア〕やクリチバ〔ブラジル〕、さらにロンドンやパリに見られるように、自分たちの都市に対して確かなビジョンを持っている市長がそれなりの力を発揮する一つの理由は、ここにある〔Montgomery 2013〕。しかし損益が極めて大きいために、長期にわたって集合的なもの、しばしば「コモンズ」とみなされるものを確認できない場合、市民がさまざまな可能性を持つ未来に賛成し、資金調達をするということはありうるのかという、広い意味での疑問が生じる。

またインフラの査定では、どのような場合でも、あらゆる社会集団に及ぼす将来の便益のインパクトを検討することが避けられない。ところでこうした場合、航空旅客やスーパーマーケットの利用者、あるいは学齢期の子どもを持つ人びとの利害を優先させることはない。開発が社会集団に及ぼすインパクトは多様である。新しい損失者を生み出すこともあれば、新しい勝利者を生み出すこともある。明らかに「公的」なもののように見える開発の場合でも、公的部門の投資を用いたり動かしたりすることで、民間部門の会社（例えば、ヨーロッパの多くで見られる鉄道事業会社）が莫大な利益を得ることがある。

以上のような多くの問題や論点を検討するために、以下において、都市内で見られるモビリティと関連のある未来像に関する四つのシナリオを提示し検討する。こうした都市の未来像の可能性を検討するにあたって、第3章で検討した、ギールズとスミットが「未来への道にできた穴」〔Geels, Smit 2000を参照〕と呼ぶものを想起すると役に立つ。一つの予想だけが現実のものになるということはないし、未来への平坦な道もない。イノベーションに関する予想もほとんどあてにならないことがわかっている。遠隔会議や在宅勤務《テレワーク》のようなものが発展するであろうという似たような議論も、一〇年間隔、二〇年間隔でなされてきた。それらは六〇年代に現われ、これまで定期的に繰り返されてきたが、非常に限定された内容を展開してきたに過ぎない〔Geels, Smit 2000: 874-6〕。

以下に取り上げる四つのシナリオは、異なる道をたどると想定されているが、それらは現行のカーシステムの「亀裂」を「圧しながら」立ち現われると考えられる。おのおののシナリオは、より広い視野から なる未来世界観を示しており、人びとがどのようにして身体的に動くか（あるいは動かないか）といった狭い視点を提示しているのではない。ここでは、そうした未来の予測を、都市内の移動の未来を論じている社会科学の文献を論評しながら行なう〔それらの文献には、Costanza 1999; Forum for Future 2010; Hickman, Banister 2007; Urry 2013b; Urry, Birtchnell, Caletrio, Pollastri 2014 が含まれている〕。

3……高速移動都市

第一に、この都市では、人びとは常にスピーディで広範囲に及ぶ移動生活を送っている〔「車で移動する生活」については、エリオット／アーリ 二〇一六を参照〕。人びとは都市内を動いているだけでなく、都市間を極めて迅速に動いている。グローバル化の形態、スケール、強度は限りなく増大している。都市は多くの市民や訪問客の移動にこれといった制約を課さない。発展途上社会で台頭している未来型都市、例えば上海、ドバイ、カタール、香港、リオ、ソウル、シンガポールは、魅力的な移動都市とみなしていいような都市の見本となっている。

こうした未来において、各人の「ペルソナ」にとって鍵となるのは急速な移動である。個々の社会的地位は、自分の旅行や消費、さらに子どもや友人の旅行や消費を通して達成されるだろう。平均的な市民は、現在のところ一時間あたりという単位ではなく、むしろ、一日につき四、五時間ぐらい旅行する（それは「時定数」仮説〔入力の変化に対する出力の応答時間がある指数関数で近似できるとする仮説〕として知られている）。地球が現実に品物やサービスや友情のスーパーマーケットへと発展していくにつれて、新しい消費者の思いがけない経験がグローバルに利用されるようになるだろう。多くの仕事や友情や家庭生活、さらにレジャー活動が活発になり、それとともに「デバイスアプリ」がたいていの場所の姿を日常の経験とはほぼ無関係なものにしてしまうだろう。しかしまた頻繁に起こる迅速な移動とともに、いわゆる「トーク」が起こるようになるかもしれない。都市は「トークで活気づき」、このことがハイテクの移動都市において高らかに宣言されるようになるだろう〔Amin, Thrift 2002: 86-7〕。

ミーティングと渡り労働者の働く場として、コフィスと言われるコワーキングスペースが広範囲にわたって増え、展開されるようになるだろう〔Garside 2014〕。すでにインフォーマルな、「オフィスを持たない人たち」すなわち「ゼリー」と呼ばれる人たちを支援する組織が存在する。そこでは臨時雇いの仲間たちのあいだで自発的なミーティングが起きている。人びとが出会い、第一次的な、五感を駆使したコミュニケーションが展開されるにつれて、空港のラウンジやホテルのホワイエのような非常に入念に演出された空間が、ますます高まる「移動生活」のなかで短いやりとりを可能にしている（ここではキャンパスを空港のラウンジのようにデザイン変更している例を挙げておこう）。

自動運転車（あるいは電子自動車）のなかでミーティングが行なわれることもあるだろう。そこでは人びとは動きながら時間を拡大して用いるだろう〔Laurier, Dant 2012〕。自動運転車は長距離通勤による疲労をやわらげ、通勤者が通勤時間をより生産的で楽しいものにするのを促すだろう〔この点は洞察力に富むSharon 1983を参照〕。こうした未来において、自動運転車は人びとを乗り物の運転から解放するとともに、場所を短時間のミーティングのためのものに変えるであろう〔www.bbc.co.uk/news/magazine-25861214〕。

生活はあちこち動き回りながらどうにか続くゆえに、人びとは道路の混雑や速度の低減でイライラすることはなくなるだろう。

こうした未来の都市では、都市の表層を覆う空間は多くの建築物や映画のなかの未来において表現されているように、複数の車両が行き交うようになるだろう〔Bridge 2013〕。都市は垂直的なものになり、多くの種類の有人や非有人からなる空中の車両によってますます軌道が描かれるようになっている。すでにヘリコプターが現代のサンパウロやいくつかのほかの都市でありふれたものになっており、裕福な居住者や訪問者は下方世界で見られる交通や犯罪を避けるようになっている〔Budd 2013; Cwerner 2009〕。多くの軽量の空中車両は、いくつかの都市地域でその使用が法律的に認められている。小型の軽量飛行はアーバン・フリンジ〔都市郊外／都市縁辺部〕では、一つの究極のレジャーの形としてありふれた光景となっている〔Laviolette 2012〕。

超高層ビルは非常に大きなものなので、そうしたものにアクセスするには、ジェットパックやほかの形態の移動体《トランスポート》のような空中の車両が必要となってくるだろう〔Lehto 2013〕。徐々に増えているドバイのような垂直都市や二七一七フィートのブルジュ・ハルファのような世界最高層の建物は、都市の天空へと伸びる垂直的な未来を例示している。高層のタワーからなる垂直の農園が単に人というよりもむしろ動物や作物に家屋を提供するということになりそうである。ちなみに、最初の垂直的な農園が二〇一二年にシンガポールでオープンしている〔Biel 2014: 194; なお、Despommier 2009も参照〕。都市計画やインフラにおいて見られる垂直志向は、遮られることのない空中移動や高層ビルの居住を通して、密集を回避しようとするエリートによって駆り立てられている。社会的不平等の進展は垂直的な高速移動都市の展開を促すだろう。そうした高速移動都市は、グラハムが明らかにしているように、エレベーター・テクノロジーの驚くべき発展に依拠している〔www.slideshare.net/sdng1/supertallultradeep?related=1; Birtchnell, Caletrio 2014を参照〕。これについてのSF版の一つは、J・G・バラードのディストピアの悲惨な状況を描いた『ハイ・ライズ』である。そこでは、四〇階の垂直都市が、急速に文明から狩猟採集社会の野蛮へと変貌を遂げている〔Ballard 2005 [1975]; なお、二〇一五年公開の映画も見よ〕。

以上に関連するが、アマゾンは荷物を顧客に配達するドローンの可能性を広げてきている。貨物輸送は都市の上空で行なうことができるようになった。そのため路面交通が衰退している。全体を通して、無人のドローンはますます小さなものになっている。なかには、昆虫、例えばスズメガの飛行の特性をまねて作られている。こうした小さなドローンはSFの一節から出てきたものであり、真近かで触れることができ、窓敷居に着地できるものさえある。見てきたような移動都市はドローンでますます埋め尽くされるようになり、道路空間だけでなく空中空間も含むようになるだろう〔*City of Drons*, https://www.youtube.com/watch?v=GF2s5r-trPQ を参照〕。

またエリートは、最新のヴァージン・ギャラクティックの宇宙船によって宇宙への定期的な旅をするようになるだろう。宇宙のツーリズムも、定期的になされる広告やウェブサイトにおける予約とともにありふれたものになるだろう（宇宙旅行用保険は、すでに www.thelocal.de/national/20111118-38951.html で利用できる）。

だがこうした高速移動都市は、新しいポストカーボン・エネルギーシステムが開発され世界中に広がることによってかろうじて発展することになろう。このようなシステムはヒトとモノの移動がより広範にまたがり頻繁に起こることを可能にし、他方で二酸化炭素の削減を促すことになるだろう。このシナリオでは、この世の最後の日は訪れることはないし、エネルギー供給をめぐる諸問題や気候変動は新しい低排出の社会技術システムによって解決されるだろう〔Geels 2014〕。高速移動都市の未来にとって必要なのは、新しいシステムの出現とグローバルなスケールでのその迅速な広がりということになる。

しかしながら、石油に取って代わるのに必要な規模でヒトとモノを移動させることになるこうしたシステムは、今日すでに初期の形態で立ち現われていると言っていい。それは一九〇一年にスピンドルトップで見られた世界最初の噴出油井の後に現われたものと、スケールにおいても重要性においても匹敵するものであり、クラスター状になってイノベーションの強化を必要としている〔イノベーションに見られるこのクラスターについては、Perez 2002を参照〕。そして歴史的には、新しいクラスターとなっているシステムがグローバルなものになるまでに何十年もかかる。都市に対して新しい移動システムを展開し、次の二〇年の内に影響を及ぼすためには、このシステムがすでに展開されていなければならないのである。米国の国家情報会議は、これに関連するタイム・スケールを次のように要約している。「一つの燃料の型（化石燃料）からほかの（代替的な）燃料の型へのエネルギーの移行は、せいぜい一〇〇年に一回、瞬間的な結果として起こる出来事である」〔http://News.bbc.co.uk/1/shared/bsp/hi/pdfs/21_11_08_2025_Global_Trends_Final_Report.pdf〕。二〇五〇年までにそうした未来の高速移動都市をもたらす可能性のある新しいシステムが現われるとしても、それは現時点でグローバルな牽引力を持っていなければならない。

　石油と交換できる唯一の可能性のあるエネルギー源は水素燃料である。一〇年前、水素は事実上、石油・ガス・石炭に取って代わるエネルギーシステムの基礎になるだろうと考えられた。水素は宇宙の七五％を占めている。そして理論的には、事実上無制限の脱二酸化炭素の輸送エネルギー源を供給することができる。リフキンはゼロエミッションを可能にする「エネルギー・エリクサー〔エネルギー問題を解決しうる万能薬〕」として水素経済に言及している〔リフキン 二〇〇三〕。一九九〇年代に、水素がいかにしてこうした代替的なエネルギーシステムになるかを探究するために、多くの研究計画が立ち上がった。企業では、大規模な水素研究チームが現われた。そしていくつかの都市自治体（シカゴやハワイ）では、水素をベースとする自治体構想が打ち出された。一九九九年に、アイスランドは最初の「水素社会」になることを宣言した。そして「未来技術」とみなされていた水素燃料を開発するために、重要な専門的技術が生み出された。

　しかしながら、水素は化石燃料のように動かせる資源ではなく、どちらかというと電気のようなエネルギーの担体である。水素は生産され、備蓄され、供給されるものとしてある。とりあえずエネルギーとして生み出される水素の少なくとも半分は、天然ガスの燃焼によってもたらされている。非炭素の水素の生産形態も見られる。しかしこれまでは、そうした非炭素の水素は多くの場合高価であり、めったに用いられることはない〔Ehret, Gignum 2012; Romm 2004〕。

水素はガスとして直接用いることができるし、液体へと変え、燃料電池に注ぎ込むこともできる。もし直接に使おうとするなら、まったく新しい生産と配分のインフラが必要となる。高度の漏出と水素の気化に備えたパイプラインの設計も必要となる。常温で、水素は通常のガソリン燃料よりも場所を取る。そのため車両シリンダーはガス漏れがしやすくなり、したがって衝撃力の大きい故障に持ちこたえることができるようにしなければならない。水素を輸送する別の方法は、液体としてタンカーで運ぶことである。しかし水素の液化は、摂氏マイナス二五三度の超低温でかろうじて起こるゆえに、ガスの冷凍化は非常に高価なものになる。

水素をベースにする乗り物というシステムにおいて最も可能性があるのは燃料電池である。それはトヨタが「ミライカー」で実地に試しているものである〔「ミライ」は日本語で未来のことをさしている。www.toyota.com/fuelcell/fcv.html〕。燃料電池は一つのボックスから成り立っており、それは水素と酸素を取り入れ、アウトプットとして電気と水蒸気を生み出すものである。燃料電池は一つの化学反応を経てエネルギーを伝達する。そしてバッテリーが機能するのと同じ方法で電気を生み出す。これによってゼロに近いエミッションが達成される。バッテリーとは違って、燃料電池は再チャージされる必要はない。燃料が供給される限り、エネルギーを生み出す。トヨタと同じように、GMとホンダは、今やたいていの乗り物市場で言われている非常に厳しい二酸化炭素削減目標の達成に向けて、水素燃料電池車の共同開発に取り組んでいる。

輸送に適した燃料電池として、プロトン交換の薄膜の燃料電池が知られているが、これはまったくまざりものがない水素を必要とする。しかしながら、現行のモデルは、約三五〜四〇%のエネルギー効率を有する天然ガスもしくは石油から水素を供給することになっている。それは内燃機関のエネルギーと似ている。水素が充満するステーションを建造するには約一〇〇万ドルかかる。したがって低炭素の水素をベースとする移動都市を建設するという挑戦は、困難に直面せざるを得ない。

次に、ヒトとモノの物的な移動の拡大を前提としない未来都市のシナリオを検討することにしよう。

4……デジタル都市

デジタル都市もしくはスマート都市では、多くのデジタルコミュニケーションと経験様式が、モノとヒトの物理的移動に取って代わるといった事態が広汎に見られるようになる。序章では、今世紀半ばには、途方もない「知的爆発」、すなわちコンピュータの技術力が人間の力を上回る「シンギュラリティ」が見られるようになるかもしれない、と述べた。カーツワイルは、人間とテクノロジーは、コンピュータ工学、遺伝学、ナノテクノロジー、ロボット工学においてパラレルに進む発展によって一つになるだろう、と主張している〔カーツワイル　二〇〇七〕。たとえシンギュラリティが文字通りに起こらなくても、種としての人間の性質に劇的な変化が見られるようになるだろう。

今日、都市のなかで見られる「出会い」は、人間の生活にとって極めて重要なものであるとみなされている。最も重要なのは、食事や飲み会や多くの空間の共有の場面でみられる直接のトークである。グレイザーは、近接性・密集・親密性が都市生活の要になることを明らかにしている〔グレイザー　二〇一二〕。いくつかの都市では、人びとのあいだで、そして特に仕組まれたものとそうでないものとのあいだで、ある特定の出会いが起きている。これらの出会いは容易に体系化されず、ともすれば見失いがちな「暗黙知」の展開をもたらす。ともに居合わせる（コ・プレゼンス）ということが、事業、職業、チーム、家族、交友関係をまとめて共同で効果的に動けるようにする際に果たす役割は、都市生活にとって極めて重要である〔同書〕。いくつかの都市では、合議、家族、交友関係の出会いがあることで、ある程度「ハイな気分」にさせる。そうした出会いは移動に基づいており、それゆえ近接性、密度、親密性をもたらす。出会いの達成と維持、そして暗黙知は、マネー、時間、感情労働、炭素資源の面でコストのかかるものである〔詳細は Elliot, Urry 2010 を参照〕。

しかしデジタル都市では、こうした「物理的な出会い」、あるいはそうした出会いの場はもはや特別のものではない。人はある人と物理的に出会ったり、手を握ったりし、頬にキスをしたりしたわけではないのに、その人を知っていると考える。どちらかと言うと、デジタルな出会いは他人と直接出会ったのと同様であるとみなされる。フォースターの『機械は止まる』のなかで見られるように、誰もがウェブとかクラウドなどと言われるような「マシーンによってもたらされた結びつき」に依拠するようになるであろう。

こうして見てきたような未来都市では、「デジタルな生活」は、物理的にどこかに移動することがほとんど必要ない生活として展開していくであろう。「知的には」ソフトウェアが仕事と経験を請け負う最良の手段となるのである。全体として、デジタルな世界が仕事・交友関係・社会生活の中心になる。同様に、人びとはある特定の場所にたとえデジタル処理で「旅をした」だけであっても、そこを訪れたと言うだろう。人びとはデジタルな「経験」を「本当のこと」と同じであると考えるのである。今世紀の半ばには、没入型の環境が、ともにいるという出会いだけでなく、人びとに具体的にとり込まれたほかの場所の経験も効率的にシミュレーションするようになるだろう〔Montgomery 2013: 158-9〕。

さらに物的環境はそれ自体、「活発」になるだろう。そうした活発な環境の背景にある感覚は、人びとが都市のほかの環境の内外に移動するとともに、人びととの生活に相互作用的に順応し変わっていくだろう〔www.theguardian.com/smarter-cities/smarter-cities-new-technology-Social-improvements: Shepard 2011〕。ニュージーランドの都市であるクライストチャーチは、二〇一〇〜一一年の地震の後に再建され、実際に人びとが暮らす町が社会実験の場となるような、一種のリビングラボ〔実際に人びとが暮らす街で社会実験を行ない検証する場〕となった。そこは「センサーの絨毯」となり、ビッグデータがもたらしたものをオープンデータストアを通して利用できるようになった〔Condie, Cooper 2015 を参照〕。

「出会い」は遠隔地に住む者同士がリアルタイムでゲームなどを操作すること、つまり「リモコン・ダブル」によって生じる〔Wess 2012〕。操作する人の顔は小さなタブレットやディスプレイのスクリーンに映し出され、彼らは双方向のコミュニケーションができるマイクロフォンやアウトカメラを手にしながら、オンボードビデオを用いてイベントトライブを配信する。このリモコンダブルは物理的空間を動き回り、実質的・物理的にほかの参加者と相互作用する。ユビキタスワイヤレス充電設備は、リモコンダブルが空間中を動きまわることを可能にし、けっして受動的な状態のままではない。無形のデジタル情報は徐々に有形の世界とつながるようになり、例えば人びとが手振りでこうしたデジタル情報と相互作用することを可能にする。

デジタル都市モデルのいくつかの先駆的な形態は、北側諸国の若者たちの実践において見ることができる。過去において車の利用の増大を促した中心的な要因は、それぞれ新しい世代（とりわけ若者たち）が競って運転免許を取得し、ますます車を所有するようになったことである。しかし車による移動はヨーロッパ社会では横ばいとなり、米国では衰退した。「車での移動は八つの国すべてで頭打ちになった」〔Millard-Ball, Schipper 2011: 364-5〕。英国では二〇〇六年以降、車による移動の距離は低下し始めた〔D. Clark 2011〕。米国でも乗り物による移動のマイル数は同じように減少した。ちなみに、それ以前の一五年間は一貫して増大していた〔「ピークカー〔自動車の所有や利用が減少に転じること〕」についてはSheller 2015a を参照〕。

たいていの調査によると、デジタルな経験は若者たちにとってより重要なものになっている〔Geels, Kemp, Dndley, Lyons 2012: ch. 6〕。運転免許の取得と車の所有は、「差異」と人びとの「文化資本」を決定づけるものとしては、もはや重要ではなくなっている〔Bordieu 1984; Rosenthal 2013〕。車よりはむしろスマートフォンの方が、流行を追う若者たちのあいだでは社会的差異を示すものとなっている〔Weissman 2012〕。

ドイツのある研究によれば、車はもはや「どうしても欲しいもの」ではないという〔www.siemens.com/innovation/apps/prof_microsite/_pof-fall-2011/_html_en/networked-mobility.html〕。最近の英国の調査では、回答した若者の半数が、彼らの友人のあいだでは車は重要なステータスシンボルとしての地位を失いつつある、と報告している〔Lyons, Goowin 2014〕。

われわれの予想では、デジタル都市の個々の乗り物は、ほかの乗り物やセンサーやサーバーから流れ出る多くの情報と結びついた「ネットワーク化されたコンピュータ」のようなものになるだろう。シェラーは、あるレポートで今やわれわれは七億台のモバイルフォンに接する世界のなかにいるのであって、二〇二〇年には五〇億のデバイスに接続されるようになるだろうと述べている〔Sheller 2015a〕このハイパーコネクティビティは、個々のカーシステム、すなわち命令し、規制し、追跡する、そして場合によっては個々の乗り物を「運転」し、運転手／乗客をモニターでチェックするようなコネクテッドカーのネクサスシステムの先駆けとなるであろう。このコネクテッドカー・システムは、自由に動き、ますます「知覚都市」の一部となっている情報とメッセージの豊かな環境に依存するようになるだろう〔Shepard 2011〕。このシステムは、「車‐運転手」の情緒的な経験のなかみそのものを変え、つながりのある、スマートな、群れのように動くものにするであろう。

ウイリアム・ミッチェルとその協力者たちは、スーパーフォブという「小さなテクノロジー」〔本書第4章を参照〕を通してオートモバイルを考え直した。オートモバイルは乗り物の内外でコネクティビティを統合する。というのも、それは「乗り物のインテリアにドッキングさせ、運転手が望むようなナビ・音楽・ラジオ・映画・インターネットのコンテンツをまるごと与える」からである〔Mitchell, Borroni-Bird, Burns 2010: 48〕。EN‐Vsと呼ばれる小型のネットワークカーは、こうした小さなテクノロジーに似た小さな結合技術を当てにしている。それには、キーフォブ、音楽プレーヤー、携帯電話、ビッグデータや地図／衛星ナビゲーションへのアクセスが含まれている。こうした未来における「車」は、スクリーンやコネクティビティにあふれており、文字通り「スマートカー」そのものになるだろう。

　ある試算によると、平均的な米国人は、すでにスクリーンを一日に少なくとも八時間半、そして多くの場合、一度に複数のものを見ていると言われる〔Carr 2010: 87〕。線形的な思考が永続することはほとんどないので、どのスクリーンもほかのものに割り込むことができる。それでデジタル都市は複数のインターフェイス、並行作業《マルチタスキング》、過負荷《オーバーローディング》を伴うのである。デジタル都市では、車のなかにあって、しかもスクリーンが家具や衣類や多くの建造環境が重なり合っているときでさえ、コンピュータが切れ目なく通信回線に接続されて使える状態にある。

　デジタルな生活は、すでに人間の頭脳に対して期待されているものを変えているように思われる。デジタルな世界では、非線形的な解釈、比較的短い時間での拾い読み、そして低い満足遅延耐性、すなわち、満足を得るのに時間がかからないことが不可欠となる。そしてこのことによって理解と想起のレベルが変わり、「デストラクション」という状態やカーが「経験の浅薄化」と名づけるもの〔Carr 2010〕がもたらされる。カーはデジタルな生活の特徴を、電子データの森のなかの狩猟・採集生活のようなものとみなしている。グーグルは、実際には記憶を外部委託し、忘却を助長している。そしてそのことによって各人の知識が減少することを容認している。しかしこのことは、もし自己《セルフ》が圧倒的にデジタルなものになるなら、頭脳と自己の形成そのものに長期にわたる影響を及ぼすことになるだろう。デジタルな生活を送ることで、人びとの知性が「人工的な知性」に平板化されてしまうのである。

　より一般的なレベルで、グリーンフィールドは、デジタルな世界で人間は果たして他人に対して適切な共感、つまり社会関係資本のような、国民のあいだで存在する隠れた豊かさにとって中心的役割を果たすと考えられる共感を発展させることができるのかを問いただしている。彼が論じるところによれば、「人びとが、アイコンタクトという経験を十分に積んだり、声色やボディ・ランゲージを解釈したり、いつどのようにハグをし合うかを学んだりする機会を持ちえないまま、メディアによって関係を切り結ぶなら」

〔Greenfield 2011〕、真の共感を得ることは非常に困難になる。E・M・フォースターが『機械は止まる』のディストピア的な説明のなかで行なっているのと同じようなやり方で諸研究が明らかにしているように思われるのは、ソーシャル・メディアの広範に及ぶ利用は信頼を増加させるのではなく、人びとをより孤独にさせるということである〔Keen 2015: 68〕。

デジタル都市を特徴づけるものは、ユビキタス・コンピューティング、「センサーの海」、多くのビッグデータ、さらにより多くの電力の消費である。人びとは移動、購入、コミュニケーション、そしてさまざまな生命の営みの「痕跡」を残す。そしてデータベース間で相互依存が深まるにつれて、一日あたり一人につき何千にもなるような、ばらばらなデジタルの痕跡をつなぎ合わせることができるようになる。このようにして、デジタル都市で各人は、何百万というコンピュータやスマートダスト◆と同じくらい小型のセンサーなどから生じるさまざまなデータベースにまたがって、再統合化された「デジタルな」自己としてリメイクされるようになる。一兆ほどのセンサーからなるネットワークが世界を覆うことになり、それを必要とする人なら誰にでもデータを届けることが可能になるだろう〔www.economist.com/node/17388363; Graham 2011〕。しかしデバイスがもっと多くあらわれるにつれて、システム間のファイアウォールが機能しなくなり、システムの脆弱性がより大きくなる。五月雨式にシステムの機能停止が起こる可能性が高まる〔www.wired.com/opinion/2014101/theres-no-good-way-to-patch-the-internet-of-things-and-that's-a-huge-problem〕。

デジタル都市では、多くの人びとはもはや「都市」自体に住むのではなく、常にデジタルなものとしてある都市を、断続的にではあるが物理的に訪問する。したがって、人びとが特にどこにも住まなくていいようなイノベーションをもたらす「反都市化」が起こってもおかしくない。例えば、一人乗りのキャンピ

◆**スマートダスト**　小型のセンサーを世界中に配置して、自然環境などのデータを収集して情報をコンピュータに送信する技術／システムのこと。

ングカーであるバファリーノは、デジタルなノマドがデザインした経済的で燃費の良い三輪車を動力源とする、車輪付きの独身者用アパートになる〔www.designboom.com/cornelius-comanns-bufalino〕。また日本でもともと長時間通勤者用に作られたカプセルホテルは、都市生活が短期間の手頃で要領を得たものになるのを促す〔Macdonald 2000〕。より広く活用できるのは、都市への短期訪問者用につくられたアパート式ホテルである。人びとは分散して住み、準定期通勤者のようになるかもしれない。人びとは共存するデジタルなコミュニケーション技術、例えばリモコンダブルのカメラや「デジタルな出会い」を生み出すようなテレプレゼンスやデジタル・アバターと一体となっているネットワーク技術に依存するようになるだろう。都市がそれ自体で目的地になるというよりはむしろ旅の停泊地になるとともに、人びとは日々あるいは週単位で通勤する必要はなくなり、それに代わって、個人的な移動住宅《モービルホーム》に居住するようになるかもしれない。

３Ｄ印刷は、デジタル都市の極めて重要な要素になるだろう。それはモノの物理的な移動をデジタルなデザインの移動に変えてしまう〔本書第6章を参照〕。３Ｄ印刷のショップは、街路、本通り、ショッピングセンターで急増するかもしれない。３Ｄ印刷は、本通りをある種のものづくりの街に変えてしまう可能性がある。都市はまたさまざまな種類のものづくりの音を出すようになるだろう。同時に、ケインズが一九三〇年に予期したように、３Ｄ印刷、人工知能、ロボット工学によって、多くの雇用の喪失と一週間の労働時間の大幅な削減が現実のものとなるだろう〔ケインズ 二〇〇一〕。こうしたものづくりはたいてい、遠隔地から自動的にコントロールされるようになり、それとともに製造品はアマゾンなどの「倉庫」で試作品としてつくられたＡＩシステムのようなものを通して各家庭に配達されるようになるだろう。そして多くのものづくりと流通を担う知覚力のあるロボットがあらわれることになるだろう。

5……住みやすい都市

ここでの三番目のシナリオは、都市の炭素強度の低下に深く連動しながら、ほかの実践に取って代わるようにして立ち現われている社会的実践の展開と関連がある。このシナリオの未来は、近年、環境問題研究家、科学者、NGO、シンクタンクが行なっている思考実験で見られるイノベーションの活用にかかっているだろう。住みやすい都市では、高エネルギー消費の移動マシーンは重要性が低下するだろう。都市が明確な地帯区分のないままに自足的な近隣へと分断されるとともに、小規模のシステムからなる近隣が立ち現われるようになるだろう。「センター・スプロール」モデルに基づく都市の重要性はますます低下し、その魅力は失われていくであろう〔Ross 2014〕。個人の乗り物は自転車とともに、情報、決済システム、物理的アクセス、集合的形態の輸送との連結を通して電子的に統合されるようになるだろう。多くの「乗り物」は小型化し、超軽量化し、スマートになり、非私有化されるだろう。旅をすることは典型的には、そうした小型の軽量化した、気軽な乗り物を利用するものになるだろう。

もし主要な出力形式がバッテリーによって動く電気自動車（EV）になるなら、それは石油によって動く乗り物に付随するものではなく、むしろ徐々にそうした乗り物を時代遅れにさせるシステムの形成を可能にする政策と実践が必要になるだろう。しかしたとえ電気自動車が化石燃料によって生み出された電気に依存するとしても（特に中国の場合そうであるが）、それは石油に基づくエンジンよりもマイル当たり四倍も効率的なものになる〔Royal Academy of Engineering 2010〕。

集合的所有もまた極めて重要になるだろう。カーシェアリングという方式は、より広い移動システムに組み込まれた新しい「アクセス」エコノミーの好例である〔Sheller 2015a〕。ヘルシンキでは、スマート「カード」とか「スーパーフォブ」などが多くの公的および私的な形態の「モビリティ・サービス」へのアクセスと使用料の支払いを管理することになっている。電気自動車に対するこうした「利用時支払い」方式は、モバイルフォンやインターネット・サービスで「アクセス」決済を行なうことに慣れている若者のユーザーを引きつけるであろう〔Owen 2011: ch. 3〕。「車道」と「自転車道・歩道」のバランスも、前者よりも後者により多くの空間が割かれるようになるという方向に根本的に変わるであろう。道路が基本的に車によって占められるということはもはや考えられないだろう〔Reid 2015〕。

実際、カーフリーの移動は定着してきているし、多くの都市は部分的であれ全体的であれ、車に依存しなくなるであろう。先に述べたが、二〇一四年のダボス会議で、気候変動との闘いは、新たに車いらずの町や都市を再設計し建設することを意味すると熱っぽく論じられた。この野心的な提案は、米国前副大統領アル・ゴア、メキシコ前大統領フェリペ・カルデロン、そして経済と気候変動に関するグローバル委員会に所属する彼らの仲間たちによって打ち出されたものである。すでにカーフリーのグローバルなネットワークが存在する〔www.worldcarfree.net〕。『ファスト・カンパニー』誌は、マドリード、パリ、ハンブルグ、ヘルシンキ、ミラノ、オスロ、コペンハーゲンを含むいろいろな都市がカーフリーの方向に向かっていることを明らかにしている〔www.fastcoexist.com/3040634/7-cities-that-are-starting-to-go-car-free〕。

住みやすい都市はまた、高密度の居住とまさに小規模の実践への移行を促すような場所の再設計にも取り組んでいる。仕事は住んでいるところの近くで見つけ、教育は地元の学校や大学で受けることになるだろう。世界中に散らばっている「外国人留学生」の数が大幅に減少することも避けられなくなるだろう（ドバイの沖合の一〇〇あまりのキャンパスではすでにそうした事態が始まっている）。そのような都市では、多くの商品やサービスはよりシンプルに生産、消費され、特に修理に至っては近くで行なわれる。当然、ヒト、モノ、コト、マネーの移動距離はシステミックに縮まることになるに違いない。

こうした都市では、通常の経済対策の面からすると、たいていの人びとは「貧困者」ということになるだろうが、福祉はかなりの水準に達することになろう。住みやすい都市はいくつかの要素の集合体からなり、それらは互いに補強し合っている。地位はかつてのように、人びとが地域に果たす貢献にかかっている。住みやすい都市では、地位は、世界中の他者と広くつながっているからと言って得られるものではない〔Peters, Fudge, Jackson 2010; Urry 2013a〕。モンゴメリーの『幸せな街』では、特に不平等な都市において、一定の所得水準に達した後に、さらなる品物やサービスや所得を得ようとして、より不幸な状態に陥り、豊かさが追求できなくなってしまうという事態が鮮やかに描かれている〔Montgomery 2013; Sheller 2015b〕。

住みやすい都市は、社会的実践をより小さな規模で行なうことではるかに少ないエネルギーしか使わずにすむ。このことは直接的なトークの機会をますます多くし、そのことで他者との良質な関係を切り結び、維持することになるのである〔ラトゥーシュ 二〇一三〕。ここで多くの研究は、ジェイン・ジェイコブズの古典を引用している。ジェイコブズは、近隣の人びとが近接して住んでいること、居住と仕事が混在していること、ゾーニングがなされていないこと、スローな移動様式が多く見られること、近くに住んでいる者同士のあいだで所得および健康面で極端な差異が見られないことの魅力を説いている〔ジェコブス 一九七七、Owen 2011: ch. 1〕。

「ポスト郊外」の社会生活が展開されるようになり、「スプロール」を生み出した過程を組織的にとらえかえす動きが見られるようになるだろう〔Owen 2011: 25〕。オーウェンが論じるには、ニューヨーク（少なくともマンハッタン）は、私有車を所有し使うことをほぼ不可能にさせながら、多くのローカルなつながりを与えるゆえに、米国で最も緑化した都市になっているのである。彼はメトロポリスの緑化を促す三重の施策を提唱している。それはこぢんまりと暮らし、近接して住み、できるだけ運転をしないことを掲げている。すでに述べたように、長距離通勤は社会生活のほぼすべての面でよくないことがわかっているので、通勤のスケールとインパクトを少なくすることが求められる〔Montgomery 2013: ch.3; Owen 2011〕。

このようにして、少なくともいくつかの社会的実践が住みやすい都市モデルの方向に向かいながら、ダウンサイズされ地方化されていることを示す事例が世界中で多数存在する。ボゴダは、多くのイノベーションを展開してきた。その一つとして、道路の中心をバイクと歩行者用にして、自動車の通行を端にした。クリチバは五〇年以上も前に最初の広域バスの高速交通網を展開し始めた〔Nikitas, Karlsson 2015〕。デルフトは共有空間という概念を編み出した〔http://usa.streetsblog.org/2014/11/17/shared-space-the-case-for-a-little-healty-chaos-on-city-streets〕。そしてバンクーバーは、北米でカーボンフットプリント〔商品やサービスのライフサイクル全体における二酸化炭素排出量（換算）の指標〕が最も小さい都市である。それは高密度の建物、低いスプロール、自転車や徒歩あるいは公共交通を利用した多くの旅、緑地空間と広い眺望、によって達成されたものである〔Montgomery 2013〕。

いずれにせよ、さまざまな亀裂が高エネルギー消費の移動システムにおいて立ち現われ〔Geels, Kemp, Dudley, Lyons 2012〕、住みやすい都市の未来の展開に向けての大きなきっかけになるのである。

6……要塞都市

最後のシナリオは、要塞都市の進展と関連がある。豊かな社会は貧困者を置き去りにして、要塞化したエンクレイブ〔飛び地〕に向かっている。ゲートに囲まれ、武装化した陣地で住むことができる人びとは、多くの社会で公的もしくは集合的な機能をほぼ私有化することによって要塞都市の進展を促している〔Davis 2000; Graham 2011; Leichenko, Thomas, Baines 2010: 142〕。

飛び地の外側は、権力側の人間ができるだけ早く通り過ぎようとする「野生のゾーン」となるであろう。長期移動システムはかろうじて超富裕層が使用できるようになるだろう。バウマンは、権力掌握の鍵となる技法は「逃げること、滑ること、脱落・回避すること、あらゆる領域的な監禁を効率的に拒絶すること」であると主張している。それが可能となるのはバウマンによると、他人の罠にはまることを回避する権力を持つためであり、「まったく近づきにくいところ」に逃れるためである〔Bauman 2000: 11〕。義務が生じるところから退出しようとするこうしたエリートの例は枚挙にいとまがない。エリートは、もし状況が厳しくなるときは、退出移動ができる「不在地主」にますますなっていくと言えよう〔Bauman 2000: 13; Urry 2014a〕。

こうした未来は、「要塞化した」城壁都市や住民を広範囲に包み込む「セキュリティ化」を促す。それはいくつかの点で、侵入者や侵略者さらに病気に対して保護を与えた中世の都市と似ている。飛び地の外側の人びとは、遠くへ旅行することはできないし、進んでそうしようともしない。長距離の旅行は危険を伴うものであり、人びとやマシーンが武装されているときだけ、何とか行なわれることになるのだ。金持ちは、大部分は武装したヘリコプターや軽量の飛行機で空中を旅行するだろう。前述したように、こうした動きはすでに現代のサンパウロで見られる〔Budd 2013; Cwerner 2009〕。

そういうわけで、未来学者のガロパン、ハモンド、ラスキン、スワートは次のように主張している。「エリートは、たいていは歴史的に見て豊かな国家《ネーション》の保護された飛び地に撤退するが、貧しい国家の特恵の飛び地の場合もある……。汚染もまた飛び地の外側へ運びだされる。その結果、絶望的な貧困者による持続可能でない実践と裕福な者のための資源の搾取とが極端な環境悪化を招く」〔Gallopin, Hammond, Raskin, Swart 1997: 34〕。こうした見解は、廃棄物と二酸化炭素排出の、より貧しい開発途上社会への「オフショアリング」が行なわれている現代世界において見られる〔Urry 2014a〕。中東と北アフリカの一部でも要塞都市が見られるが、そこには多くの野生のゾーンが存在する。

こうした「野蛮な」未来において、石油やガスや水の不足、さらに断続的に起こる戦争が、生産、移動、エネルギー、通信接続、重要な経済的基盤を弱体化させることになるだろう〔Forggatt, Lahn 2010: ch. 4〕。エネルギー不足を考えると、さまざまなリージョン（圏域）のあいだで生産と消費の分離が進み、多くのインフラ・システムが崩壊することになろう。バイク、車、トラック、コンピュータ、電話システムの局地的なリサイクルが増えるであろう。だがたいていは、こうしたシステムは、要塞都市内で「修復」システムを組織する能力を持たないので長続きすることはないだろう。経済的基盤はもはや機能しないとわかると、朽ち果てたままにされるだけである。ダートネルは、さまざまな形であらわれている崩壊した世界を「建て直し」、社会を機能化するのに欠かせない多様な形態の知を新たに再展開しなければならないと論じている〔ダートネル 二〇一八〕。

そうしたエネルギーと知が枯渇している都市は、生活水準の低下を招き、民営化した警備産業のもたらすもの、移動パターンの起こりそうな再配置の動き、訪問客用に建設された町や都市のゴーストタウン化、頻発する資源をめぐる「新しい戦争」にますます照準を据えるようになるだろう〔Kaldor, Karl, Said 2007〕。これらは国家が組織する軍隊だけでなく、民間会社が雇用する傭兵も巻き込むことになろう。それは非専門的な軍隊（少年兵の場合もある）であり、市場／インターネットで購入される安い武器を使用し、一定の「戦線」や正式な取り決め、和平プロセスを持たない統率のとれていない軍事力である。それはまた自爆やドローンの攻撃により市民を標的にする軍隊であり、起業家や軍事技術と結びついた軍隊である。そうした軍事力＝軍隊が関わる戦争はいつまでもだらだらと続く。要塞都市の生活は、やむことのない戦火、若者の軍用化、まともな生活を常に脅かす女性や少女のレイプと隣り合わせている。

以上のような新しい戦争は、特に「私的な軍閥」の台頭とますます安価になっている暴力手段を考慮に入れると、物理的支配力の独占が合法的な国民国家の掌中にないという失敗国家の下で展開されていると言える〔Woodbridge 2005: 207〕。こうした新しい戦争は、国家、企業、NGO、テロリスト、その他多くの非国家的なネットワークを巻き込みながら、エネルギーと関連資源をめぐって起こっている。そして前述したように、新しい戦争は、国家をより失敗するように仕向け、資源の抽出、輸送、精製の条件を途方もなく厄介なものにさせている（このことは効率的なエネルギーの備蓄をいっそう困難なものにさせるであろう）。こうした新しい戦争は、より多くの強制移動をもたらすことになるだろう。

以上は、未来の都市に関する「新しい中世」の見方である。それによると、未来の都市は中世がそうであったように、民主主義はほとんど存在せず、合法的に統治する国家権力は極めて限られており、多くの非国家機関が軍隊やイデオロギー権力と入り混じっている。そして、人びとが境界《ボーダー》やいろいろな帝国を越えてますます非合法的に動き、乏しい資源をめぐって新しい戦争や激しい衝突があちこちで起こるという。都市生活では、ホッブズが『リヴァイアサン』で述べたような「孤独、貧困、不快、下卑、短絡」といった状態が見られるようになる。ラブロックは、より一般的に「西洋的生活」について指摘するとともに、石油・ガス・水が「ピークに達するとき」について言及している。それらが不足することによって、経済的生産と社会生活は、徐々に移動的になった二〇世紀に見られたよりもずっとローカルなものになるだろう、と言っている〔本書第2章を参照〕。

映画『マッドマックス2』では、そうしたディストピア的な暴力に塗れた未来が描かれている。それは、一九七三年のOPECの石油価格の高騰の後に、「西洋人」の心に差し迫る破滅を暗示するものであった。そこでは、権力は石油にアクセスできる人びとか、新しい移動を即興でつくることができる人びと、例えば空中へと離陸できる人びとに委ねられていた〔私的な空中旅行の増大については、Budd 2013を参照〕。

論者のなかには、「モーター・シティ」であるデトロイトの劇的な歴史が、見てきたようなディストピアの展開の先駆けをなすものであるとみなす者もいる。前世紀初頭に、デトロイトは、米国で三番目に大きい都市になった。そして製造業の集中が最高潮に達するとともに、一人当たりで見ると世界で最も豊かな都市になった。ちなみに、フォードリバーのルージュ工場では、最も目立つ近代の工業団地が現われた〔Kerr 2002: 126-30〕。一九五〇年代には、デトロイトの人口はほぼ二〇〇万人に達した。その多くはこの世界の自動車産業の中心で働いていた。このとき自動車産業は全世界の主導産業となっていた。しかしデトロイトの人口は、今や七〇万人以下に落ち込んでいる。そこは忘れられた都市として言及されている。自動車工場は放棄され、高速道路はガラガラで、住宅は煤けた死骸のようになっており、荒れ果てた摩天楼からは木の芽が吹き出ている。子どもたちはと言えば、半数が貧困線以下で生活をしており、大人たちの多くはうまく読み書きもできない〔イコン的な作品である *Detroit: The Last Days*: www.guardian.co.uk/film/2010/

mar/10/Detroit-motor-city-urban-decline を参照〕。

　こうしたディストピアが示しているのは、デトロイトのような都市が衰退し死んだままにされながら、いくつかの場所で要塞が建設されるのなら、どのようなことが進むのかという点である。実際、死んだ状態に置かれている場所は、都市が「多国籍」になるゆえに「再野生化」されてしまうかもしれない〔Lorimer 2012〕。多くの危険な「外来種」は再野生化された「アーバンジャングル」を通して広がっていくだろう〔Monbiot 2013 を参照〕。こうした未来は、要塞の外側に住んでいる略奪者を抱え込み、どちらかと言うと現代のデトロイトの仕組まれた再野生化のように、凶暴な荒地からなるゾーンを生み出すであろう。そして都市の四分の一は原野や森に戻るであろう〔www.nbcnews.com/id/35767727/ns/us_news-life/t/Detroit-wants-save-itself-shrinking/#.VITe_v50yUK〕。

　これらの野生の地帯を動き回るのは、荒々しくかけめぐるロボットになるであろう。これらはボストン・ダイナミクス社のロボットである「哺乳類の超人的能力を持つ四つ足」の歩行者、まさに「大型犬《ビッグ・ドッグ》」から発達するのかもしれない〔www.bostondynamics.com/Robot_bigdog.html〕。こうしたバッテリーを動力源とする、四つ足の歩行者ロボットは動物の動作をモデルにしており、センサーと人工知能を用いて、自分たちが動き回るタフな環境に合わせて移動パターンを自己修正することができる。重い有効荷重《ペイロード》を持ち歩くことができる、こうした超人的能力を持つ四つ足の歩行者は、人間をいろいろな地域に運ぶことができ、めいめいの要塞都市の外側に住んでいる略奪者と飼いならされていない動物でいっぱいになっている野生のランドスケープにうまく適応するだろう。われわれはまた、前述のような野性的ゾーンで「アルゴリズムの殺害〔軍や警察による人工知能を駆使した殺人、攻撃など〕」が数多く起き、最近になって見られる「キラーロボット〔人の介入・操作なしに攻撃目標を定め人を殺傷する人工知能兵器〕規制」の社会的動きに触発された反対運動のようなものも起こるだろうと予測している〔www.stopkillerrobots.org〕。

7……シナリオの再審

いずれにせよ、個人的な乗り物が異なった未来の役割を果たすと思われる二〇五〇年に向けて、四つの未来像を描いたわけだが、どれか一つをもって単純にのぞましいとか起こりそうだとは言えない。そしてもちろん、それぞれの大陸を越えて都市形態を想定できるにしても、そこには何らかのバリエーションが生じるであろう。

全体的に見て、第一の未来は起こりそうにない。ロムが論じるには、水素の燃料電池技術は、実際に乗り物に電力を供給する方法としては不十分であるという。再生可能エネルギーの使用に向けて水素が作られたら、そのようなエネルギーを直接用いてオール電化もしくはプラグインハイブリッドの乗り物のバッテリーを充電することはより簡単になるだろう。エネルギーを移動に変える最も効率的なやり方は、電気を経由することである。なぜなら、すでに世界中に広がったインフラが存在するからである。水素の燃料電池は、乗り物がハイコストであり、燃料コストが高いこと、さらに水素用の燃料供給インフラが不在であることを克服できてはいない。ロムが論じるには、次の二〇年間にこうした深刻な問題にことごとく同時かつスピーディに対処するには、いくつかの奇跡が起こるのを待つしかないという〔Romm 2004〕。要するに、極めて複雑なシステムを構成するためにすみやかに一体化して配列する必要がある主要なテクノロジーを巻き込みながら、大規模なグローバルな変化をつくりだすきっかけとなるような事態の進展やサポートは、これまでのところ不十分にしか見られなかったのである。

高速移動都市の未来に対する一つの代替案は、化石燃料が利用できるあいだは、それらをいっそう迅速に燃やし、効果的に使うというものである。これは、気候変動を認めない運動がグローバルな議論に打ち勝ち、前米国副大統領候補のサラ・ペイリンが述べた「ドリル・ベイビー・ドリル〔どんどん掘れ〕」という言葉がグローバルな正統性を勝ち取るか、あるいはすでに勝ち取っているとして、それを維持し続けられるならば、現実のものになるかもしれない〔http://en.wikipedia.org/wiki/Drill_baby_drill〕。それは長期のグローバルな景気後退があるならば、可能性は高まるだろう。しかしそれは大量の「イージーオイル」の採取、燃焼、増産に対して技術的・政治的・財政的制約となるであろう〔Urry 2013b〕。

デジタル都市の未来は、国際的な大規模なコンピュータ企業である「サーバーサイレンス」のありようにかかっている。ここでは、未来は次第にデジタル企業によって占められ、たぶんH・G・ウェルズが思い浮かべたような「ワールド・ブレイン」というよりはむしろ「グーグル・ブレイン」になるであろう〔Lanier 2013〕。特にシュルツが念入りに述べているように、「まさにシリコン・バレーがわれわれの未来を決めてしまうのだ」〔www.spiegel.de/International/Germany/Spiegel-cover-story-how-silicon-valley-shapes-our-future-a-1021557.html〕。キーンもまた、「インターネットは答えとはならない」が、「非営利的なインターネットから勝者がすべてを得る経済へ」の転換が特にシリコンバレーとその周辺で見られるようになっている、と叙述している〔Keen 2015: 39〕。こうした新しいデータファクトリー経済〔モノのデータ化やそれに基づく自動化等が進展し、新たな付加価値を生み出す経済〕はほとんどすべてのことを変えてしまっている。シリコンバレーの技術者と企業は「インターネットはいついかなるときも答えになる」という考え方をしている。これに異議を唱えているのがラッダイト運動であるが〔Keen 2015: 142〕、そうした考え方には一つの強い推進力が作用している。それは、キーンが「一つの極めて小さなグループからなる、徐々に独占企業となりつつあるインターネット会社だけが利潤をあげるような贈与経済」と呼ぶものである〔Keen 2015: 142〕。そうした贈与経済は二〇五〇年以前は十分に立ち現われていないかもしれないが、それまでにデジタル都市の未来ははっきりしそうである。現在、増え続けている多くの本やレポートが、デジタルな生活は必ずしもよき生活ではないということを説いているようだが、デジタル都市の未来は間違いなく開かれるであろう〔Carr 2010; キーン 二〇一九〕。

住みやすい都市の未来は、どのような現行システムでも無視できない逆転を伴うので、実現する可能性は低い。住みやすい都市の展開があるとすれば、気候変動の破局が豊かな北側の内部で気候変動によって、さらに高度の炭素排出生活とシステムによって「引き起こされた」ことが明確になったときである〔さらなる分析は次章参照〕。ほかにその前提になるものがあるとすれば、二〇〇七〜〇八年の景気後退と多少とも似ているようなグローバルな景気後退が起きたときである。というのも、二〇〇七〜〇八年の景気後退によって、長期間にわたって生産と所得が失われたからである。グローバルな景気後退によって住みやすい都市の未来が絶対に必要だとして、議論、エグゼンプラー〔見本提示〕、異議申し立てを通してそれを強行に促すような力強い動きが生じるなら、より小規模の都市生活が望ましいものであり、適切なものであると思わせることが可能になるかもしれない。

最後に、以上見た三つの未来がどれも実現しないならば、最もありそうな未来、すなわち既定のものとなるのは要塞都市である。もちろん、世界に大きな影響を与える地域ではすでに要塞都市が存在し、このシステムをおりなす要素は十分に確立している。第2章で検討した天変地異説にのっとった多くのテクストでは、最も可能性のある未来の都市として要塞都市らしきものを挙げている。

第8章　気候
Climates

1……気候変動はすべてを変えるのか？

これまで見てきた多くの章の中心に、未来に起こりうる「気候変動」の問題がある。説得力のある議論が多くの専門分野にまたがって組み立てられ、それらの議論はさしあたり人間の生活が、近い、そして遠い未来においてどのように変貌するかを予測している。第Ⅲ部の最終章では、気候変動の未来について、前章までの資料を基に検討する。どのように、そしてなぜ気候が変わるのかという問いは、この本で議論されている多くの難しい問題を考え抜くうえで極めて重要である。

第一に、気候変動の問題は未来を問題関心のまさに中心に据えている。未来像の分析は、避けては通れない。なぜなら地球の気候がどのように展開するのか、そしてなぜそうなるのかについて、いまだ激しい論争が行なわれ、合意に至っていないためである。気候変動は必然的に長期の未来、特に排出されると何百年ものあいだ大気中に留まる温室効果ガス排出の影響とその結末〔www.theguardian.com/environment/2012/jan/16/greenhouse-gases-remain-air を参照〕を理解し、モデル化しようとすることを意味する。気候変動は、複数の未来を予測し、それによって悲惨な結末を回避するための介入を可能にする新しい方法と理論を導き出す。さらに、そのような未来は、部分的には「近い」未来においてこれから起こるだろう出来事や社会的慣習から出現するだろう。

第二に、気候変動の「原因」と「結果」を特定するには、必然的に学際的な研究と理論が必要になる。これは一つの科学、ましてや社会科学のみの問題ではないし、今後もそうであろう。地球規模の気候の変化を生み出している社会物質的システムは複数あり、それらは相互依存しつつ、さまざまな時間的および空間的次元で機能している。「気候変動」は、ある特定のシステム内での調整によって解決されるような単純な問題ではない。ゴアはそれを「地獄からの問題」と表現し、なぜなら「その複雑さ、規模、そして時間軸のすべてが、この危機、そしてその原因と解決策についての公開討論をより困難にするからだ」〔ゴア 二〇一四〕と言及している。これはシステムの相互依存と、厄介な問題のパラダイムの事例であり、それは実際にそのような観念〔本書第３章を参照〕を生み出してきたのである。特に重要なのは、地球そのものを「システム」として概念化したラブロックの独創的なガイア論とそれに続く地球システム科学の発展によって、「環境」の一要素でしかなかった気候に関する考え方のパラダイムシフトが起こったことである〔ラブロック 二〇〇六、Lovelock 2010; Stengers 2015〕。

第三に、気候変動は必然的に社会的な問題であり、物理的または技術的な未来像だけを考慮すればよいというものではない。「人間活動」が温室効果ガス排出量の増加、したがって気候変動の主たる原因であるということは、社会がどのように組織化されてきて、今後組織化されるかが将来の温室効果ガスの排出パターンや気温を予測するうえで重要である。以下では、人新世——すなわち人間活動の大きな変化が「地球システム」の著しい変容を引き起こすようになっているという、間違いなく新しい地質学的な時代——について述べる。

第四に、この本はともすれば現在が未来へのよい案内人ではないことを示してきた。これは気候変動について特にあてはまる。多くの気候科学では、八〇万年以上前の気候条件を示す氷床サンプルで示されるような、複数の、時に遠く離れた過去を振り返って検討する必要がある。ほかにも、過去の気温の変化を示す木の年輪の幅を調査し、そこから将来の排出量と気温を予測する気候科学もある。そして、社会とエネルギーの生産と消費がどのように組織化されていたかという過去の歴史から、アナリストは社会的物質のロックインと経路依存性を分析し、将来のパターンを予測することができる。多くの気候科学者やエネルギーの専門家は、分析とさまざまな過去の記録による裏付けに基づいて、未来に及ぶシナリオを開発してきた。アラップ社、BP、代替技術センター、チャタム・ハウス〔英王立国際問題研究所〕、Forum for the Future, IPCC、ペンタゴン〔米国国防総省〕、チンダル研究所、国連環境計画、米国環境保護庁などによって興味深いシナリオが開発されている〔Hunt et al. 2012〕。

最後に、気候変動をめぐる言説は高炭素排出社会の軌道を変えることができる。気候変動が現代社会の機能に対する主要な脅威であると捉えられるならば、「現行ビジネス」はもはや成り立たないという議論が支持されよう。それは国際協定を通して国家間の協力を促し、大量輸送や手頃な価格の住宅などの公共インフラの整備を支持する。また、地域経済／社会の復興を促し、「カーボン資本」のような企業の権力から民主主義を取り戻すことを後押しする。さらに、自由貿易やグローバルな分業への抵抗を強化し、先住民の土地の権利とローカルノレッジを促進する。経済／社会を再調整することで、化石燃料の多くがその価値の償却とともに、地中に残されるべきであることが立証される。そして、際限のない経済成長という約束と、その結果として生じる不平等の受け容れを拒むことになる〔Bond 2012; クライン 二〇一七、Sayer 2015を参照〕。

これら一連の心に訴える結果は、高炭素排出社会を逆転させる必要性から生じている。なぜなら、クラインによれば、気候変動は「すべてを変える」〔クライン 二〇一七〕からである。そのような逆転は、例えば、グリーン成長がもたらす変化の比ではない。将来の気温上昇を摂氏二度以下に抑えなければならないと多くの研究者が計算しているが、これは米国とＥＵが排出量を八〇％削減する必要があることを意味する。そのようなプログラムは「成長」、つまり「現行ビジネス」によって達成できるものではない。クラインによれば、必要とされているのは成長の正反対、すなわち「管理された脱成長」であり、それは温室効果ガスの排出量を年間八〜一〇％削減することである〔クライン 二〇一七〕。さらに、国際エネルギー機関のチーフエコノミストによれば、手遅れになり、社会が第２章で検討したような破滅的な未来への道を歩むことになる前に変化を起こすために残された猶予期間は短い〔クライン 二〇一七〕。

このように気候変動の問題は、論争の対象となっている複数の未来像、システムの相互依存および厄介な問題についての議論である。それは、「人間」種および「人間」社会で起こる長期的で大規模な変化のなかで、これから起こるであろう出来事やプロセスに依存する将来の世界を予想しようとすることである。また、それは、際限なき成長のための石油タンカーを、体系づけられた脱成長へと方向転換させようとするものでもある。この章では、将来を予測するうえで気候変動がもたらすこれらの重要な問題について検討する。

次節では、「気温上昇」の問題と、そのような上昇を生み出していると思われるプロセスのいくつかについて説明する。それに続く節では、将来のさまざまな気候シナリオと、脱成長の「発展」の可能性を考慮し、これらのプロセスを逆転させることが可能かどうかを検討する。

2……気温上昇

温室効果の考えは、記録に裏付けされた温室効果ガス、特に二酸化炭素排出量の増加があり、それらのガスが地球の大気中に長期間残ることによる。放出されたガスが、今度は、太陽光線を大気圏内に閉じ込めてしまうのである〔Stern 2007; https://www.ipcc.ch/report/ar5〕。このような「温室」効果は、陸地と海水の気温を上昇させる。一八八〇年から二〇一二年にかけて、世界の平均気温は摂氏〇・八五度上昇している。温室効果ガス排出量のさらなる増加が、よりいっそうの気温上昇を引き起こすという、「地球温暖化」の累積プロセスが発生する〔www.nasa.gov/topics/earthlfeatures/climate_by_any_other_name.html を参照〕。

「地球規模の気候変動」があるという事実は、衝撃的である。なぜなら、人びとが経験し観察するのは、実際には天気だからである。しかし徐々に「天気」が、より法的で、規則的で、数学的な意味合いを持つ「気候」に変わっていった〔Szerszynski 2010〕。測定の科学は、大気、気圧、湿度などの概念に基づいて開発されてきた。それまで気候は与えられ、固定されているものであり、変化するもの、ましてや変化させることが可能なものとは考えられていなかった。それぞれの地域には、地理学やその地域の社会学に記録された「気候」があると考えられていた。人間と人間活動が、比較的固定された、特定の気候に対して影響するとはあまり知られていなかったのである。

しかし、過去三〇年から四〇年のあいだに、「現代科学」は、気候は実際に変化しており、今後も変化し続けるであろうこと、そしてそれは部分的に人間活動の産物であると結論づけた。このパラダイムシフトは、異例なまでのとりとめのない物的な一連の介入を必要としてきた。地球温暖化やその他の気候特性は、世界的な政策かつ激しい世界的外交の対象とみなされるようになり、部分的にはＩＰＣＣの組織化活動を通じて、さまざまな「気候科学」が集められ、維持されてきた。

しかし、気候変動がどのように環境の枠組みを作り、グローバルな課題において優先されるようになるかについては確かな見通しはなかった。現代の環境保護主義の原点と言われる『沈黙の春』の焦点は、ＤＤＴなどの合成殺虫剤の環境および健康への影響に関する批判であり〔カーソン 一九七四〕、気候の場合とは異なっていた。また、例えば原子力エネルギーによるさまざまな癌の発生など、議論の対象となったり著しく脅かされたりした「自然」が、過去半世紀の多くの環境問題の中心的課題であった〔Macnaghten, Urry 1998〕。

グローバルな科学が持つ新たな力の最たる例は、オゾン層にできたオゾンホールの特定に関するものである。オゾンホールはエアロゾルスプレーおよび冷蔵庫で使われるクロロフルオロカーボン（ＣＦＣ）の使用によって引き起こされる。モントリオール議定書によって、ＣＦＣの生産は一九八七年以降急速に制限され、生産は一九九六年までに段階的に廃止された。完全な回復には数世代かかるとされるものの、このすばらしい世界的な協力と政策協定の結果、オゾン層の破壊は大幅に減速した。

対照的に、気候変動は厄介な問題である。チンダル研究センターは一八五九年に二酸化炭素が熱をトラップすることを発見していたし、二〇世紀の初めには、アレニウスが、化石燃料の燃焼に起因する「温室効果」があり、これが地球の気候を変える可能性があることを示していた。しかし、人間が引き起こす、または人為的な気候変動が深刻に受け止められ、「科学」と認識されるようになったのは、四人の著名な科学者が地球温暖化の危険性について警告した一九七九年のことである。記録的に気温の高い年となった一九八八年に、国連環境計画はＩＰＣＣを設立し、それを受けて何千人もの科学者が温室効果ガス排出量と気候変動の関係の評価に携わることになった。著名な気候学者のジェイムズ・ハンセンが米国議会の公聴会で、人為的な地球温暖化が実際に始まったと歴史的な発表をした〔クライン 二〇一七〕。同じく一九八八年にマーガレット・サッチャーが英国王立協会に対して行なった演説も、人間活動が実際に将来の気候を変えているという感情の構造の増大を政策や政界内にもたらした。サッチャーは、地球のシステムは大規模な「実験」にさらされていると主張した〔ゴア二〇一四、第６章を参照〕。

ＩＰＣＣは世界中の何千人もの科学者の行動を組織し、学術的、公的、そして政策的な議論を変えていった。この組織化された「科学の力」は、認識されている世界規模の気候変動の危機、すなわちグローバルで、喫緊、かつ解決可能なものとして注目度が高まっている危機に対する世界的な行動およびイベントを喚起した。しかし同時に、エネルギー会社と自動車メーカーのグループはグローバル気候連合を結成し、気候変動に対する行動に対抗したり、政府、メディアそして後にはニュー・メディアのなかでも気候変動に対する懐疑論を広めようとしたりした。気候変動論への反対勢力は、特に「自由貿易」といっそうの国際的な分業の推進を焦点に論を展開した〔Demeritt 2006を参照〕。クラインは、この貿易の問題が一九八〇年代後半以降の気候変動に対する介入の可能性をいかに後退させたかを理解するうえで重要であると主張している。クラインは「自由貿易時代の破滅的な気候への影響」と、並行して追求され続けた見境のない経済成長について記述している〔クライン 二〇一七〕。

以来、気候変動と起こりうる将来像について多くの論争が展開されてきた。気候変動科学と政策の表明において、主に三つの立場または言説を特定することができる〔Dayrell, Urry 2015; Demeritt 2006; Hulme 2009〕。

第一の言説は、IPCC報告書で明確に表わされているように、漸進主義である。漸進主義は、気候が変化しており、人間活動がこれらの変化に大きく関与していることは認めつつ、その変化は比較的緩やかで、個人や社会は適切なインセンティヴをもって将来の行動を変えるように誘導されうると考えている〔Stern 2007〕。漸進主義はまた、低炭素エネルギーを作り出す新しい方法によって、どうにかして問題を解決する新しい技術を開発することを前提としている。IPCCと並行して、ノーベル賞を受賞した映画を含む、科学、メディア、そして政策において、多くの主要なグローバルな組織が「持続可能性」の概念と、大規模な国際協調に同意し、巨大な気候政治と政策を展開している。将来の気候変動の問題は、取りうる選択肢がはるかに少なくなってしまう数十年後まで放置せず、今すぐ取り組みが始まる場合には特に、比較的控えめなコストで解決できると考えられている〔Center for Alternative Technology 2013〕。

二つ目の主な立場は、懐疑論である〔Moran 2015を参照〕。懐疑論には、特に数十年という将来にわたって気温の変化を予測することは不確実であるとして、気候変動の科学に挑戦する意味が含まれている。懐疑論者は「未知の未知」が多過ぎると主張している。また、過去の気候の変化を例に挙げ、現在の気候の変化も太陽活動などの「自然な」プロセスから生じているものであり、人間活動に由来するものではないと主張する。懐疑論は社会科学が気候科学で何らかの役割を果たすことを批判している。一部の懐疑論者は、気候科学が研究者とメディアの既得権益によって推進されていると論じ〔モントフォード 二〇一六、Demeritt 2006 を参照〕、その一方で、気候の変化がなくても人口の移動はいずれ起こるものであるが、気候変化によってより多くの人口移動が起こるため実は有益なものであるとする論者もいる。全般的には、新自由主義思想は、市場の競争が環境を修復すると主張し、気候変動への介入は反競争的な政策や政治が潜り込む余地を与えてしまうと主張している〔インサイダーの詳細については、Gore 2013: 318-28 を参照〕。また政治学者ロンボルグは、別の議論において、ほかの地球規模の課題に伴うコストと比較して、気候変動に対処するためのコストの大きさが脱炭素化を正当化することを困難にすると主張している〔ロンボルグ 二〇〇三〕。

思考と行動のシステムとしての懐疑論の力は、二〇〇七年頃に気候変動に対する懸念がピークに達した後、特に過去一〇年間に米国で強まってきた〔クライン 二〇一七〕。この懐疑論は、特にインターネット、ブロゴスフィア〔ブログによる言論空間〕、およびシンクタンクで活動していて、「現行ビジネス」を推進したがる気候に懐疑的な「疑惑を売り込む者たち」〔邦題は『世界を騙し続ける科学者たち』〕によって生み出されたものである〔オレスケス／コンウェイ 二〇一二〕。気候懐疑論者の多くの組織は、将来の気候について科学者のあいだに多くの不確実性があると主張しているが、実際には気候科学者の約九七%が何らかの人為的な気候変動に関する論説を受け入れている〔クライン 二〇一七〕。

破滅主義はこれら二つの立場を両方批判している。破滅主義は前者から気候変動の現実を取り、後者からは不確実性と科学の限界を取り入れている。そして両者を非線形性、閾値、そして唐突で急激な変化を特徴とする「複雑なシステム」の枠組みに位置づける。ライアルらは、地球の気候システムは「非線形性が非常に高い。そこでは入力と出力は比例しないし、変化はゆっくりで徐々に起こるのではなく、むしろ挿話的で、唐突であることが多い。そして多重均衡が標準的である」と報告している〔Rial et al. 2004: 11〕。

これまでのところ、ＩＰＣＣレポートはすべての潜在的なフィードバック効果を組み込んだものにはなっていない。よって、特に氷床の融解に関連する将来の不確実性を無視した、海面変化に関する控えめな予測が、そのような控えめな海面上昇には適応策によって対処できるものであり、システムの大規模な逆転を必要としないという懐疑論者の主張を許してしまっていると、破滅論者のハンセンは主張している〔ハンセン 二〇一二〕。破滅主義者たちは、環境に優しい、あるいは持続可能な慣行によって気候問題を容易かつ安価に解決することができるという見解に異議を唱える。大規模な構造上の変更をもってしか、これらの問題にいささかなりとも頑健な方法で対処することができないとしている〔クライン 二〇一七が主張しているように〕。

科学的証拠は、端的に、何を示唆しているのだろうか。二〇〇七年までにＩＰＣＣは温室効果ガス排出量の増加による世界の気候の温暖化は「明白である」と述べている。ＩＰＣＣ報告書によると、特に二酸化炭素濃度は、科学者が過去六五万年間にわたって確認した自然の範囲を超えていることが示されている〔ＩＰＣＣ 二〇〇七〕。そして、この高レベルで加速的な排出レベルは、「自然ではない」、人為的な原因によるものであることは間違いないと結論づけている。図表１に示すように、この加速的な規模の排出量は、一九五七年にハワイに設立されたマウナロア気象観測所で測定されているこれらの排出量の最長測定値に基づいている。二〇一五年四月までに二酸化炭素排出量は初めて四〇〇ｐｐｍを超え、無情なまでに明らかな上向きの軌跡を示している〔www.theguardian.com/environment/2015/5/06/globa-1-CO2-levels-break-400ppm-milestone〕。中国の二酸化炭素排出量は、今や米国とＥＵの排出量の合計を上回っていることも留意に値する。このうち約六分の一は中国国外で消費される工業製品によるものであるが、第６章で述べたように、排出量のオフショアリングが起こっていることを示している〔www.excter.ac.uk/news/research/title_412769_jp.html〕。

過去二、三世紀のあいだに、二〇兆トンもの二酸化炭素が地球の大気中に放出され、それらの二酸化炭

図表1　マウナロア気象観測所で計測された大気中の二酸化炭素濃度（2015年12月）

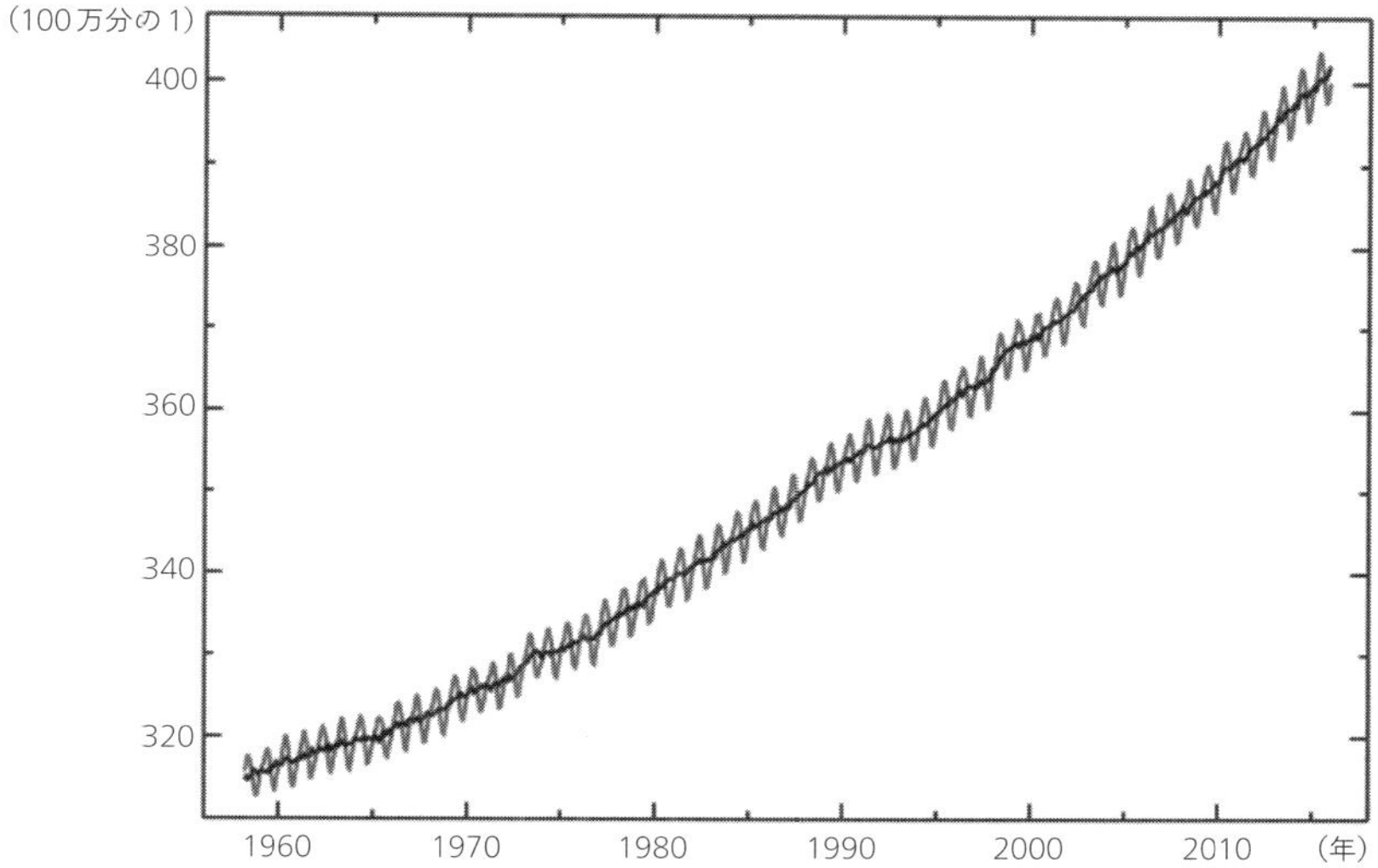

素は今後何百年ものあいだそこに留まることになる〔Berners-Lee, Clark 2013: 26〕。一八五〇年から現在までの二酸化炭素排出量は指数関数的に増加している〔Berners-Lee, Clark 2013: 12〕。気候システムは世界中で変化しており、人間活動はそのような変化に大きく責任を負っているように思われる。

研究はまた、二酸化炭素濃度のレベルと気温は何千年にもわたって歩調をあわせるように変化しており、二つのあいだには強い相関があることを示している。そして、アリーは比較的安定した気候論ではなく突然のシーソー効果があると主張し、「驚愕させられるほどに跳ね上がる気候は例外的に起こるのではなく、支配的である」〔Clark 2010: 1での引用より〕と述べている。このパターンは、深さ二マイルに及ぶ氷床コアの研究から明らかになったもので、気候科学者のあいだで「本格的なパラダイムシフト」を生み出している〔Linden 2007: 227〕。アリーは、最後の氷河期とその後の後氷期のあいだに起こった摂氏約九度の気温上昇のうちの半分は、ほんの一〇年のあいだに起こったことを示している。地球の気候には二つの状態、すなわち氷河期、および比較的

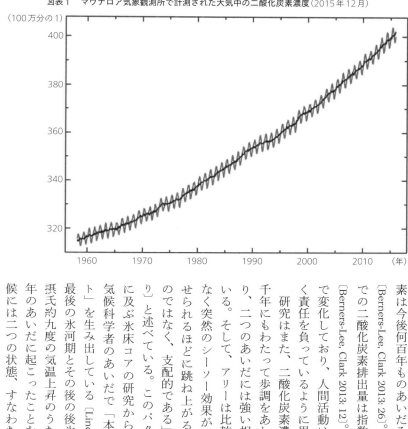

暖かい間氷期があり、一方から他方への変化はゆるやかではないようである。この研究は、地球がカーボンシフトに反応するなかで、突然の気温の急上昇がどのようにして起こったかを示しており、「スピードと暴力」と呼ばれている〔Pearce 2007〕。

南極での研究はまた、現在の地球の大気中の二酸化炭素レベルが人類史上前例がないことを示している。そして、気温の上昇は過去四二万年間の上昇と同じ程度と考えられる。つまり、将来の気温を人間の「経験値」内に保てれば、将来の二酸化炭素レベルに「安全な」レベルがあるという考えは間違っている。また、地球の特定の地域、特に両極においては、気温の上昇ははるかに大きいと思われる。

この二酸化炭素排出量の増加は、一八世紀後半に英国で最初の「製造所」（バーミンガム近郊のソーホー）で化石燃料の燃焼が始まって以来、エネルギー使用量が増加していることに起因している。この指数関数的な上向き曲線の弾力性は、地球システムが比較的安定していた「完新世」〔地質学上の時代区分〕の、過去一万一七〇〇〇年間にわたって示されてきた自然変動性を超えたことを示している。この段階は最後の氷河期の終わりに始まり、人間による農業、町、都市、そして産業の開発のための安定した条件を提供してきた。

しかし、地球システムは今や新たな地質時代、「人新世」に入ったと言われている。人新世とは、二〇〇〇年にノーベル賞を受賞したパウル・クルッツェンによって造られた言葉である〔N. Clark 2011; http://quaternary.stratigraphy.org/workinggroups/anthropocene〕。この新しい地質時代は、人間活動が地球規模に影響を与え始めた一八世紀後半に始まり、そこでは人間活動は「大きな自然の力」を構成しているとみなされている。人新世を仮定することは、地球に対する一様な、または平均的なプロセスがあるという見方に対する反論である。

重要なプロセスは、最初の石油とガスが「発見」され、石炭と並行して燃やされ始めた一九〇〇年頃から、化石燃料の燃焼が指数関数的に増加したことである〔Berners-Lee, Clark 2013〕。マックニールによると、「一九〇〇年以降、人類はそれ以前の全人類史において使われたよりも多くのエネルギーを利用して

図表2　発生源別の二酸化炭素の生産量(http://www.climatedata.info/)

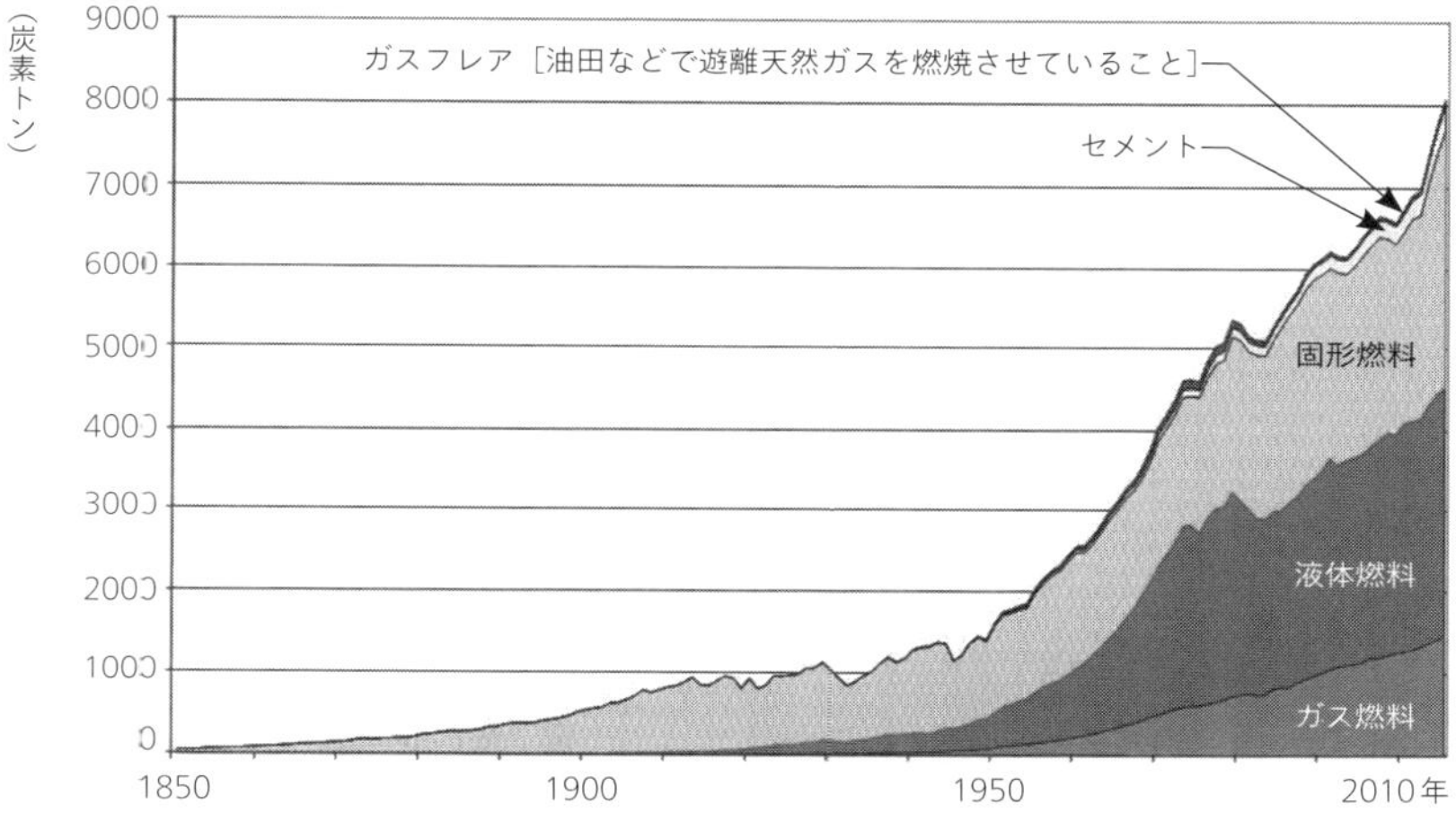

いる」〔www.theglobalist.com/StoryId.aspx?StoryId=2018〕。そして、一九五〇年頃から、この「燃焼」にさらなる増加が見られ、これは（世界全体における化石燃料の燃焼の）〝大いなる加速〟として知られている。図表2は、二酸化炭素排出量の指数関数的な増加を示している。

バーナーズ・リーとクラークは、このように「絶え間のない指数関数的な炭素循環の性質は、社会のエネルギー使用は強力な正のフィードバックメカニズムによって推進されるという考えと完全に一致する」とまとめている〔Berners-Lee, Clark 2013: 13〕。この変化のスピードを生み出しているさまざまなフィードバックメカニズムの強さをどれほど重視しても、重視しすぎるということはない。一九五〇年から二、三世代が経過し、社会は惑星規模の地質学的な力を持つに至っている。後述するように、地球システムの主要な変化は、世界の経済および社会システムの変化によって直接的にもたらされてきた。

科学者とアナリストの多くが、過去三世紀にわたる、そして特に〝大いなる加速〟以降の化石燃料の燃焼の劇的な増加によって、大規模な望ましくない結末が今世紀中に起こると考えている。温室効果ガス排出量と世界の気温は、さまざまな正のフィードバックを通じて今後数

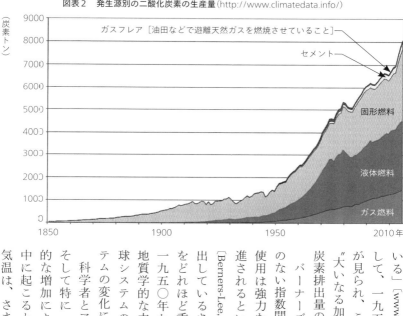

年間で大幅に増加すると予想されている。一九九〇年という早い時期にすでに一六のフィードバックがあり、そのうち一三が正のフィードバックで、システムを均衡状態から外れさせていると考えられてきた〔Wynne 2010〕。これらのなかで最も重要なものは、例えば、グリーンランドと南極のさまざまな部分を覆っている三つの大きな氷床に関係している。これらの氷床は広大で、最大二マイルの深さまで氷を形成し二酸化炭素を閉じ込めている。また、シベリアの永久凍土に閉じ込められている、最も強力な温室効果ガスであるメタンの巨大な堆積物が近年溶け出しており、これは「メタンの黙示録」と呼ばれている〔www.newscientist.com/article/mg22630221.300-methane-apocalypse-defusing-the-arctics-time-bomb.html〕

暴走的な変化を引き起こす四つの潜在的要素は、将来の気温上昇の「予測」が大きく異なることを意味し、なぜこれまで気温摂氏二度の上昇が世界的に「許容できる」気候変動の最適な（もしくは、おそらく最悪ではない）代替かどうかについての論争がなされてきたのかを説明している。これは、アンダーソンが「支配的な経済と成長のパラダイム」と呼んでいるものの全面的な逆転を要求するカーボンバジェット〔過去から将来にわたる温室効果ガスの累積排出量の上限値〕という考え方に表わされている〔http://kevinanderson.info/blog/category/papers-reports を参照〕。アンダーソンは、摂氏二度という制約は完璧には程遠いものの、科学者にとっては意味があり、政策立案者、ビジネス、そしてより広い市民社会に理解可能なものであると主張している〔Anderson, Bows 2011 を参照〕。

正しい政策の策定を難しくする要因の一つは、「気候変動」が単一の「原因」と、単一の「影響」のセットからなるものではないということである。これまで見てきたように、北極圏の気温の上昇、氷山のサイズの縮小、凍土や氷河の融解、永久凍土の減少、降雨量の変化、生物多様性の減少、新しい風のパターン、干ばつや砂嵐、熱波の増加、そして熱帯低気圧やその他の極端な気象現象の強度の増大など、気候の変化には多くの要素がある。ロックストロームらは、九つのプラネタリー・バウンダリー〔科学的に示された地球システム別の地球環境容量（閾値）〕があると提案している。これらのバウンダリーを一つでも超えると、非線形で、急激な環境変化が引き起こされる可能性があると指摘している〔www.stockholmresience.org/21/research/research-news/1-15-2015-planetary-boundaries-2.0new-and-better.html〕。ロックストロームらは、現代社会はすでに四つ――気候変動、生物圏の完全性の喪失、土地システムの変化、および生物地球化学的サイクルの変化――のバウンダリーを超えていると推定している。さらに、これらのプラネタリー・バウンダリーは相互依存しているため、一つのバウンダリーを超えてしまうことはほかのバウンダリーにも影響を与えてしまうという。

全般的に、世界的な二酸化炭素排出量がさらに一兆二〇〇〇億トン増えると、現在世界的な「安全な」限界であるとみなされている閾値を超えてしまう恐れがある。この一兆二〇〇〇億トンという数値は遵守しなければならない将来のカーボンバジェットであり、それによって平均的な地球の気温上昇を摂氏二度以内に留めることができるという六六％のチャンスを確実にしようとするものである〔www.exeter.ac.uk/news/research/title_412769_en.html を参照〕。しかし、社会はすでにこの世界的な定量の三分の二を燃焼してしまっている。現在の化石燃料の燃焼による二酸化炭素の排出度合いでは、この一兆二〇〇〇億トンの「割当量」が約三〇年で使い果たされることになる。つまり、摂氏二度制限の遵守はたった一世代後には不可能になってしまう。これを回避するために、現在の化石燃料埋蔵量の半分以上が未利用のまま、地中に残されるべきであると主張されている〔Carbon Tracker 2013〕。そして、この縮小する世界的なカーボン許容量を、どのように七〇億人を超える世界人口のあいだで共有するか、また特に現代社会で拡大を続ける貧富の格差にどう対応するかは衡平性に関する大きな問題となっている〔Piketty 2014; Sayer 2015〕。

したがって、「現状のまま」高炭素排出システムの大幅な削減がなされない場合、温室効果ガス排出量の蓄積は今世紀末までに三倍になる可能性がある。二一〇〇年までに気温が摂氏五度以上上昇するリスクは二〇％と考えられている〔Stern 2007: 3〕。米国国防総省は、気候変動によって戦争や「自然災害」が起こり、何百万もの命が犠牲になる「地球規模の大惨事」をもたらすおそれがあると主張している〔US National Intelligence Council 2008〕。世界保健機関は、二〇〇〇年には早くも気候変動によって毎年一五万人を超える死者が発生していると発表している。そしてこの数字は今後数十年で二五万人に上昇すると予想されている〔www.who.int/mediacentre/factsheets/~s266/ja〕。

これらの気候変動の影響は地球規模だが、その影響は「グローバル・サウス」〔南半球にある発展途上国〕に集中している。また、そうした影響は世代を超え、そして、女性は男性よりも気候変動の被害をこうむる可能性が高いとされる。海抜が低いガンジス川流域に位置するバングラデシュは、自国の二酸化炭素排出量はごくわずか（世界全体の〇・三％）にもかかわらず、気候変動の影響を最も受けている。このような地球規模の関係は「気候虐殺」と呼ばれるものの一部をなしており、地球規模の気候変動リスクから逃れるために移住せざるを得ないほどの影響を受ける何百万もの人びとが、主に地球の貧しい「南側」に集中している〔Timmons Roberts, Parks 2007〕。

特に重要なのは世界平均の一〇倍の速さで上昇しているとされる沿岸水域での影響である。これは、ほとんどの住民が海抜わずか数メートルの土地に住むことを余儀なくされている地域において海面の劇的な上昇をもたらすと考えられている〔www.nytimes.com/2014/03/29/world/asia/facing-rising-seas-bangladesh-confronts-the-consquences-of-climate-change-html〕。実際、世界の人口の約半数が海から一五マイル以内に住んでおり、例えばスキポール空港などの主要インフラは海抜ゼロメートル以下に位置しているため、沿岸部の比較的緩やかな海面上昇でさえも影響を受けやすいとされている〔Gore 2013: 297-8〕。

われわれは、気候変動の不均等な影響が、食料不足、水ストレス、海面上昇、生物多様性の喪失、洪水、干ばつ、熱波、新しい病気、そして「気候変動」による強制移住によってどのように作用するかを見てきた。これらのプロセスは、「回帰線の混乱」と呼ばれる、地球を一周する地域にある社会の住民に特に影響を与えている。気候変動の影響は、超高炭素排出生活の新たな場所の確保のために移住させられ、強制労働に駆り出される「予備軍」を生み出している〔Parenti 2011〕。ガンジス川の水面上昇から逃げ出した人びとの多くは、ドバイのように超高炭素排出様式の生活を象徴する場所に移住している。そして、そうした超高炭素排出生活がバングラデシュで起きているような気候変動の影響を引き起こしているのである。つまり、ここに気候変動の原因となっている場所と気候変動の影響を受けている場所をつなぐ正のフィードバックを強化する回路が存在しているのである。

将来の気候関連の展開において起こりうる、このような災害の規模を理解している世界経済の部門の一つが、世界の保険業界である。保険業界による多くの報告が気候関連事象の上昇する規模、影響、コストについて記述している。例えば、二〇一二年にニューヨーク／ニュージャージー州で発生したハリケーン・サンディの被害額は六五〇億ドルに上ったとされている〔www.usatoday.com/story/weather/2013/01/24/global-disasterreport-sandy-drought/1862201〕。世界の保険業界の損失は急増しており、その主な原因が異常気象とされている。一九七〇年代以降、異常気象による災害の発生数は年約一〇％増加している。再保険会社のスイス・リー社は、これらの気象現象による保険損失が一九八〇年代以降には五倍に増加したと推定している〔クライン 二〇一七〕。国際ＮＧＯオックスファムは、地震の数は比較的安定している一方で、洪水と暴風雨の発生は約三倍に増えたと報告している。ミュンヘン再保険（世界最大の再保険会社）は、「気候に関連する大災害の増加は気候変動によってしか説明できない。地球温暖化が異常気象を頻発させ、その激しさも増しているという見解は、現在の科学的知見と一致している。そして気候変動によって豪雨のリスクが増している一方で、特定の地域で抱える干ばつのリスクも上昇している」と正式に結論付けている〔www.munichre.com/en/group/focus/Climate_change/currentflooding_in_china/default.aspx〕。フラナリーは、このような気候関連の保険金請求額の増加は、「二〇六五年までに、あるいはその後まもなく、気候変動に起因する損害賠償請求額が、一年間に人類が生み出すすべての生産額の合計値に等しくなるだろう」と仮定している〔フラナリー 二〇〇七〕。

さまざまな気候変動の結末が予測されているが、例えば二〇五〇年に、どのような世界になっているかを予測するのは困難を極める〔Urry 2011 のシナリオ１１１を参照〕。これは、一部には、実際に将来に何が起こるか、また別の場所では何が起こり、それによってどんな相互作用が引き起こされるか、といった時空を超えたことがらによって異なる結末がもたらされるからである。ポリットが『世界の成り立ち』〔Porritt 2013〕で述べているように、どのような予期しない「出来事」が「将来」起こりうるのかを明確にする必要がある。彼の架空の著作で述べられている出来事には、水をめぐる暴動、オイルピーク、サイバーテロ、ハリケーン、大規模浸水、大飢饉、肉生産のピーク化および大規模な抗議などがある。これらのいくつかはわれわれにとって未知である。また、そうした出来事が発生する可能性は認識できても、いつ、どこでそれらが起こり、また時間とともにほかの出来事とどのように影響しあうかはわからないのである。

3……金融と消費主義

前の節では、完新世の期間に、温室効果ガス排出量の増加による気温上昇が、偶発的ながら確立されてきた人間、動物、および植物の生活や生命のパターンの継続をいかに阻む可能性があるかという一連の厄介な問題について述べた。スターンは、「気候変動……は最大にして、最も広範にわたる市場の失敗である」と主張している〔Stern 2007: i〕。ギデンズがかつて言ったように、化石燃料ベースのエネルギーに基づくグローバル資本主義は、まるで「ジャガーノート」が圧倒的な力で断崖の端まで最大速で引きずっていくように、強力なシステム間の適応的かつ発展的な関係という巨大な「外部不経済〔経済活動に伴い発生する、直接関係を有していない第三者が受ける不利益〕」を生み出した〔ギデンズ 一九九三、Giddens 2009; クライン 二〇一七〕。特に一九五〇年以降、地球はそれまでとは異なる状態にある。そこでは地球システムの重要なプロセスが今や人間の生産と消費の構造によって推進されている〔Urry 2011を参照〕。エネルギー使用が増え、残存エネルギーの上限に近づくにつれて、格差が拡大し、社会集団間の関心の分断がますます進んでいる。これについて多くの産油国で極端な例が見られるようになっている。派手な装飾品を身にまとった無数の富豪の傍らに、貧しい移民労働者が座っている光景があとを絶たない。そしてこれらの移民労働者たちは、気温上昇の結果「母国」から避難せざるを得なかった人たちなのである。

この関係と現代資本主義の性質を説明するために、特にここ半世紀ほどで未来へと加速的に成長したある都市の特徴について述べる。それは独自の〝大いなる加速〟によって超高炭素排出生活へと突き進んでいる都市である〔Urry 2013b より抜粋〕。ドバイは、一九六〇年頃まで、地球上で最も貧しい場所の一つであった。それは河川がほとんどない広大で居心地の悪い海辺の土地に並ぶ一連の泥の村だった。アラブ首長国連邦の一部として独立を果たしたのは一九七一年のことだが、独立後は指数関数的な成長を見せた。二〇〇〇年代までに、ドバイは世界最高層のビルを有し、地球上で八番目に来訪者が多い観光都市となった。砂漠という荒れ果てた土地の最も荒れ果てた隅に位置するこの「シティ・オブ・ゴールド〔黄金都市〕」の台頭は、異なる未来への驚くべき加速の例である。ドバイは今や、資本、マネー、ヒト、文化、情報のグローバルな流れが上陸し、交差する主要なハブとなっている。

この元英国の保護領での石油の採掘は、世界の油田開発のピーク時代のさなかである一九六六年に始まった。しかし、周辺地域とは異なり、ドバイの石油供給は一九九一年にピークに達している〔Krane 2010; Urry 2013b〕。今やほかの地域で採れた石油がこの国を支えている。例えば人工島、ホテル、そして並外れたアトラクションの建設や、巨大な数の観光客、国際会議の参加者、建設労働者、性産業労働者の――特に近代的な空港（世界最大の国際空港に加えて、もう一つが建設中）と大手航空会社（エミレーツ航空）を経由して――輸送のため。また、世界最大の人工港にある、世界最大のもの〔www.thedubaimall.com/en/Index.aspx〕を含む、七〇にも上るショッピングモールで売られる大量の食糧や商品を輸入するため。世界のトップ一〇コンテナ港の一つにおいて輸送センターとして物流を促進するため。さらに、炭素ベースの淡水化プラントを通して世界で最も高い水消費率を生み出すため。そして、平均気温が摂氏四〇度の土地において、多くのエネルギーを使用してでも温熱環境を平準化し快適な空調を提供するために。

家父長的、宗教的、そして権威主義的な社会において、ドバイは技術的にスピードアップされた未来を築くことを目指した。この未来主義は、その建造環境には具現化されている一方で、社会のなかでの具現化には至っていない。「未来的な」開発には、「未来の博物館」〔https://www.youtube.com/watch?v=9Wx0Lfyjmf0〕、海岸線を約七五マイル延長する二つのパーム島、世界の国々のような形をした一連の新しい人工島、ドーム型のスキーリゾートと多くの主要なスポーツ施設、世界最高――二七一七フィート――の驚異的な高さを誇るブルジュ・ハリファ、六五〇〇室を擁する世界最大のホテルであるアジア－アジア、一〇〇マイルの絶景を望む世界初の七つ星ホテル、ブルジュアルアラブ、アトランティスホテルの複合施設としてオープンした世界最大のパーティーの会場、そして四〇棟を備え約一万五〇〇〇人を収容する最大の住宅開発であるジュメイラビーチレジデンス〔www.burj-al-arab.com; Davidson 2008; Krane 2010; Schmid 2009〕の建設が含まれている。

ドバイは、視覚的、そして環境的な過剰を追求している。そしてそれは消費、買い物、食事、ギャンブルおよび売春の促進とそのための場所の提供によってなされている。クレインはドバイのパラドックスを次のように要約している。「それは地球で最も不毛な、歴史的意義がまったく存在しない景観である。そして多大な支出をしてくれる来訪者がその不毛な景観を見に地球の裏側からやってくるのである」〔Krane 2010: 117〕。ドバイは純粋な加速の場所である。所得税も、法人税も、労働組合も、計画法も、野党も選挙も存在しない、自由企業のための「オアシス」なのである。そこの住人や企業、そしてその来訪者は、並外れた規模の建造物の建設と将来の消費に対して巨額の借金をしている。ドバイの未来は砂と借金で成り立っているのである。

過去数十年のドバイおよび世界経済の大部分の中心問題に、「金融化」と「実体経済」のあいだの不均衡の高まりがある。これは効果的な気候変動政策を策定することへのさらなる障害となっている。世界経済のほとんどが「金融化」されているなかで、低炭素な未来のための弾みをつけることは困難な課題である。二〇一〇年までに、外貨建て取引の年間総額は九五五兆米ドルとなり、世界のＧＤＰ（六三兆米ドル）〔www.spiegel.de/international/business/out-of-control-the destructive-power〕の一五倍以上にもなった。こうした金融の循環の下では、収入と権利が「実体経済」から、いわゆる「カジノ資本主義」へと再分配され、「金融市場の独裁体制」を生み出した〔ラトゥーシュ 二〇一三〕。経済は、商品やサービスを生産している組織から、主に金融の流通や仲介に関与している組織へと再構築された。

消えていく未来の感覚はコンピュータ化され高頻度で行なわれる取引から生じる。こうした取引は思考の速度を超えており、人間の心では理解できないマネーと情報の動きを伴う〔ルイス 二〇一九〕。そのような加速する世界では、金融先物は関係者が理解できる前に取引されている〔ゴア 二〇一四〕。こうした仲介の多くは、金融エリートによって行なわれている〔Savage, Williams 2008〕。それは、新しい製品やサービス、なかでも低炭素な経済や社会のための製品やサービスの開発に取り組む中小企業の発展を望む関心に敵対するものである。

また、金融仲介（および関連するコンピュータネットワーク）は、短期の——ここでの短期間は一秒未満のこともある——「株主価値」にばかり関心が向いている金融機関が所有権を抑えることで大規模製造企業を空洞化する。大規模な「製造」企業がどのように時代遅れになったか、そして一九九〇年代半ば以降、米国においてそのような企業の数が半減したことをわれわれはすでに見てきた〔Davis 2012〕。セネットらは、この新たな短期主義の発生と一般化が結果的に人びとの職場に対する長期的なコミットメントの低下を招いたことを嘆いている〔セネット 一九九九〕。この極端な例が、英国で契約に時間が付されていない、いわゆるゼロ時間契約である。この例では、労使双方からコミットメントがないというパラドックス状態のなかで、急速に増加している「プレカリアート〔非正規雇用者〕」がサービスの最前線で、顧客に「ブランド」を提供している。

ガイ・スタンディング〔スタンディング 二〇一四〕は、世界の労働人口のかなりの割合を占めるようになったプレカリアートの短期的な未来について述べている。ネットワーク化された仕事のモデルは、長期的な技能の習得や仕事に対するコミットメントの欠如により、誰もをプレカリアートが持つ不安定さに追いやってしまう。そして、これには、金融仲介とウェブ／アプリ経済の基盤であるデジタルシステムの設計や実装に関わる張本人たちも対象としてしまうのである。ターナーは、カウンターカルチャーの一環として現われたデジタル・ユートピアが、本来目指したのとは正反対の、一時的で不安定な仕事と生活から成るディストピアのような世界として立ち現われたことを説明している〔Turner 2006: 258-62; Srnicek, Williams 2015〕。

現代の資本主義は、著しく課税を逃れており、統治不能で、統制の取れない金融資本主義へと変化している。金融の規模は巨大で、むしろギャンブルのように機能する。その成長とそれによる産業経済、そして物理的環境の支配は、ほとんどの国で経済的・社会的・財産的格差を拡大させてきた〔Floyd, Slaughter 2014〕。ここで特に重要なのは、オフショアリングの多重性、すなわち、資源、慣行、人、および金を領土から領土に移動し、それらを隠す多重なプロセスである〔アーリ 二〇一八〕。それは、規則、法律、税、取り締まり、そして規範を巧みに回避することを意味する。資源、慣行、人および金が秘密裏に隠されたオフショアリングの世界は動的で、社会間および社会内の経済的、社会的、政治的および物質的な関係を再編成する〔Urry 2014a: 1〕。特に、世界に六〇から七〇ヶ所あると言われるタックスヘイブン〔租税回避地〕を通じた金融と富の動きが驚くほど増加しており、これは現代社会全体で行なわれる金融取引の三分の一ほどに上る〔Shaxson 2012〕。タックスヘイブンは、低税率、資産管理、規制緩和および秘密の場所であり、通貨両替とそれに関連する規制が廃止された一九七〇年代後半以降、世界経済の絶対的な中心的存在となってきた。

ほとんどすべての大手企業がオフショア口座／子会社を保有しており、世界貿易の半分以上がそれらを介して行なわれている。また、ほとんどすべての富裕層の個人が税の「租税計画」を可能にするオフショア口座を持っている。ヨーロッパの一〇〇の大企業のうち九九社がオフショア子会社を活用している。世界の富の三分の一に相当する額が「オフショア」で保有されている〔アーリ 二〇一八〕。金融、循環、および債務の力において中心的に重要なのは、未公開株式の買い占めである〔Appelbaum, Batt 2014〕。未公開株式投資会社は、ある会社またはその会社の一部の購入コストのわずかな割合しか負担しない。残りは機関投資家からの投資か、将来の会社の資産を担保として借りている。公開会社がいったん購入されると、それは「非公開」になり、外部からは見えなくなる。そうなると未公開株式投資会社が実行できる活動に課せられる制限ははるかに少なくなる。なぜなら、それらを所有している企業が雇用主ではなく投資家とみなされているためである。ほとんどの未公開株式投資会社は、多くの規制上の監視を回避している。それにもかかわらず、これらの企業は雇用レベルを下げ、よりゆっくり成長し、倒産し、そして低炭素主義の探求に参加しない傾向がある。

したがって、オフショアリングはまさに権力の世界が現在どのように機能しているかを示しており、これは低炭素を目指す企業やNGOの関心に敵対するものである。自国〔オンショア〕に留まるマネーはほとんど例外的で、それらはいまだ税金を払っている「小さな人びと」のためのものである。巨額資金はほとんどがオフショアリングされている。オフショアリングによる年間の課税損失は数千億米ドルとも言われている。全般的に、オフショアリングは複雑なコンピュータシステムを展開している大企業によって生み出され、維持されている。オフショアの世界が、「革新的なミノウ〔取るに足らない企業〕」の競争力を弱め、そのようなミノウがたとえ繁栄したとしても、そうしたミノウはすぐに大多国籍企業の仲間となり、その企業収入の流れが部分的にはオフショアリングに向けられるようになるのである。オフショアの世界では、平等な競争環境など存在せず、大規模なオフショア企業やそうした企業が持つ多くのオフショア口座と競合した場合、ローカルな小規模企業が体系的に弱められる仕組みになっているのである〔ゴールドマンサックス社は、四〇〇〇以上のオフショア口座を保有している。アーリ 二〇一八〕。

したがって、オフショアリングは脱炭素社会の実現をより困難にする〔これに関する分析の一つについては、Sayer 2015: part 5を参照〕。低炭素な未来へと出力を下げるには、世界中の人びと、特にまだ生まれていない人びとを含む将来世代への現在世代の強い相互責任が必要とされる。この公的または社会的責任の必要性は、「現在世代の将来世代に対する責任」に関するユネスコ宣言（一九九七年一一月一二日）など、多くの世界的な文書で述べられている。

ここでは、ランクフォードによるパラコモンズ〔擬似的なコモンズ〕の分析〔Lankford 2013〕も考慮する必要がある。彼は、低炭素イニシアチブを通して実際に資源の利用を大幅に削減できたとして、誰がその恩恵を受けるのかと問う。人びとが燃料消費量を減らす、あるいは物質的な効率を上げる、またあるいは彼らの廃棄物を減らしたとして、それによる利益は現在、あるいは将来のそのコミュニティに還元されると確約することは可能なのだろうか？　この課題に答えることは大きな挑戦である。このような関係者（あるいは世代）間のパラコモンズまたは社会的債務は、財政的債務によって世界の大部分で圧倒されてきた。それが人びと、国家、そして企業を義務に結びつけるのである。財政的な負債と潜在的な課税収入の大規模なオフショアリングは社会的責任が主導権を握ることを難しくしている。資源効率の良い低炭素主義を計画し、組織化するには、公的支出と公共の利益という強い概念が必要とされる。そして余暇、仕事、課税、廃棄物、二酸化炭素排出、刑罰および財務が極度に金融化され、オフショアリングされてきたことによって、公共の利益を実現することが特に困難になっているのである〔アーリ 二〇一八〕。

クラインが指摘するように、気候変動はすべてを変えるだろう。そのため、さらなる成長ではなく、「脱成長」をもたらすような社会材料システムの代替クラスターが発達しなければならない。そのような劇的な方向転換が起こらない限り、地球システムはもはや止められない地球規模の気候変動に向かっているように思われる。そしてこれは単なる特定の「システム」とそれらのクラスター化の問題ではなく、社会における感情の構造に長期的かつ広範な変化を起こせるかという問いでもある〔本書第2章を参照〕。そのような変化は世界を異なるものにするかもしれないが、いかなる組織もそのような変化を必ずしも計画したり想定したりするものではないし、あるいはその変化が起こっているあいだにその変化に気づくとは限らない。

一九三〇年代の世界大恐慌およびそれに続く時期に、一つの長期的な新たな感情の構造が生みだされた。ヨーロッパと北米の大部分で起こった経済システムそれ自体が失業と経済不況を是正するものではないとする議論はケインズに負うところが大きい〔ケインズ 二〇〇八〕。経済は自動的に均衡を回復するわけではない。彼は、反循環的な税金で支えられている国家の歳出について、国家計画の体系および集団的国益の考えは、個人や企業の特定の利益とは別のものとみなされるべきだと主張した。一九三〇年代から一九七〇年代にかけて、ケインズ主義の支配的な感情の構造は、国家が市場の欠陥を修正する能力を持っていて、またそうしなければならないというものであった。国家は社会的または国家的利益の追求のためには介入すべきであるという主張を含むこの言説とそれに基づく慣行に対して長期持続が見られた。

しかし、一九四七年には早くも、スイスの高官が、フリードリヒ・ハイエクの指導の下、ジュネーブ近郊のモンペルランで多様な学者たちを集めた秘密の集会を開いた〔ハイエク 二〇〇八〕。スイスの銀行によって資金提供されたこのモンペルラン協会は、国家介入主義を擁護するケインズ主義に対する世界的な闘いの中心であった。ケインズ主義を逆転させるためのこの闘争は、さらに多くの秘密の集会を通して組織された〔Stedman Jones 2012: ch. 2〕。これらの会議の出席者の一人に、一九七〇年代後半から世界中で牽引力を得た、いわゆる新自由主義を発展させる鍵となったミルトン・フリードマンがいた〔クライン 二〇一七〕。

新自由主義のための経済的、社会的および政治的状況を整えるため、さまざまな超国家的な組織が――多くの場合、秘密裏に――関わった〔Carroll 2010; クライン 二〇一七、Stedman Jones 2012〕。これらの議論は、民間起業家精神、私有財産権、自由市場、そして貿易の自由化の重要性を再確認したものであった。そしてそれらの目的は一九八〇年頃から実現された。レーガンやサッチャーといったイコン的人物に負うところもあって、新自由主義、すなわち「自由市場」が実際に支配すべきであるとした感情の新しい構造が、経済および社会の政策と実践の世界的な正統となった。そしてここ数十年のあいだに、この「感情の構造」は、印刷メディア、テレビ、インターネット、そしてソーシャル・メディアを介して大いに補強されてきた。資本主義と商品やサービスに対する消費者の需要のこうした「解放」は、前述した指数関数的な二酸化炭素排出量の〝大いなる加速〟を増強し、「現行ビジネス」政策を通してもたらされる「経済成長」の論議の力への抵抗を困難にした。

消費主義または「消費者文化」の広がりは現代世界の鍵である。人びとは、エネルギー集約型の大工場、オフィス、商店、あるいは余暇の場所で他人が生産した、消費財やサービスの購入、使用、そして象徴資本の作成を通して自らの社会的アイデンティティを形成する。重要なのは、人びとの習慣的な購入およびこれらの商品やサービスの物質的および象徴的な利用、そして特に消費品目が比較的安定したブランドにまとめられることである〔Elliott, Urry 2010; クライン 二〇〇一〕。さらに、これらの消費財およびサービスが、人びとによって、特に自己の生産および再生産のために機能するようにされていることである。テレビ番組は、商品、サービス、住居、車、自己、人間関係、そして身体の「作り変え」を促す〔「再発明」についてはElliott 2013を参照〕。これらの形態の業務は、さまざまな種類の「実務」を含む消費財およびサービスとともに、またそれらを介して行なわれる。食事、スーパーマーケットでの買い物、毎日のシャワー、テニス、または休日の過ごし方といった社会的慣行が私たちの生活を組織し維持している。そうした慣行は継続的かつダイナミックであり、それらのなかで慣行とその実践者の両方がともに発達する。多くの場合、これらの慣行は、ドバイなどの特定の高エネルギー消費の場所に集積している。実際に、そのような多くの慣行の中心にあるのは、グローバルな消費者主義的秩序のなかでの主要なノード間の広範で急速な移動である。

4……脱成長

これらの堆積した経済的および社会的パターンに挑戦することは困難を極める。今世紀初頭には「気候変動」についての懸念が広がったが、高炭素排出主義を逆転させるに十分な効果を発揮できる政策はほとんどあらわれなかった〔このような「懸念」についてはBerners-Lee, Clark 2013; Dayrell, Urry 2015を参照〕。ドバイの物語は、金融化されたバブルが高炭素排出生活の広範かつ魅惑的なモデルの提示を通して、化石燃料の燃焼をいかに莫大に増加させるかを示している。

しかし、新しい資本主義の萌芽、統計と新自由主義または無秩序資本主義の両方を超えた新しい感情構造のようなものが立ち現われる可能性はある。シルバーとアリギは、「資源集約的な西側資本主義の展開モデルへの代替的な道筋」を主張し、これが達成されない場合は「長期のシステミックカオス」に陥るだろうと警告している〔Silver, Arrighi 2011: 68; 本書第2章参照〕。

この代替的な未来は脱成長としてますます知られるようになっている。それは地球規模での炭素集約度の大幅な低下を前提とした社会的慣行の展開と定着を意味する〔ラトゥーシュ 二〇一三〕。ここでの主なイノベーションは、化石燃料をほかのエネルギー形態に置き換えるのではなく、化石燃料エネルギーの「需要」を変えることである〔www.demand.ac.ukを参照〕。そのような将来の可能性は、環境保護主義者、科学者、NGO、そしてシンクタンクによる思考と実践の革新に依拠している。こうしたイノベーションの多くは「侵入型」であり、支配的な権力体系、特にカーボン資本主義の隙間と亀裂において発生している〔Wright 2010: 322; Kirby 2013を参照〕。

このような代替的な資本主義は、それ自体としては存在しない。それは、ほとんどありえない、あるいはありそうもない場所に世界中に点在する小さな島々の群島のようなものとしてある。ほとんどの社会で、表面上そのような島はいくつか存在するが、それぞれの島はほとんどつながっていない。これらの島々は、何万もの、グループ、ネットワーク、プロトタイプ、研究ラボ、科学者、大学、デザイナー、活動家によって形成されつつある、新たな「低炭素市民社会」を構成している〔Thackara 2015を参照〕。そして世界中に分散しているこれらのポスト炭素社会の慣行が、多くの場合アプリ経済を含む新しいデジタル世界を通じて、新たにつながり始めている。この低炭素な市民社会は、現在の炭素排出プロセスを制限し、さまざまなポスト炭素のための代替案を準備し、それらを試行する社会運動である。

この運動の中心にあるのは「自然資本主義」論である。自然資本主義論は、資本主義がそれが採用する最大の資本ストック、すなわち天然資源と生物システムの両方に価値を割り当てることができていないと批判している〔ホーケンほか 二〇〇一〕。二〇世紀の資本主義は、自然、特にそのエネルギー資源を使い尽くしてしまうコストを外部化してきた。したがって、「自然」にとっての実際のコストを無視して化石燃料を燃やし続けた。ＩＭＦが年間総額五・三兆ドルとも推定する化石燃料産業への「補助金」がこのような慣行のために使われてきたのである〔www.scientificamerican.com/article/fossil-fuel-subsidiescost-5-trillion-annually-and-worsen-pollution〕。

脱成長の概念の根底にあるのは、あらゆる形態の資本を評価する経済‐社会があるべきだという考えである。経済が経済的あるいは金融的な抽象化ではなく自然を中心に構成されているとしたらどうだろうか。だが実際は自然は経済と別のものとはみなされず、短期的な利益最大化による変革に利用できるとされてきた〔Urry 2011〕。

脱成長では、地域、国および国際の各レベルにおいて国家は長期的に資源を保有することになる。これには、「国家の保証」、そして適切で公正な税収が必要である。将来世代は現在世代と同じくらい重要であるとみなされ、少なくとも数十年間にわたって将来は割り引かれない。

そのような全体的な資源があれば、エネルギーは卓越したものとみなされ、短期的な最大化が政策の中心的な根拠となることはけっしてないだろう。財政は、特に先物に対する投機ではなく、効用に基づいて行なわれる。そして規制は、その資源、エネルギー、排出量について長期的な見方をする国家にとって中心的なものとなるだろう。

われわれは、市場の失敗、「資源」の失敗、そして世界的な危機が発生するリスクがあることを重々承知している。危機に対処するために国家や国家規模の組織は適切な規模のグローバルな対応を発動しなければならなくなるという意味で危機は重大である。さらに、危機への解決策は、経済的であるのと同じくらい社会的である。それは、マネー経済と同様に実態経済が、そして短期利益と同様に長期投資の最大化が重要ということである。金融市場には臨界点《ティッピング・ポイント》があることを鑑みれば、地球の気候や石油価格といった、ほかのものにも臨界点《ティッピング・ポイント》があるのである。

では、脱成長とは何だろうか。第一に、それは良い社会的相互作用、幸福、そして低炭素生活といった多くの「隠された富」を生み出し、保護することを意味する。こうした形態の隠された富は、経済の成長や衰退を記録する通常の尺度、すなわちGDPでは効果的に捉えられない〔ゴア 二〇一四、Halpern 2010; Rifkin 2009: 548-9〕。一九三七年に開発されたGDPという尺度は、ある経済における測定可能な市場取引の合計を定量化したものである。GDP尺度の大きな問題は、個々に測定しているものがたとえ個人――特に環境――の福利に貢献しない場合でもGDPは増加することがあるということである。GDPには、ギャンブル、売春、違法薬物に関連する市場取引までもが含まれているのだ！　GDPの測定に関するこのような問題を受けて、住みやすい社会を構成するものを測定できる代替的な評価方法を開発する努力がなされてきた。その好例は、ニューエコノミクス財団による地球幸福度指標である。この指標では、主観的幸福感、長寿命、エコロジカル・フットプリント〔人類が地球に与えている負荷の大きさを足跡にたとえて測る指標〕の小ささなどの基準に基づいて、コスタリカが一位と評価されている〔www.happyplatindex.org/data;「良い人生」については www.youtube.com/watch?v=oGab38pKscw のビデオを参照〕。

格差の大きい不平等な社会は、これらの代替測定システムでは低評価を受ける。不平等が大きい場合、「不要な」製品や、航空機で移動する無意味な会議、自宅で過ごすのと代わり映えしない娯楽しか提供できない海外旅行、過剰に空調された建物内の温度など、多くの余分な商品やサービスが事実上「無駄」となるのである〔Offner 2006; Shove, Chappells, Lutzenhiser 2009〕。さらに、これらの目に見える商品やサービスは、それにアクセスできない人びとの憤りを生み出す可能性があり、全員の気分を害し、幸福感を低めてしまう可能性もある。多くの人が手に入れることができない商品やサービスが増えることは、社会の幸福感を下げるのである。多いほど生み出すものが少ない、つまり、少ないものが大きな幸福を生み出すことができるのである〔Sayer 2015; ウィルキンソン／ピケット 二〇一〇〕。

そして、稀な状況ではあるが、そのようなパワーダウンがどのようにして達成されるかについての興味深い例がある。戦時中、「みんな」が同じ船に乗っているとみなされるとき、不平等は減少し、逆説的に、幸福が高まることがあるというものである。例えば、第二次世界大戦中、英国は余暇のための運転をほぼ中止し、米国では公共交通機関の利用が倍増した。連合国のほとんどで自転車とカーシェアリングが著しく増加し、米国では生野菜の五分の二が米国の「勝利の庭」で作られた。リサイクルと修繕が重宝され、米国の自動車産業は一夜にして戦車と軽自動車の生産者となり、個人主義の自動車文化を象徴するような車の生産は減少した〔クライン 二〇一七〕。しかし、第二次世界大戦後にエネルギーの使用と消費のプロセスがより大規模に組織化されるようになるにつれて、〝大いなる加速〟を通じて社会集団間でより大きな関心の分裂が生じた。クラインは、将来的には、「消費水準が一九八〇年代におかしくなる前の、一九七〇年代と同じようなライフスタイルに戻る必要があるだろう」と主張している〔Klein 2014: 90〕。確かに一九八〇年代以前には、ほとんどの人が完璧な良い生活水準にあった――実際、北半球の豊かな社会の多くでは、不平等は低く、幸福度が高かった――ように思われた〔Piketty 2014〕。

トランジション・タウン〔第6章一四三頁を参照のこと〕プログラムは、「トランジション・コンパニオン」などが説明しているように、町や都市での「エネルギー降下」に必要な段階を文書化している。トランジション運動の「創設者」であるロブ・ホプキンスによれば、そのようなイノベーションはウィルス性のように周囲に拡がる性質があり、オープンソース、自己組織化、反復的で楽しいものである〔Hopkins 2011; www.social-life.co〕。トットネスという町で始まったトランジション・タウン／都市運動は今や世界的な運動に成長している〔https:// www.transitionnetwork.org/initiative/map を参照〕。脱成長は「トランジション」の概念を一般化したものであり、厳密なゾーニングがなく分散しているトランジッション・タウンからなる小規模な近隣地域・都市システムである。したがって、パワーダウンは、物理的および社会的エンジニアリングの双方の観点から場所を再設計することを意味する。これは、より高密度の暮らしを育み、スローな移動手段の利用を可能とし、そしてより小規模でよりささやかな生活実践への移行を促すだろう〔低予算での都市再編の例としては、*Ephemera* 15, 2015 を参照〕。

また、風力、太陽光、水力といった分散型エネルギー源の大幅な増加も必要である。これは、エネルギーが、利益をオフショアリングしてしまう企業によってではなく、地域政府が所有、あるいは少なくとも規制できる場合に可能性が高まる〔クライン 二〇一七〕。イリッチは、一九七〇年代に「エネルギー使用の上限を設定しない限り、高いレベルの衡平性に象徴される社会的関係の実現は不可能である」と主張した〔イリッチ 一九七九〕。

これには、家族構成の変化によって引っ越してしまうような人、またあるいは遠隔地に住んでいてほとんど訪問してこない人ではなく、定常的に近所に住んでいる友人たちとの社会的慣行の「地域化」が重要になる。家族は近くに住むことが多くなるだろう。前述のように、人びとが地域に対して行なう貢献に基づいて地域は再編成される必要がある。社会における「成功」の性質を再構成することは、「地域生活」における達成の強調を意味する〔Peters, Fudge, Jackson 2010; Urry 2013a〕。「収入」ではなく「繁栄のための能力」を高める方向に、システム全体にわたって多くの変革が必要になるだろう〔ジャクソン 二〇一二〕。

脱成長は、社会的慣行をより小規模で可能にする場所を設計することである。

道路はもはや自動車だけのものではなくなる〔Reid 2015〕。「中央繁栄」型モデルに基づく都市は衰退するであろう〔Ross 2014〕。分散型の都市では、多くの商品やサービスが近くで生産、消費、そして特に修理されるだろう。そこでは人、物、商品、そしてマネーの移動距離が減少するはずである。卸売市場やその他の地元の小規模ビジネスといった経済拠点のエンパワーメントと再配置は、経済に対する地元の所有権を高め、現地の資源やサービスへのより公平なアクセスを提供する。

ジョン・タッカラの著作『新しい経済で繁栄するには』は、地元の、小規模で、地域所有型のプロトタイプ、モデル、および模範例を多数記述している。それらの例では、タッカラが「社会的エネルギー」と呼んでいるものを解放することでそれを可能にしている〔Thackara 2015: 76〕。それらには、「土地利用」から「土地管理」への移行、「水に配慮した都市デザイン」の展開、米国におけるサバービアニズム〔大都市郊外地に特徴的な生活様式、風俗〕再考の動き、都市の再自然化、都市農業、共同流通システム、都市への自動車乗り入れ禁止の動き、車より五〇倍も安いeバイクの普及など、全般的に前世代から受け継いだ共有資源のより推敲された管理に依るものが多い〔Thackara 2015: 146〕。ボゴタ、コペンハーゲン、クリティバ、デルフト、フライブルク、トットネス、バンクーバー、ベクシェーなど、前章で述べた「住みやすい都市」のシナリオなど、社会的慣行が縮小化されローカライズされている例はほかにもたくさんある。ベクシェーは、二〇二〇年までに「スウェーデンをオイルフリー社会にする」というユートピア的な計画を展開している。そしてすでに、ライフスタイル、快適性または成長を犠牲にすることなくそれを達成できる道の半ばまで到達している。

これらの取組みによる排出削減の意義を評価するのは困難である。なぜなら多くの展開がまだ普及していないプロトタイプで構成されているからである。しかし、EUは、二〇一三年から二〇一四年にかけて二酸化炭素排出量にわずかな減少が見られ、それが容赦なく増加し続けることはないという見解を示している〔www.exeter.ac.uk/news/research/title_412769_ja.html〕。これはグッドオールによる英国の資源消費量の長期的な減少傾向と一致している。グッドオールは英国における資源消費量は二〇〇一年から二〇〇三年頃にピークに達し、それ以降は一人当たり絶対量も減少している主張している〔Goodall 2011; D. Clark 2011〕。驚くべきことに、この資源消費率の低下は、二〇〇七年から二〇〇八年の経済的および金融的危機以前に始まっている。この期間の中国への二酸化炭素排出量のオフショアリングを鑑みると、この種のデータの解釈は簡単ではないが、ここでの重要な点は、「西洋諸国の経済」と二酸化炭素排出量の関係が異なりうる、すなわちある程度の脱成長は可能だということである。

ジョージ・モンビオットは、この資源消費量のピークは、部分的にでも環境キャンペーンの効果ではないかと推測している〔www.monbiot.com/2011/11/03/peak-stuff〕。ＮＧＯ活動、環境ジャーナリズム、政府のキャンペーン、持続可能性の言説の発展、地方自治体のリサイクルなど、数え切れないほどの小さな動きの積み上げ効果が、炭素強度に変化をもたらした。特定の国々における排出量の削減は、少なくとも低炭素な市民社会の誕生を反映していると言えるだろう。だとすれば、そうした効果は、それらの低炭素な市民社会の統合によって、脱成長な未来を発展させる可能性にとってもたいへん意義深い。

５……気候の未来像

私はここに、これから起こりうる四つの気候の未来像を提示したい。いずれの場合も、将来を支えることになろう「社会基盤」には検討が必要である。最初の未来は、「現行ビジネス」である。多くの正統派コメンテーターによって分析され、提唱されている〔Center for Alternative Technology 2013; クライン 二〇一七の批評を参照〕。この未来では、「経済成長」という目標がほかのいかなる目的にも優先される。国家政策の目的は、ＧＤＰを増加させ、より多くの商品やサービスの提供体制を確保することである〔Berners-Lee

2010を参照〕。それらが必要であるかは問われず、そしてまた、それらのカーボンフットプリントが考慮されることもない。

この未来では、気候変動の回避は、経済的および公共政策の補助的な目的に過ぎず、それは経済成長が保証された後に実行されるものである。気候変動についてどんなレトリックを使ってでも、ほとんどの国ではこの「経済成長優先」モデルを採用する。なぜなら大半の企業がこのモデルに対するロビー活動を展開し、それが「自然」であるかのように見せる努力を惜しまないからである。社会の選挙制度が、政権が再選されるためには短期的な経済成長を確実にしなければならないという圧力を加え、対する野党もまず経済成長を約束しなければならなくする。

さらに、この経済成長の第一モデルは、多くの場合、異なる省庁の内部構造的な問題でもある。英国では最近のあるニュース記事が「成長に取り憑かれた財務省が、いかに気候対策を冷遇しているか」〔Jowit 2015〕と見出しにしている。各国は低炭素な市民社会の緑の芽ぐらいは許容するするかもしれない。だとすれば、EUと米国のあいだで交渉が進められており、この経済成長モデルをさらに優先させることになる大西洋横断貿易投資のパートナーシップにとって非常に重要な意味を持つ。これは実に、ほかの省庁の目標に反するとしても、財務省の見解が英国の意思決定を支配しているとケインズが言ったことそのものである。規制緩和された経済成長は世界の多くの政府の政策の主目的であり、それに抵触することは許されないのである。

この「経済成長優先」の政策は、多くの気候科学者が恐ろしい未来がくることを知っているにもかかわらず、それに対して何も打つ手がない、いわば「カサンドラ症候群」の状態にあることを意味する〔本書第1章を参照〕。ラブロックやハンセンのような一流の科学者たちは、彼らが気候の未来を知っていて、何が起ころうとしているかについて人びとに警告したとしても、ほとんどの人びとは行動を変えないと確信している。そして必然的に気候変動の大惨事が起こるのである〔ラブロックについては、http://richardfalk.

wordpress.com/tag /james-lovelock を参照〕。そのような気候の大惨事という経路から人間をそらすことができないという悲劇は『こうして、世界は終わる』〔オレスケス／コンウェイ 二〇一五〕で詳しく述べられている。

二番目の未来は、脱成長である。私は、すでに膨大な数の実験と活動家によって起こされつつある「低炭素市民社会」について言及してきた。こうした市民社会は、無知と不確実性の文脈のなかで、何がうまくいくのかについて備えることを助けてくれる。ここでの重大な問題は、このような「低炭素市民社会」が社会を世界規模でパワーダウンさせるのに十分な新しい慣行、習慣および商品とサービスを生み出すことができるかどうか、そしてそれが炭素、金融、そしてデジタル資本といった強力な競合勢力をオフセットできるかどうかという点である。

脱成長の可能性は、Ｅ・Ｐ・トムスンの『イングランド労働者階級の形成』〔トムスン 二〇〇三〕の歴史的分析と似ている。トムスンは、一九世紀に新しく形成された労働者階級がそれ自体をいかに形作っていったかを示している。トムスンにとって、労働者階級の誕生は根本的に歴史的なものであり、時間の経過とともにその形成と変容にそれ自体が関わっていた。そして労働者階級を自己形成していくなかで英国の社会を再構築した。低炭素な市民社会についても同様に考えることができる。この市民社会が自らの未来を変えるなかでそれ自身を作り、そして牽引力を増すにつれて、それは事実上、英国の労働者階級がその形成過程を通して一九世紀の英国を再構築したように、世界中の社会を作り変えるようになるだろう。

しかし、これは気候変動の結果として明確に枠組みされている大規模な大惨事下でしか起こりえないかもしれない。ある経験的研究によると、人びととの気候変動に対する懸念は、自分の地域において異常気象による天候事象を直接経験した人の方が高いという〔Spence, Poortinga, Butler, Pidgeon 2011〕。それに従うと、多くの勢力が一体となってパワーダウンという世界的な戦略を推進し、そして最終的に実行するようになるだろう。同時に、ほかの勢力は、「現状のまま」の事業運営を続けることは不可能になる。なぜなら、そのような政策がそもそも気候変動による大惨事を世界にもたらしたのであって、地域における複数の証拠がその因果関係を明らかにするからである。

三番目の未来は、経済成長に焦点を合わせつつ、エコロジー的近代化という異なるルートを展開する。その主張は、特に再生可能エネルギー、新たな輸送、そして新しいリサイクル技術を中心に、一連の環境技術の開発と実施を通じて、大がかりで新たな経済成長期がもたらされるというものである〔Mol, Sonnenfeld, Spaargaren 2009〕。これには、そのようなエコロジー的なイノベーションに焦点を当てた構造的変化が必要となる。このエコロジカル近代化の支持者たちは、こうしたイノベーションが世界的な牽引力を獲得することを促進あるいは妨げるプロセスについて検討している。

「エコロジー的近代化」擁護論者は、ときに二〇世紀初頭のロシアの経済学者コンドラチエフとその信奉者の主張を用いる〔www.globalresearch.ca/nikolai-kondratiev-s-long-wave-themirror-of-the-global-economic-crisis/11161〕。彼らは、資本主義で起こった、蒸気機関、テキスタイル、鉄道、化学および電気エンジニアリング、自動車システム、そしてインターネットおよびデジタル技術の台頭などの一連の技術的ブームを検証した。これらの技術は、それぞれが、まず繁栄に向かう長期的なブームがあり、続いて転換点を経験し、そしてついには危機を経験してきた。全般的に、こうした波はおよそ六〇年にわたっている。一部のエコノミストは、われわれは現在、バイオテクノロジー、ナノテクノロジー、そして健康と組み合わさったエコイノベーションの分類に基づいた「第六のコンドラチエフ循環」の最前線にいると主張する。確かに、現在イノベーションの波は起こっている。しかしすでに見てきたように、これらの技術革新がカーボン資本の力と化石燃料への依存に取って代わるには、巨大なまでのブレイクスルーが必要となる。

最後の未来は、明らかに気候変動によって社会を超えて「引き起こされる」と見られる、大規模な一連の破滅的な出来事の結果として導き出されるものである。結果として、多くの政府と企業が集結し、未来のジオエンジニアリング〔気候工学〕の計画を実行するのである。このような世界的な社会実験は、化石燃料の火を燃やし続けるための唯一の道とみなすことができるかもしれない。それは、新自由主義が主張するように、「けっして危機を無駄にしない」ために行なわれるものである〔クライン二〇一一、二〇一七〕。

そのようなジオエンジニアリングの主な一例が、太陽放射管理（SRM）である。SRMは世界中で膨大な財政的、組織的、そして科学的な協力を必要とする〔www.srmgi.org〕。この地球的な技術的修復開発のために巨大な関心が動員されるだろう。「計画B」と言われるそのようなジオエンジニアリングは、民主主義的政治を切り札とし、国内プロセスを迂回するグローバル主義者の想像に依拠している、ファウスト的な取引である。スツァーズツィンスキーらは、SRMのような介入は新しい勝者と敗者を含む新しい気候構造を生み出し、正義と再分配の複雑な問題を生み出すであろうと主張している〔Szerszynski 2013〕。さらに、気候現象に固有の不確定性は、原因と結果の帰属、および責任と説明責任を解決することが不可能であることを意味する。したがって、この種の「世界的な社会実験」は、ほぼ確実に、まったく新しい規模の地政学的対立、すなわちステンジャーズが「野蛮」と「野蛮」のあいだの選択と呼ぶ状況を生み出すだろう〔Stengers 2015〕。

このように、われわれは気候の未来に関連した、多くの構想に難しい問題が潜んでいるのを見てきた。これらの問題には、厄介な問題、まだ発生していない出来事やプロセスに左右される将来、「人間」種の本質における変化の可能性、そして成長の論理を逆転させるという大きな問題が含まれる。これらは、気候変動が実際に「すべてを変える」ことを示している〔クライン二〇一七、Stengers 2015も参照〕。

結章　〈未来像〉の未来

The Future of Futures

アダムとグローブスは、未来に関する興味深い本を著わしているが、それを「二一世紀の未来エキスパートを募集中」という嘆願で締め括っている〔Adam and Gloves 2007: 191〕。本書はこの挑戦を受け止めて、未来、とりわけ社会的未来像に関する専門的知識を詳しく説明している。しかし多くの点で、こうした専門的知識を動員するのが簡単でないことがわかった。世界銀行のチーフエコノミストであるカウシック・バスーは、次のように要約している。

非常に長期にわたる予測は、危険な活動である。なぜなら、生活が不確かで予測できなければ、未知の道に侵入し、押し曲げるのに多大な時間を要するからである。他方、根拠と現実に根差す政策を作り上げるためには、手元にある適切な情報・統計・モデルを用いて、未来に目を凝らしてみる必要がある〔http://econ.worldbank.org/WBSITE/EXTERNAL/EXTDEC/EXTDECPROSPECTS/0,contentMDK:23413150~pagePK:64165401~piPK:64165026~theSitePK:476883,00.html〕。

本書は、こうしたパラドックスの探究にかかわってきた。世界に働きかけ、政策を展開するために、ここでは未来に目を凝らさなければならない――それ以外には選択肢はない。ジョン・F・ケネディが未来を見誤ってはならないと主張したことについては前述した。会社（企業）、環境団体、政府機関、軍組織などが、そのことの重要性に疑いを持つことはもはやありえない。しかし未来がどうなるかを予測することは、危険であり確信も持てない。多くの既知の未知と未知の未知がある。さらに意図したものであれ、意図せざるものであれ、多くの結果が見られる。われわれは最善を尽くさなければならないが、最悪で確信を持てない未来、すなわちわれわれが望み予想したものと正反対ものに放り出されることもあろう。

ここで明らかにしたのは、未来を考えることは、いろいろな種類の社会的未来像を想到すること、すなわち未来を多様な社会諸制度、実践、移動の分析に埋め込まねばならないということである。ここではまた、未来を予測することは、別の予測もありうること、結果は必ずしも決まりきったものではないこと、さらに未来は必然的なものではないことを、人びとにわかるように理解させることでもあるとした〔Tutton 2016; ワトソン 二〇一一 を参照〕。

特に第Ⅰ部では、過去に展開されてきた多くの未来予測がどの程度の射程を有するのかを資料で明らかにした。そして未来思考に関する主だった用語をいくつか作りあげた。著述や政策介入、映画や文学の思考において見られる最近の動向で特に重要なのは、今世紀になって広く行きわたった言説である「新しい天変地異説」である。そこで見られる分析は、ひょっとしたら「社会の崩壊」をもたらすかもしれないという、今まさに議論されている未来の世界において、多くの意図せざる、厄介な最悪の問題がどのようにして起きているかを明らかにしている。

本書で展開されている重要な考えは、議論はされているものの、漠としていてよくわからない社会的未来像に関する多様な分析に対して、「複雑系」思考がどのような含意を有するかを検証するというものであった〔関連する分析として、ESPAS 2015 を参照〕。ここで言う複雑系思考は第Ⅱ部で述べられており、それは不安定で複雑で、相互に依存している、適応性のあるシステムからなる未来を検討するために用いられている。強力な物質的で社会的なシステムが時空を超えて広がり、遠く離れた未来へとロックインされるということはよくある。ところがこうした強力なシステムはもろくもあり、イノベーション、予測不可能性、逆転可能性といった特徴をおびることもある。未来は相互依存と多様な「原因」と「結果」を持つ厄介な問題とをカスケード状に接続する。ある問題を解決しようとすればしばしばほかの問題が立ち現われる。かりに解決があるとすれば、それは論点をどのように組み立てるかにかかっている。多くの問題は解決されず、再び起こる。しかしその場合、さまざまな場所でさまざまな形で起こる。「問題」を解決するのに必要な資源は、徐々に変化する可能性を持っている。そして多くの問題はそれじたいとしては解決されなくても、さまざな形や姿で再び起こり、繰り返されるのである。

こうして第Ⅲ部では、前述のシステム思考を展開しながら、三つの実質的な問題領域を問いただした。その問題領域とは、グローバルな製造と輸送に及ぼす３Ｄ印刷の意味、都市的移動の性質とポストカー・システムの可能性、多様な高炭素排出システムと社会組成的〔統一的な全体性（totality）としての社会に関する、という意味〕な脱成長の可能性、である。もちろんこれ以外にも、製造、都市、気候変動を越えて重要な意味を持つ未来もある。これには、商品の非物質化〔音楽に関してはアタリ 二〇一二、二〇〇八〕の未来の道筋、グローバルな不平等〔Piketty 2014〕、多中心的な権力システムを持つ「西洋」の未来〔モリス 二〇一四〕、中国の台頭〔ジェイクス 二〇一四〕、ＥＵの軌道〔ESPAS 2015〕、暴力の未来〔Walby 2009〕、世界的な宗教の分岐する未来〔www.pewforum.org/2015/04/02/religious-projections-2010-2050/〕、種としての人類の未来が含まれている〔こうした多様な未来はランカスターの新たに設立された社会未来研究所のアジェンダ設定と大まかに重なっている。www.lancaster.ac.uk/social-futures〕。

ここでは多様な未来像の探求を通して、未来像とそうした未来を形成し、場合によっては未来を「手に入れる」ことさえある社会的アクターの権力とが解けがたく結びついていることを明らかにした。未来を手にしない人びと、場所、組織は、物理的もしくは暗喩的に（高速道路の）低速車線へと押しやられる〔Srnicek, Williams 2015〕。コンピュータを介して立ち現われている、技術的権力の強化がどんなに幾何級数的な未来の変化を促しているかについても述べた。特に未来の金融化はかつてないほど早くあらわれているように見える。思考のスピードを超える勢いであらわれている活動は、人間の「心」でつかまえることはできないが、ガバナンスとレジリエンスの問題を提起する金融の動きをもたらしている。

全体として、未来は多様な関心の下に論議され、飽和状態になっていると言える。世代間で異なった未来像を描き、相対立する「利害」の主張がなされているが、昨今の世代は一つの社会に足をおろして、通常、自分たちのビジョンが最も有力なものであるということを、特に自分たちの未来に反対する人びとを「ラッダイト」とみなすことによって確証する。進歩を妨げる立場に立つと、社会的諸勢力を組織して何らかの新しい政策とか技術とか改革などに反対する抵抗をもたらすということはどうも不可能であるようだ。

実際、本書で見てきたように、「強大な未来像」は、一つの社会の全構成員間の利害の共有よりも、むしろまったくと言っていいほど私的な利害によって「専有」されている。いくつかの未来像はそれらを生み出し、パフォーマティヴなものにさせる現代社会のなかに埋め込まれている。アクターは一つの未来を遂行するかつくり出すことを求める。そしてそれは、自己成就的予言として実現されうる。未来をじっくり考えることによって、権力が不平等な未来形成の大きな一つの要因になっているというような、たいていの社会科学では明言されてこなかったことがわかるようになる。

こうして本書は、社会科学に対しても進歩的な諸勢力に対しても、未来研究の領域を切り拓くことを要求する。そのねらいは未来を社会科学の「主流に組み込む」ことにある。というのも、未来は極めて重要であるため、国家や企業や技術者の自由なままにしておくことができないからである。「社会運動、制度、実践、生活」の分析の中心となっているのは、未来の可能性を検討することであり、未来についての関連する思想や方法を展開することである。さらに、未来観は重大な影響を及ぼす。ここでのねらいは、特にほかのところで広く行きわたっている経済主義的もしくは技術主義的な未来と対比させて、「社会的未来像」の分析を進めることにあった。

本書はまた、未来にはさまざまなものがあって、いろいろな時間体制と関連していることを見てきた。ある社会科学の分野では、未来がどんなに多様な過去から不確かな未来へと広がっていくエネルギーや経済、社会、文化過程に埋め込まれているかについて、全体をあげて論争している。未来は現在起こっていることから単純に予測できるものではないし、すらすらと推定できるものでもない。ただ充たされるのを待っている空の未来といったものはない。

一つの含意を示すとすれば、未来を知るには、さまざまな過去があること、そしてそれらにはシステム依存的な通り道があるのを知ることが不可欠であるということである。前述したように、マルクスは死んだ世代の伝統が生きている人びとの心に悪夢のように重くのしかかっている、と論じている。革命的な変化が起きているときでさえ、過去の精神が持ち込まれるのである。こうして未来はけっして全面的に開かれているわけではない。しかし、一九七〇年頃に世界の各地で見られたように、賽がいまだなげられていないような場合には、大きく開かれるときもある。

特に、アーサーが「ニューテクノロジー」を導入する場合に明らかにしているように、通常イノベーションは、部分的ではあれ、過去の諸要素の予期せざる組み合わせをもたらす。そうしたシステムは「進行中」であり、そこで見られる組織化や結果は、あらかじめ決定されているものではない。本書では、予期できない事態が一つには、同期化が偶然にほかの要素といっしょになって起こり、新しいシステムを生み出すように、技術があちこちに動き、意図した結果だけでなく意図せざる結果ももたらすことによって生じることを明らかにした。

本書でまた明らかにしたことは、さまざまな未来を、起こりそうな未来、起こりうる未来、好ましい未来に区別する必要があるという点である。ここでわかったことは、結局のところ好ましい未来が最も起こりそうでないということである。ある特定の未来が好まれるというのは、それが最も現われそうな未来であるということを何ら保障するものではない。未来が予定されていたものや想像されていたものとは正反対のものになるということはよくある。本書ではいろいろな事例を取り上げて、いったん魔人がボトルの外に出てしまうと、それが元にもどることはありえず、好ましくない未来へと発展していく経路依存パターンが用意されてしまう可能性があることを見てきた。

ここではまた、未来予測には種々の方法があることをみた。そして人間活動の諸領域を越えて、未来を予想し、視覚化し、想像し、詳述し、文書で説明しようとする多くの試みを検討した。その結果明らかになったのは、権力の歴史とそこに埋め込まれた諸関係に過重のウエイトが置かれ、それが未来制作の可能性に強い影響を及ぼしているという点である。さまざまな未来観も検討の対象になった。そこで特に重要になったのは、事物は多様であることを明らかにし、どのようにすればはからずも望ましいユートピアに向かうか、を示すようなユートピアを展開することであった。とりわけ本書で検討したのは、カーフリー都市というユートピア、さらにパワーダウンして低炭素世界がやってくるというユートピアを実現するための条件である。

結局、未来を考えることは、新しい枠組みの下で未来の計画を呼び戻す一つの方法なのである。争点となっているものが今やあまりにも大きくて、厄介なものになっているので、個人、地域コミュニティ、企業、国家、国際的組織は未来像を調整しなければならなくなっている。すでに見たように、市場は最もひどい未来の「失敗」を引き起こしかねないゆえに、こうした調整をやるしかないように思われる。しかし計画に関する論議は、戦後、すなわち社会民主主義の時期に、少なくとも中央政府から出てきたものである。そこで言われる計画という考え方は、左翼陣営からも右翼陣営からも批判されてきた。

しかし社会生活の多く場面で見られる長期にわたる諸過程を考慮に入れると、未来の予測は絶対に欠かせない。そして未来の思考をいったん始めると、公共体はその過程において中心となる。実際、公共体が未来の制作過程において重要なコーディネーターとなることはよくある。したがってここでは、特に技術的な未来像だけでなく、社会的な未来像にも焦点を据える場合、未来を考えることは、国家と市民社会を孤立無援の状態から戻す主要な方法になると言っておこう。

社会的未来は、自律的な市場も技術の内生的な発展も問題にする。未来を考えることによって、多くの関連のあるアクターが未来の展開過程において中心的存在として関与する者であると正式に認めることになる。したがって社会的未来を考えることによって、グローバルな変動、たちの悪い問題、市場の限界、未知の未知などのあいだで生じる、市民社会の時代ならではの何らかの調整が見えてくる。考えることと実践は、程度の差はあっても避けることができないものとみなされている市場、最小国家［市民を暴力・窃盗・詐欺から保護し、契約を執行することだけを任務とする国家］、新しい技術を越えて展開されていくに違いない。計画的な未来は起こらないかもしれないが、調整的な未来は町で最高のものになるかもしれない。これには、本書で展開したような社会的未来像の思考を結集することが求められる。重要な論点となるのは、「民主主義的」な未来思考の展開と実践がどのような有効な方式で立ち現われ、埋め込まれるようになるかという点である。

社会にとって未来はとてつもなく重要である。社会科学にとって、さらに社会的アクターにとって未来研究の領域を切り拓くことは非常に重要である。なぜなら、たいていの理論や調査研究はそれと関連があるからだ。本書では、未来を「主流に組み入れ」、「民主化する」ことを試みた。未来観は強力な影響を及ぼす。そのため、複雑系思考に基づく社会科学は、内からのやり方で社会的未来を解きほぐし、議論し、述べる場に居合わせなければならない。未来世界は曖昧模糊としているかもしれないが、参入し、問いただし、希望を抱いて作り変えなければならない。そのことによって、今世紀の社会生活に関する極めて重大な分析に対して、一つの道標を示すことになるであろう。

[日本語版解説]

アーリをどう読み、継承していくか

吉原直樹

1……アーリへのまなざし

本書『〈未来像〉の未来』は、ジョン・アーリの遺著である。

周知のように、アーリは、*Sociology beyond Societies*（邦訳名『社会を越える社会学』）および *Mobilities*（邦訳名『モビリティーズ』）において、モビリティを社会学、いや広く社会科学において〈議事日程《アジェンダ》〉に上らせた社会理論家である。文字通り、モビリティーズ・スタディーズの第一人者である。しかし斯界から離れた世界では、つい最近までそれほど卓抜した存在であるとは言えなかった。アーリのモビリティーズ・パラダイムが広く社会科学の世界を超えて受容され、着実に根を張りつつようになったのは、*Mobilities* 以降、本書が立ち現われるまでに刊行された一連の著作においてである。たとえば、*Climate Change and Society, Societies beyond Oil, Offshoring* などは、これまでアーリを知らなかった多くの読者を獲得した。そして、それらが取り上げているテーマが人びとの社会生活を根本から変えているグローバル化のありようを直接・間接に問い込むものとしてあり、結果的にグローバルなフローとの関連でモビリティの枠組みで捉えかえす必要があることを、彼ら／彼女らが認識するようになったのである。こうしてグローバル化が世界を席捲する今、アーリはそうした認識の原拠を示してくれる人として最も注目される社会理論家の一人となっているのである。言うまでもなく、こうした動きは社会科学の世界で確実に広がっているモビリティに着目する動きに厚みを加えている。

本書は、こうしたまなざしの深まりに促されて立ち現われたアーリの最晩年の作品である。その基本的なモチーフとアイデアは *Mobilities* において示されている。ちなみに、*Mobilities* では、それ以前においてすでに展開されている「非線形的な思考」と「創発」という概念を柱にして、方法としての旅とか自動車移動などを援用しながら、モビリティーズ・スタディーズの道筋と領野を示すことが目論まれている。そうした点で、*Mobilities* の核心をなす部分はその前史のところであらかた論じられている。別の言い方をすると、前史のところで述べられたことが *Mobilities* において開花し、そこで浮き彫りになった問題構制《プロブレマチック》がその後具体的なテーマに即して開示され、本書において全面展開を遂げているとも言えよう。そこで、本書への導きの糸として、まずは *Mobilities* の前史にあたる部分を理論内在的に追い上げ、そこから立ち現われる種々の理論動向と *Mobilities* との接合地平、そしてそれが本書へと組み入れられる理論地平をあきらかにすることにしよう（なお、ここでは、以下の叙述において *Mobilities* の巻末の日本語版解説「アーリの社会理論を読み解くために――あとがきにかえて」を部分的に再構成して用いていることをあらかじめお断りしておきたい）。

2……市民社会論者としてのアーリの理論地平

ジョン・アーリは通俗的には、観光もしくはツーリズムの論者とされることが多い。実際、近年、「観光の社会学」とか「ツーリズムの社会学」などと銘打った書物が立て続けに刊行されているが、たいてい、

The Tourist of Gaze（邦訳名『観光のまなざし』）とともにアーリが取り上げられている。またスコット・ラッシュとの共著 *The End of Organized Capitalism* の刊行以降、ポストモダン論者の一人として言及されることが多くなっている。しかしそういった場合、ややすればモビリティーズ・パラダイムとの関連が等閑視されがちである。こうした動きはアーリーの社会理論の全体像を捉える場合には、きわめて不適切である。

まず最初に確認しなければならないのは、アーリはもともと資本主義論者・市民社会論者として出発していることである。ちなみに、一九八一年に刊行された *The Anatomy of Capitalist Societies: the economy, civil society and the state*（邦訳名『経済・市民社会・国家』）では、資本主義における主体形成のありように焦点が据えられている。すなわち、資本主義における主体形成において、一方で生産の社会的諸関係と国家のありよう、他方でそうしたものに直接規定／同定されない、ジェンダー、人種、民族、世代、居住地などの社会的なクラスターを介して立ち現われる行為者間の相互作用とそれにともなう諸個人の社会的経験の重要性に目が向けられているのである。ここで重要なのは、諸個人を「国民」と「階級」に一元化しないで、むしろ諸個人の社会的経験や社会認識を通して資本主義を「解剖」していることである。こうしたスタンスは、今日に至るまで、彼の全著作を貫くキーノートをなしている。たとえば、*The Tourist of Gaze* および *Consuming Places*（邦訳名『場所を消費する』）を通底する「視覚的消費」という概念を見ると、たしかに伝統的な社会諸関係を相対化し、資本と「対峙」することによって場所性の回復をになうポストモダン的な主体の形成に目が向けられている。同時に、（視覚的消費を通して）資本の蓄積と循環のための新たな機会を創り出していることにも目配りされている。

だが、アーリ自身、*Global Complexity*（邦訳名『グローバルな複雑性』）の「はしがき」において認めているように、議論があまりにも振幅が大きかったために、以上の点が正当に評価されてこなかった憾みがある。むしろ、この振幅の大きさに着目して、さまざまな論者、とりわけ起点としての市民社会論者としてのアーリの立ち位置、つまり資本主義社会の「構造分析」に力点を置く社会学者の立場を重視する者のあいだから、むしろ理論的に後退しているのではないかという声が聞こえてくることになった。しかしアーリのそのときどきの振幅の大きい議論は、グローバル化に照準して資本主義社会認識と市民社会認識を深める上で、ある意味で避けて通れなかったのである。その議論の航跡を少し遡ってみると、まず先の *The End of Organized Capitalism* において、アーリらが「脱組織化」と呼ぶものが資本主義社会の構造的変動／転態とかかわって取りあげられた。そして *Economies of Signs and Space* において、そうした脱組織化と共振／共進しながら立ち現われた、ローカルをベースとしつつ、グローバルに広がるヒト・モノ・コトのフローとボーダレスなつながりに目が向けられた。こうして「ナショナルで社会組成的な組織化からグローバルな脱組織化へ」の移行とともに、グローバルなフローに底礎する動的な記号経済の進展が視界におさめられるようになったのである。それらは人びとのさまざまなスケープと文化変容を帯同し、ある意味社会形態的な様相を深めればこそ、ポストモダン現象として捉えかえされることになった。しかし、そこには資本主義の組織化原理（の変遷→脱組織化資本主義）へのゆるぎないまなざしが息づいていたのである。

3……「空間論的転回」／「移動論的転回」のなかで

とはいえ、アーリの市民社会認識の重要性は、そのことよりはむしろ、そこから「社会的なもの」の再審に向かって目を瞠いていったことにある。詳述はさておき、そのことによって初期の市民社会認識の立場が継承されながら、モビリティのダイナミズムに即して推敲されることになったからである。*Consuming places* から *Sociology beyond Societies*（邦訳名『社会を越える社会学』）を紐解いていけば、そのことが容易に理解できる。この二つの作品を通してみられた、時間・空間観念の変化、そして場所性の再定式化が市民社会認識の推敲においてきわめて重要な役割を果たしていることがわかる。ちなみに、前者の時間・空間観念の変化については、前記の二作品から*Mobilities*への展開において、「クロック・タイム」、つまり「独立し、文脈から切り離され、合理化された時間」、「均質な空間単位にほぼ無限に分割できる〔……〕時間そのものとして位置づけられる時間」が、ルフェーヴルのいう「生きられた時間」に相応する「カイロス的時間」、すなわち「時計がいつ指し示そうとも、いまがそのことをすべき時であるという時間感覚」を席捲／放逐するプロセスに即してあきらかにされている。そして、市民社会を根こそぎにする壮大な時間管理体制が浮き彫りにされている。他方、後者において、新しい場所性の発見が、*The Tourist Gaze* および *Consuming Places* に立ち返って検証されている。そこで一つの道標となっているのは、先に一瞥した視覚的消費が諸個人のリフレクティヴな能力の向上を促し、そうした能力に支えられて登場している地域の活性化、場所性の回復があらたな社会的共同性をはぐくんでいるという議論である。しかし、この議論の根底には、場所性の定式化／回復そのものが資本蓄積の機会になっているという認識が見え隠れしている。こうした認識は、ルフェーヴルが場所構築が第二の産業循環になっていると捉えていること、またハーヴェイが場所性（の定式化／回復）を資本の差異化戦略にかかわらせて捉えていることと相同的《パラレル》である。

ここであらためて注目されるのは、以上のような時間・空間観念の変化および場所の定式化が、言うなれば、空間を社会的活動にとってのアリーナであると同時に社会的に生産されたものであるとみなすきっかけとなった、社会理論の「空間論的転回」（spatial turn）に即してなされていることである。換言するなら、先述の時間・空間観念の変化／定式化が空間論的転回の一つのありようを表わすものとしてあることである。とはいえ、空間論的転回はアーリにあってはさらに進化／深化しており、*Sociology beyond Societies* から *Global Complexity* を経て *Mobilities* に至るプロセスにおいて、いわゆる「移動論的転回」（mobility turn）として新たな展開を示すようになっており、グローバルなフローへの一層透徹した考察がなされている。「移動論的転回」はそれ自体、グローバリゼーション・スタディーズの一つの「分岐」を示しているが、そこには「社会的なもの」の再審をより促す内容が含まれているだけでなく、さらに社会科学の問い直し（→「社会学的方法の新しい基準」の確立）をもとめるものともなっており、まったく目が離せない。ここではさしあたり、*Global Complexity* に立ち返って、グローバル化論がどのように推敲され新たな展開の方向をみせているのかを、そしてそれが「移動論的転回」として、どのような歩みを見せているのかを見るなかで、そのことの含意するものを検討することにしよう。

4……「非線形的な思考」と「創発」のメカニズム

Sociology beyond Societies で「グローバルなネットワークの『創発』が（人びとの）社会生活を根底から変えていること」が指摘されているが、*Global Complexity* では、そのことが複雑性科学の成果と可能性を援用し適応するなかで検証されている。そこでの議論は、おおむね次のようなものである。「グローバルなものは、しばしば途方もない変動の『原因』であると同時にその変動の『結果』でもある」、したがって当然のことながら、「単一の権力の中心などではない」というものである。見方を変えると、「動的な複雑系」としてあり、「平衡から遠く離れた特性やパタンを有する一連の［……］システム」としてある「グローバル化は乱雑なものであり、パラドックスと予期せぬものとで満ち溢れている」、そしてそれはつまるところ、「グローバル化が深まればローカル化が深まり、そしてそのことがグローバル化を深める［……］といった並進的な過程をともなうストレンジ・アトラクタ」を最大の特性とする。

アーリによると、こうした議論に見る、従来の「グローバル化を扱う社会科学は、グローバルなシステムを所与のものとして取り上げ、地域、地方、国民国家、環境、文化がどのようにしてこの全権全能の『グローバル化』によって線形的に変容するのかを示してきた。したがって、グローバル化（またはグローバル資本主義）は新しい『構造』とみられ、そこには、ネーション、地域、地方などの新たな『エージェント』が付け加えられる。通常の社会科学でみられる区分けを、グローバルなひねりを加えて用いている」という。それはまさに線形的なグローバル化論と呼ぶものである。

ちなみに、アーリは、この根底にある「線形的な思考」の特徴を、「完全に決定的な一連の法則にしたがって、予測不可能ではあるがパタン化した結果が生じる」とするという議論、すなわち「何かしらの出来事の原因と結果のあいだには一貫したつながりが存在」するという議論にみている。そこでは対象とする「システム〔……〕には、結果を寸分の狂いもなく『統御』し生み出す中心的なヒエラルキー構造」がみられる、とされる。これまで社会科学の中心的な命題をなしてきた「構造‐エージェンシー」という枠組みに即していうと、「諸々の行動は通常、たとえば資本主義的構造、家父長的構造、年齢構造などによって『構造的に』引き起こされるものとみなす」ものである。そしてそこで観察される現象は境界づけられていることと、「単一の中心ないし『統治者』」が存在することが前提とされる。アーリはこうした線形的な思考の先に「所与の境界をもった『組織的な』資本主義社会の研究に焦点を当てた」社会学を見据え、その範型をウェーバーの官僚制論、合理的行為理論、そしてある種のグローバル化論にもとめている。

Global Complexity では、こうした「線形的な思考」の対極に「非線形的な思考」を置いている。それは一言で言うと、「原因と結果のあいだにはしばしばはなはだしい不均整が生じること、予測不可能で不可逆的なパタンが社会的、物理的なシステムのすべてを特徴づけている」とみなす考え方である。「非平衡性を有する動力学」に基づいて「いくつもの未来、分岐と選択、歴史的依存性、そして〔……〕本来的かつ内在的な不確実性を強調」するプリゴジンの立場がそれにあたる。アーリの見るところでは、こうした思考の原型は、「偶発性や開放性や予測不可能性を強調する」カプラのネットワーク分析やバウマンが「リキッド・モダニティ」と呼ぶものに見い出すことができるが、その典型事例はギデンズの「構造の二重性」論／構造化論である。そこでは「構造とエージェンシーが相互に結びつき時間の経過とともに共進

化する」／「機能的に統合された『システム』において『原因』と『結果』が実質的に共存する負のヒードバックの循環メカニズムが存在している」とされている。興味深いのは、アーリは、一連のポストモダン論者によって線形的科学者と烙印されてきたマルクスの分析が、社会科学における非線形分析の最もすぐれた例である、と述べていることである。

ここで、あらためて指摘するまでもないが、*Mobilities* では、先述した「非線形的な思考」に寄り添って、「社会的なもの」の再審、そして「社会学的方法の新しい基準」を築き上げることが最重要課題となっている。その際、課題を導出し解きほぐす契機として検討されているのが「創発」という概念である。それは、簡約化して言うと、あらゆる種類の現象にみられる「集合的な特性」のことであり、「システムの構成要素がそれらのあいだの相互作用を通して『おのずから』〔……〕創り出す」ものである。ここで指摘される「集合的な特性」は、それが「おのれの構成要素を越えるような、振る舞いの規則性」をはらんでいること、しかもそれが「（構成要素の）合計がその部分部分のサイズよりも大きくなるというのではなく、その部分とは何かしら異なるシステム効果が存在する」こと、つまり、「多数のものは少数のものとは違った振る舞いをみせるがゆえに量の多成るは質の異なり」になるということがポイントになる。この集合的特性をメルクマールとして、「さまざまな種類のつながりが交互に並び合い、交わり合い、結び合い〔……〕全体の織地が決まる」（それ自体、「不均等で平衡から遠く離れた相互依存プロセスの諸集合」としてある）という「創発」の基礎的過程が描述される。ちなみに、アーリは *Mobilities* において、「事物は互いとの関係のなかで自らの意味を見い出し、そして、事物のつながりの相互性が、それらが何であるのか、どのようにあるのかを構成している」とするジンメルの社会化認識を取り上げ、それが創発の原認識となっているという。

ここで先に一瞥した「グローバルなもの」を立ち返ってみよう。それは「多様で、歴史的で、ばらばらで、不確実なもの」であり、「けっして完了したものではない」こと、畢竟、プリゴジンが言う「無秩序の海のなかにある無数の秩序の島の集まり」のようなものとしてある。したがって、こうした「グローバルなもの」は今概観した創発によって説明することができるのである。とはいうものの、見てきたような創発は「十分に秩序づけられ平衡に向かうこともなければ、永続的なアナーキーに至ることもない」からこそ、つまり常に形成途上にある（＝「移動中」である）ゆえ、「動的な不安定性」をともなわざるを得ない。詳述はさておき、アーリにとってこの「動的な不安定性」は避けて通ることができないものである。それは *Sociology beyond Societies* から *Global Complexities* を経て *Mobilities* に引き継がれていく主テーマ／イッシューとなっているのである。

さて長々と述べてきたが、*Mobilities* が *The Anatomy of Capitalist Societies* 以降のアーリの近代認識とそれに寄り添う理論的推敲の到達点を示すものであること、とりわけ社会学のあらたなアジェンダを構成する「移動論的転回」に明確に照準を合わせることになった *Sociology beyond Societies* の衣鉢を継ぐものであることは明らかである。つまり、それまで断片的に語られてきたことに対して、さしあたりトータルな認識が示されているのである。

5……「モビリティをベースとする社会科学」とその〈逆説〉

すでに記したように、*Mobilities* までのところで主テーマを構成しているのは、モビリティーズ・パラダイムの体系的な精緻化を「社会的なもの」の再審、「社会科学についての再考」とかかわらせてどう達成するかという点である。こうしたテーマの構成が *Sociology beyond Societies* 以降の著作を通底するアーリの問題関心を継承するものであることは言うまでもない。ところで、そうしたテーマを設定するにあたってアーリが特に強調しているのは、モビリティそのものが帯同する諸形態／現象に盲従《フェティッシュ》するのではなく、むしろモビリティが抱合する社会的諸関係に見る社会生活の複雑性に根ざし、それに応答するような形で迫ることとである。それが彼の言う「モビリティをベースとする社会科学」、すなわち固定化した一連の関係、構造、制度よりもさまざまなムーブメントがもたらす非線形的でハイブリッドな諸過程／実践をめぐって構成される社会科学の基軸となるものである。

ところで「モビリティをベースとする社会科学」において、モビリティーズ・パラダイムを展開するにあたってあらためて課題／争点となるのは、とりあえず以下の二つの点である。

一つは、「空間論的転回」から「移動論的転回」を通してつちかわれた非線形的で非再帰的な方法である。それはアーリの言葉をそのまま援用するなら、「リアル／非リアル、対面的／図面上の生活、不動／移動、コミュニティ／バーチャル、現前／不在といった二分法」を「脇に追いやる」方法である。この方法の下で、計量を旨とする「ユークリッド型の時空間関係」が湾曲され、拡張され、圧縮されている実相が浮き彫りにされるだけでなく、「直接的で共在的な社会的相互作用のパタン」を「多元的なかたちの『想像による現前』」に取り換え、再び後者が前者に反転／回帰していく新しい形態の社交性に目が向けられることになるという。それらは先に言及したグローカル・アトラクタの下で表出しているものでもあるが、そうした社交性から「弱い紐帯」がせりあがり、それがネットワーク資本の成長につながっていることが強調されている。興味深いのは、アーリが、この文脈において、社会生活のモバイル化とともに立ち現われている社会諸関係が「マクロな構造でもミクロな主体でもない『循環する実体』を通して構成されている」こと、つまり常に「オン・ザ・ムーブ」としてあること、そしてそれとともにバーチャルがリアルであるという認識地平が広がっていることに着目していることである。

というのも、アーリ自身、こうした認識地平に触発されて、さらに「テクスト、メッセージ、人、情報、映像の相互依存したフロー」からなる、バウマンの言う「リキッド・モダニティ」へと視野を拡大するとともに、コミュニティについての周到な理論整序の上に、地理的近接に基づく居住を必ずしも前提としない、つまり定住主義から離床したバーチャルな「情動」としてのコミュニティの可能性について言及しているからである。そこでは、「不在」(バーチャル)と「現前」(リアル)とが弁証法的にからみあうモビリティーズ・パラダイムの現在性《プレゼンス》を観て取ることができる。

さて、このことと関連してあらためて課題/争点となるのは、指摘されるようなモビリティーズ・パラダイムの現在性が「静的で固定的なカテゴリー」を打ち破って表出していること、すなわちジェンダー、人種、民族、宗教、年代などの差異に基づいて立ち現われていること、また人びとの生活の方法を質的に変え、生活のテンポとリズムを根本的に変えているさまざまな移動=旅のスピードとスコープに根ざすものであることをどう概括するかである。こうした事態はいわゆる「脱組織化」の過程で生起したものであり、社会編成面での分化→脱分化状況を示すものである。問題はこうした分化→脱分化状況が行為者間の相互作用次元で人びとを拡散したまま、つなぐという〈逆説〉を示す一方で、多次元の複層的な裂開《ディバイド》に埋め込んでいることである。こうした事態には明らかに、先に述べた創発の機制が大きな影をおとしている。そしてそうであればこそ、創発の両義性が「グローバルなもの」とそこに根ざすモビリティを一方で極めて可能性にあふれたものに、そして他方で不安定なものにしていることがわかる。だがいずれにせよ、モビリティがグローバル化の進展している世界/社会に見る、再審のための一つの文脈/「カテゴリー化」の機会を与えていることはたしかである。

6……本書の理論地平と位相 (1)——ゆらぐ未来像のあいだに立って

モビリティーズ・パラダイムは、支配的な通常科学が非合理的で周辺的なものとしてきたものを「社会的なもの」の中心に置き直した。そしてそうしたパラダイムを見てきたような「モビリティをベースとする社会科学」の基軸に据えることによって線形的社会科学の脱構築をめざそうとしてきた。しかしそれだけにまた多くの課題も背負っている。何よりもまず、指摘されるようなモビリティーズ・パラダイム/

「モビリティをベースとする社会科学」の経験的地平／カバレッジ（適用範囲）をどう見定めるのかが問われよう。本書はある意味でそのことを強く意識しており、これまで社会科学において弱いとされてきた未来論／未来像に分け入ることによって、「モビリティをベースとする社会科学」の「今」とその有効性を問い込もうとしているように見える。

アーリは本書で、線形的社会科学の下にあった未来像がユートピアとディストピアのあいだを激しく揺れ動き（現実はやや後者に傾きがちであるが）、その背後で蠢く多種多様なシナリオとともにさまざまな社会的利害のぶつかり合いを促してきたこと、そして未来が「語り、飼い馴らし、取引、変換、そしてその論駁、考案、手直し、乗り超えの対象」になってきたことに注目している。そしてそうした状況を踏まえながら、本書の立論の基礎を、未来がそもそも予測不可能であることを認識した上で、「今進行中のことや、今のうちにできることについて問い、ひもとき、考案するために未来を活かす」ことに置く。本書ではそのために、見てきたようなモビリティーズ・パラダイム／「モビリティをベースとする社会科学」に基づいて、*Mobilities* とそれ以降の一連の著作において取り上げられてきた、「さまざまなモードの移動と通信の性格とそれに伴う変容、社会的不平等、排除、弱い紐帯と出会い、ネットワーク型の人間関係、場所の性質の変容、地球規模の気候変動」（『モビリティーズ』）などを、現時点に立って未来をのぞむ形で検証（棚卸し）しようとする。

とりわけ本書では、先述の諸論点を三つのケーススタディの論題、すなわち3Dプリンティングの発達に共振／共進するグローバルな製造業および輸送の将来的な布置構成、脱炭素社会の展開を見据えた都市内移動の変化形態、グローバルな気候変動にねざすさまざまな未来像、に再整序した上でモビリティーズ・パラダイム／「モビリティをベースとする社会科学」が向き合う理論地平／経験的地平を明らかにしようとしている。そこではポストモダン論の衣鉢を継ぐ俊敏な議論と随所に見え隠れする創始以来の既述した市民社会認識、そしていつものことであるが、浩瀚な文献／資料渉猟に裏打ちされたボーダレスなナレッジとが複雑に交錯し、思い切りアクロバティックな論調を奏でている。だから一瞬この論調に圧倒されて本書を貫くキーノートを見失いそうになる。そこでは、従来の未来論が帯同してきたある種の胡散臭さも手伝ってか、一見引いているような印象を受ける。ちなみに、アーリ自身、「漠としていてよくわからない社会的未来像」と言って、未来像に向き合うことにある種の戸惑いを見せている。しかし、複雑系思考を通して本書を見つめ直してみると、こうした戸惑いを貫いて、底にあるものが明確に浮かび上がってくる。アーリは未来について楽観しているわけではないが、けっして絶望しているのではない。

7……本書の理論地平と位相 (2)——複数的な関係的主体をもとめて

本書において重要な論点を構成しているのは、まぎれもなく線形的社会科学では解き明かせないもの、つまり複雑系の思考を援用しなければアプローチできない予測不可能で相互依存的なものを未来の制作／創出においてどう組み入れるかということである。換言すれば、先述の、社会内および社会間で立ち現われている問題事象の根底に見え隠れする「経路依存性、ロックイン、閾値、正のフィードバックループ、臨界点および相転移」という一連の相互作用過程を「多様な未来像を検証し、作りだし、評価する」作業にどう反映し埋め込むかという点である。

繰り返しになるが、未来像の構築は、これまで社会学および社会科学において比較的「弱い」とされてきた（むしろ避けるようなところがあった）。しかし「未来を作りだす分野横断的な研究を遂行する能力を発展させる必要」性が求められている今、それが喫緊の課題になっている、という。ここで指摘されねばならないのは、そうした課題がけっして狭いアカデミズムの枠内から出てきているものではないということである。アーリは本書でこう述べている。

脱組織資本主義においては、未来像を考えることは、国家や市民社会を孤立状態から救い出す主要な方法となるのである。さらに、社会的未来像に焦点をあてるなら、それは必然的に市場と技術の双方を超越することになる。「社会的未来像」は、自律的な市場と技術の絶え間ない前進を問題化《プロブレマタイズ》する。それは国家や市民社会を含む、一連の関連ある主体が未来像づくりに参加することを承認する。

〔本書・序章〇二六頁〕

そして必ずしも楽観的ではないが、そうした未来づくりに関わる主体が中心になって、「公に開かれ、共有《シェア》される未来」が切り拓かれていく可能性に言及している。そこでは明示的には語られていないが、指摘されるような主体が、ベックの言う第二の近代におけるコスモポリタン化を担い支える、多重的なアイデンティティにねざす関係的主体として想到されているように見える。考えてみれば、*Mobilities* では、「荒涼とした未来」に翼を失って沈むモバイルな主体（いまだ第一の近代の枠内にある）が描かれている反面、先述のような可能性とそれを下支えする主体については、ほとんど言及されていない（近代主義的なコスモポリタニズム批判はなされているが）。

いずれにせよ、本書において通奏低音として流れているのは、平たく言うと、「人間活動の諸領域において過去から現在にかけて見られる、未来を予測し、可視化し、念入りに構想しようとする多くの営みを描きだすこと」が不可避である、ということである。あらためて指摘するまでもないが、こうして描き出される未来像はあくまでも諸個人が「現在を理解する」上で一つの索出的契機を構成するものとしてある、つまり世界が複雑性を増すなかで、諸個人が自己の立ち位置を確認するためのものとしてある。詳述はさておき、ここにアーリの未来像構築における再帰的立場を読み取ることができる。しかし残念ながら、こうした未来像構築への志向は、アーリの死とともに途絶えてしまったように見える。しかし遺作である本書がまぎれもなくそうした志向の嚆矢をなすこと、それとともに彼が生涯をかけて追及してきた「モビリティをベースとする社会科学」のさらなる展開（ポストヒューマンも見据えたコスモポリタニズム論やシチズンシップ論の展開を含む）への一つの画期をなしていることはまぎれもない事実である。

なお、アーリは晩年、未来社会研究所（Institute For Social Futures）を立ち上げ、共同責任者（co-director）になっている。研究所の設立が二〇一五年、亡くなったのが二〇一六年三月、そして本書の刊行が二〇一六年八月であることを考えると、人生の残りの時間をモビリティーズ・スタディーズの集大成としての未来研究にかけようとしたこと、そして、それが本書に結実していることがわかる。ちなみに、アーリは未来を社会科学の「主流に組み込む」とともに「民主化」すべきであると述べている。アーリが本書にかけた想いとともに、その含意をしっかりと摑むことが、今何よりも求められているのではないだろうか。その上で、本書からさまざまなメッセージを読み取り、それらをさまざまな形で拡げていくことがわれわれに課せられた課題であると言える。

最後に、補足的に付け加えておきたいことをひとこと述べておく。それは、このところ未来論がアントロポセン、カタストロフなどの言葉の氾濫とともに、斯界において一つのうねりとなって立ち現われているが、どちらかと言うとユートピアよりはディストピアへと傾斜する傾向があることである。それ自体、社会の「現在性」を示してあまりあるが、本書はある意味でこうした動向を捉え返すものとしてあると言える。同時に、見てきたようなモビリティーズ・パラダイム／「モビリティをベースとする社会科学」を根幹から問い込むようなものとしてある。いずれにせよ、本書の刊行を通して、未来論、あるいは未来社会論にあらたな光が投じられることを願ってやまない。

8……訳出の経緯について

本書は、John Urry, *What is the Future?*, Polity, 2007 の全訳である。

著者のアーリは、わが国では「観光社会学」の第一人者として紹介されることが多いが、海外ではむしろモビリティーズ・スタディーズの先駆者／嚮導者として名を馳せている。簡単に来歴を記すと、一九四六年にロンドンで生まれ、ケンブリッジ大学で経済学を専攻した後、大学院に進み、一九七〇年に社会学で修士号、一九七二年に博士号を取得している。一九七〇年以降、ランカスター大学で教鞭を執り、同大学の社会学科教授（distinguished professor）をつとめる一方で、英国王立芸術協会のフェローなども併任した。二〇一六年に死去。ちなみに、国家論、市民社会論の泰斗であるボブ・ジェソップは、ランカスターの同僚である。

なお、個人的なことを記すと、筆者は今からちょうど三八年前に仙台で開催された東北大学主催の国際シンポジウムで初めてお会いし、二〇〇二年、オーストラリアのブリスベーン市で開催された国際社会学会大会の発表会場で再会を果たした。そのとき、早くもコスモポリタニズムに関心を抱いていたこと、そしてベックやハーヴェイ等の議論に言及していたことが、強く印象に残っている。ちなみに、後で知ったが、アーリはこのときすでに宿痾に悩んでいた。

主な著書をあげると、次のようになる（ただし、本書は除く）。

Reference Groups and the Theory of Revolution, Routledge, 1973

The Anatomy of Capitalist Societies: the Economy, Civil Society and the State, Macmillan, 1981（清野正義監訳『経済・市民社会・国家――資本主義社会の解剖学』法律文化社、一九八六年）

Capital, Labour, and the Middle Classes, G. Allen & Unwin, 1983（Nicholas Abercrombie と共著）

Social Relations and Spatial Structures, St.Martin's Press, 1985（Derek Gregory と共編著）

The End of Organized Capitalism, Blackwell, 1987（Scott Lash と共著）

The Tourist Gaze: Leisure and Travel in Contemporary Societies, Sage, 1990（加太宏邦訳『観光の

まなざし——現代社会におけるレジャーと旅行』法政大学出版局、一九九五年）

Economies of Signs and Space, Sage, 1994（Scott Lash と共著）（安達智史監訳『フローと再帰性の社会学——記号と空間の経済』晃洋書房、二〇一八年）

Consuming Places, Routledge, 1995（吉原直樹・大澤善信監訳『場所を消費する』法政大学出版局、二〇〇三年）

Contested Natures, Sage, 1998（Phil Macnaghten と共著）

Sociology beyond Societies: Mobilities for the Twenty-First Century, Routledge, 2000（吉原直樹監訳『社会を越える社会学——移動・環境・シチズンシップ』（法政大学出版局、二〇〇六年。新版二〇一一年）

Bodies of Nature, Sage, 2001（Phil Macnaghten との共編著）

Global Complexity, Sage,2003（吉原直樹監訳『グローバルな複雑性』法政大学出版局、二〇一四年）

Automobilities, Sage, 2005（Mike Featherstone 等と共編著）（近森高明訳『自動車と移動の社会学』法政大学出版局、二〇一〇年）

Mobilities, Polity Press, 2007（吉原直樹・伊藤嘉高訳『モビリティーズ——移動の社会学』（作品社、二〇一五年）

Mobile Lives, Routledge, 2010（Anthony Elliott との共著）（遠藤英樹監訳『モバイル・ライブズ——「移動」が社会を変える』ミネルヴァ書房、二〇一六年）

Climate Change and Society, Polity, 2011

Offshoring, Polity, 2014（高岡文章ほか訳『オフショア化する世界——人・モノ・金が逃げ込む「闇の空間」とは何か?』明石書店、二〇一八年）

最後に、本書が訳出されるまでの経緯を簡単に記しておく。訳者の一人である吉原は、これまで東北大学大学院に在籍中に、ハーヴェイおよびアーリの作品をゼミナリステンとともに輪読してきた。そして輪読を終えた時点で法政大学出版局および作品社の支援を得て訳出してきた。本書もまた、基本的にはそうした輪読の延長線上の成果としてある。具体的には、作品社編集部の内田眞人氏から本書の訳出の打診があり、前記ゼミナリステンの一人であった高橋雅也氏（埼玉大学教育学部准教授）と私の研究室に来ていた大塚彩美さん（早稲田大学社会科学部講師）と語り合って本書の訳出作業に着手した。隔週で、各人が持ち寄った下訳原稿を相互に検討し、推敲を重ね、訳稿を完成させた。この間、ほぼ二年を費やした。一つは、それぞれにおいて抱える諸業務に忙殺され、前記の作業がしばしば中断したこと、それともう一つは、文章のおりおりに見られる不正確な叙述の検証に追われたことが遅延をもたらした。残念ながら、後者は完全にやり遂げたとは言えないが、とにもかくにも訳稿を何とかまとめ上げることができたことに、ほっとしている。同時に、思いもしない訳出のミスを惧れている。ご指摘をお待ちしたい。

最後に、本書の事実上の生みの親である内田眞人氏には、心から感謝申しあげる。ご迷惑の掛け通しであったが、常に暖かい励ましと助言をいただき何とか形にすることができた。このうえは本書が多くの読者を獲得し、内田氏にお返しできることを心より祈る次第である。

二〇一九年九月、常盤台にて

——— (2005[1898]) *The War of the Worlds*. London: Penguin.（ウェルズ 一九九七）
——— (2011[1905]) *A Modern Utopia*. Boston, Mass.: Digireads.com
Welsh, I (2010) 'Climate change: complexity and collaboration between the sciences,' in Lever-Tracy, C. (ed.) *Routledge Handbook on Climate Change and Society*. London: Routledge.
Whitehead, A. N. (1929) *Process and Reality*. Cambridge: Cambridge University Press.（ホワイトヘッド 一九八一～一九八三）
Wilde, O. (2001[1900]) *The Soul of Man under Socialism and Selected Critical Prose*. London: Penguin.（ワイルド 一九六八）
Wilkinson, R., Pickett, K. (2009) *The Spirit Level: Why More Equal Societies Almost Always Do Better*. London: Allen Lane.（ウィルキンソン／ピケット 二〇一〇）
Williams, H. (1991) *Autogeddon*. London: Jonathan Cape.
Williams, R. (1977) *Marxism and Literature*. Oxford: Oxford University Press.
——— (1983) *Towards 2000*. Harmondsworth: Penguin.
Willis, R , Webb, M., Wilsdon, J. (2007) *The Disrupters: Lessons for Low-carbon Innovation from the New Wave of Environmental Pioneers*. London: NESTA/Demos.
Wollen, P., Kerr, J. (eds.) (2002) *Autopia: Cars and Culture*. London: Reaktion Books.
Woodbridge, R. (2005) *The Next World War: Tribes, Cities, Nations, and Ecological Decline*. Toronto: Toronto University Press.
Worldwide Fund for Nature (2008) *Plugged In: The End of the Oil Age, Summary Report*. Brussels: WWF.
Wright, E. O. (2010) *Envisioning Real Utopias*. London: Verso.
Wyndham, J. (2008[1951]) *The Day of the Triffids*. London: Penguin.（ウィンダム 二〇一八）
Wynne, B. (2010) 'Strange weather, again: climate science as political art,' *Theory, Culture and Society*, 27: 289–305.
Yar, M. (2015) *Crime and the Imaginary of Disaster: Post-Apocalyptic Fictions and the Crisis of Social Order*. London: Palgrave Macmillan.
Young, M. (1968) *Forecasting and the Social Sciences*. London: Heinemann.
Žižek, S. (2011) *Living in the End Times: Updated New Edition*. London: Verso.（ジジェク 二〇一二）

——— (2011) *Climate Change and Society*. Cambridge: Polity.
——— (2013a) 'A low carbon economy and society,' *Philosophical Transactions of the Royal Society A*, 10.1098/rsta.2011.0566.
——— (2013b) *Societies beyond Oil*. London: Zed.
——— (2014a) *Offshoring*. Cambridge: Polity（アーリ 二〇一八）.
——— (2014b) 'The problem of energy,' *Theory, Culture and Society*, 31: 3–20.
Urry, J., Birtchnell, T., Caletrio, J., Pollastri, S. (2014) *Living in the City*. Foresight Paper from 'The Future of Cities' Foresight Programme. London: Department for Business, Innovation and Skills.
US National Intelligence Council (2008) *US Global Trends 2025: A Transformed World*. Washington, DC: US National Intelligence Council.
Vance, A. (2010) '3D printing is spurring a manufacturing revolution,' *New York Times*, www.nytimes.com/2010/09/14/technology/14print. html.
Verne, J. (1996[1863]) *Paris in the Twentieth Century*. New York: Del Rey Books.（ヴェルヌ 一九九五）
——— (2005[1865]) *From the Earth to the Moon*. New York: Barnes & Noble Publishing.（ヴェルヌ 一九九九）
——— (2008[1873]) *Around the World in Eighty Days*, www.gutenberg.org/ebooks/103.（ヴェルヌ 一九七六）
Von Hippel, E. (2006) *Democratizing Innovation*. Cambridge, Mass.: MIT Press.（ヒッペル 二〇〇五）
Walby, S. (2009) *Globalization and Inequalities*. London: Sage.
——— (2015) *Crisis*. Cambridge: Polity.
Wallerstein, I., Collins, R., Mann, M., Derluguian, G., Calhoun, C. (2013) *Does Capitalism Have a Future?* New York: Oxford University Press.（ウォーラーステインほか 二〇一五）
Watson, R. (2008) *Future Files*. London: Nicholas Brealey Publishing.（ワトソン 二〇一一）
Watts, D. (1999) *Small Worlds*. Princeton: Princeton University Press.（ワッツ 二〇〇六）
——— (2003) *Six Degrees: The Science of a Connected Age*. London: Heinemann.（ワッツ 二〇〇四）
Watts, L., Urry, J. (2008) 'Moving methods, travelling times,' *Environment and Planning D: Society and Space*, 26: 860–74.
Weber, M. (1948[1919]) 'Politics as a vocation,' in Gerth, H., Mills, C.W. (eds.) *From Max Weber*. London: Routledge and Kegan Paul.（ウェーバー 一九八〇）
Weinberg, M. (2013) 'What's the deal with copyright and 3D printing?' *Public Knowledge*, 3 March.
Weiss, C. C. (2012) 'The Double turns you into a video-calling, iPad-faced robot,' *Gizmag*, www.gizmag.com/double-robotics-double-video-calling-robot/23783
Weissman, J. (2012) 'Why are young people ditching cars for smart phones?,' *The Atlantic*, 7 August, www.theatlantic.com/business/archive/2012/08/why-are-young-people-ditching-cars-for-smartphones/260801
Wells, H. G. (1914) *An Englishman Looks at the World*. London: Cassell.

of responsibility,' *Theory, Culture and Society*, 27: 9–30.
——— (2016) 'Acting ahead of the future: towards an embodied, cognitive, social theory of anticipation,' in *Futures in Question*. Special Issue of *Sociological Review*.
Szerszynski, B., Kearnes, M., Macnaghten, P., Owen, R., Stilgoe, J. (2013) 'Why solar radiation management geoengineering and democracy won't mix,' *Environment and Planning A*, 45: 2809–16.
Tainter, J. (1988) *The Collapse of Complex Societies*. Cambridge: Cambridge University Press.
Taleb, N. (2007) *The Black Swan*. London: Penguin. (タレブ 二〇〇九)
Tett, G. (2010) *Fool's Gold: How Unrestrained Greed Corrupted a Dream, Shattered Global Markets and Unleashed a Catastrophe*. London: Abacus. (テット 二〇〇九)
Thackara, J. (2015) *How to Thrive in the Next Economy*. London: Thames and Hudson.
Theroux, M. (2009) *Far North*. London: Faber and Faber. (セロー 二〇一二)
Thompson, E. P. (1968) *The Making of the English Working Class*. Harmondsworth: Penguin. (トムスン 二〇〇三)
Thompson, M., Beck, M. (2014) *Coping with Change: Urban Resilience, Sustainability, Adaptability and Path Dependence*. Foresight Paper from 'The Future of Cities' Foresight Programme. London: Department for Business, Innovation and Skills.
Tilly, C. (1992) *Coercion, Capital and European States: AD 990–1992*. New York: Wiley–Basil Blackwell.
Timmons Roberts, J., Parks, B. (2007) *A Climate of Injustice*. Cambridge, Mass.: MIT Press.
Tita, B. (2014) '3-D printer makers get reality check,' *The Wall Street Journal*, 7 April.
Toffler, A. (1970) *Future Shock*. London: Bodley Head. (トフラー 一九七〇)
Tuomi, I. (2003) *Networks of Innovation: Change and Meaning in the Age of the Internet*. Oxford: Oxford University Press.
Turner, F. (2006) *From Counterculture to Cyberculture: Stewart Brand, the Whole Earth Network and the Rise of Digital Utopianism*. Chicago: University of Chicago Press.
Tutton, R. (2016) 'Wicked futures: meaning, matter, and the sociology of the future' (under review).
Tyfield, D. (2014) 'Putting the power in "socio-technical regimes": e-mobility transition in China as political process,' *Mobilities*, 9: 285–63.
Tyfield, D., Urry, J. (2014) 'Energy and Society.' Special Issue of *Theory, Culture and Society*, 31: 3–226.
UN-Habitat (2013) *Planning and Design for Sustainable Urban Mobility: Global Report on Human Settlements 2013*. London: Routledge.
Urry, J. (2000) *Sociology beyond Societies*. London: Routledge. (アーリ 二〇〇六)
——— (2002) 'The global complexities of September 11th,' *Theory, Culture and Society*, 19: 57–69.
——— (2003) *Global Complexity*. Cambridge: Polity. (アーリ 二〇一四)
——— (2005) 'Complexity.' Special Issue of *Theory, Culture and Society*, 22: 1–274.
——— (2007) *Mobilities*. Cambridge: Polity. (アーリ 二〇一五)

http://news.bbc.co.uk/1/hi/programmes/world_news_america/9318390.stm
Silver, H., Arrighi, G. (2011) 'The end of the long twentieth century,' in Calhoun, C., Derluguian, G. (eds.) *Business as Usual*. New York: New York University Press.
Silverman, M. (2012) 'Mashable tech how does 3D printing work, anyway?,' http://mashable.com/2012/08/01/how-does-3d-printing-work
Simmel, G. (1910) 'How is society possible?,' *American Journal of Sociology*, 16: 371–91.
Sinclair, U. (2008[1926]) *Oil!* London: Penguin. （シンクレア 二〇〇八）
Slaughter, R. (2003) *Futures beyond Dystopia*. London: Routledge.
——— (2012) *To See with Fresh Eyes: Integral Futures and the Global Emergency*. Brisbane: Foresight International.
Sloman, L. (2006) *Car Sick: Solutions for Our Car-Addicted Culture*. London: Green Books.
Smil, V. (2008) *Global Catastrophes and Trends: The Next Fifty Years*. Cambridge, Mass.: MIT Press.
Smith, A. (1979[1776]) *An Inquiry into the Nature and Causes of the Wealth of Nations*. Oxford: Clarendon Press. （スミス 一九七八）
Son, H. (2015) 'The history of Western future studies: an exploration of the intellectual traditions and three-phase periodization,' *Futures*, 66: 120–37.
Spence, A., Poortinga, W., Butler, C., Pidgeon, N. (2011) 'Perceptions of climate change and willingness to save energy related to fl ood experience,' *Nature Climate Change*, 1: 46–9.
Srnicek, N., Williams, A. (2015) *Inventing the Future: Postcapitalism and a World without Work*. London: Verso.
Standing, G. (2014) *Precariat: the New Dangerous Class*. London: Bloomsbury. （スタンディング 二〇一六）
Stedman Jones, D. (2012) *Masters of the Universe*. Princeton, N.J.: Princeton University Press.
Stemp-Morlock, G. (2010) 'Personal fabrication: open source 3D printers could herald the start of a new industrial revolution,' www.economist.com/node/18114221
Stengers, I. (2015) *In Catastrophic Times: Resisting the Coming Barbarism*. London: Open Humanities Press.
Stern, N. (2007) *The Economics of Climate Change*. Cambridge: Cambridge University Press.
Stiglitz, J. (2004) *The Roaring Nineties: A New History of the World's Most Prosperous Decade*. New York: W.W. Norton. （スティグリッツ 二〇〇三）
——— (2007) *Making Globalization Work*. Harmondsworth: Penguin. （スティグリッツ 二〇〇六）
Storper, M. (2013) *Keys to the City*. Princeton: Princeton University Press.
Strahan, D. (2007) *The Last Oil Shock*. London: John Murray. （ストローン 二〇〇八）
Strogatz, S. (2003) *Sync: The Emerging Science of Spontaneous Order*. Harmondsworth: Penguin. （ストロガッツ 二〇一四）
Szerszynski, B. (2010) 'Reading and writing the weather: climate technics and the moment

Sayer, A. (2015) *Why We Can't Afford the Rich*. Bristol: Policy Press.

Schmid, H. (2009) *Economy of Fascination*. Berlin: Gebrüder Borntraeger.

Schneider, K. (2005[1971]) *Autokind vs. Mankind*. Lincoln, NE: Universe.（シュナイダー 一九七五）

Schumacher, E. (1973) *Small is Beautiful*. London: Blond and Briggs.（シューマッハー 一九八六）

Schumpeter, J. (1942) *Capitalism, Socialism, and Democracy*. New York: Harper.（シュムペーター 一九九五）

Scranton, R. (2013) 'Learning how to die in the Anthropocene,' *New York Times*, 10 November.

Sekula, A. (2001) 'Freeway to China (version 2, for Liverpool),' in Comaroff, J., Comaroff, J. (eds.) *Millennial Capitalism and the Culture of Neoliberalism*. Durham, NC: Duke University Press.

Sells, E. (2009) *Towards a Self-Manufacturing Rapid Prototyping Machine*. Ph.D. dissertation, Bath University.

Sennett, R. (1977) *The Fall of Public Man*. London and Boston, Mass.: Faber and Faber.（セネット 一九九一）

——— (1998) *The Corrosion of Character*. New York: W. W. Norton & Co.（セネット 一九九九）

——— (2009) *The Craftsman*. London: Penguin.（セネット 二〇一六）

Shankland, S. (2010) 'HP joining 3D printer market with Stratasys deal,' http://news.cnet.com/8301-30685_3-10436841-264.html

Sharon, D. (1983) 'Drive-by-wire,' *Futures*, 15: 491–8.

Shaxson, N. (2012) *Treasure Islands*. London: Bodley Head.（シャクソン 二〇一二）

——— (2004) 'Automotive emotions: feeling the car,' *Theory, Culture and Society*, 21: 221–42.

Sheller, M. (2015a) 'Will "connected transmobility" hasten a sustainable mobility transition?' Keynote address, Eindhoven University of Technology, March.

——— (2015b) ' Racialized mobility transitions in Philadelphia: connecting urban sustainability and transport justice,' *City and Society*, 27: 1–22.

Sheller, M., Urry, J. (2006) ' The new mobilities paradigm,' *Environment and Planning*, 38: 207–26.

Shelley, M. (1826) *The Last Man*. London: Henry Colburn.（シェリー 二〇〇七）

——— (2000[1818]) *Frankenstein*. London: Macmillan.（シェリー 一九八四）

Shepard, M. (ed.) (2011) *Sentient City: Ubiquitous Computing, Architecture and the Future of Urban Space*. Cambridge, Mass.: MIT Press.

Shove, E. (2010) 'Beyond the ABC: climate change policy and theories of social change,' *Environment and Planning A*, 42: 1273–85.

Shove, E., Chappells, H., Lutzenhiser, L. (eds.) (2009) *Comfort in a Lower Carbon Society*. London: Routledge.

Sieberg, D. (2010) 'World News America: 3D printing creates "something out of nothing,"'

Popper, K. (1960) *The Poverty of Historicism*. London: Routledge and Kegan Paul.（ポパー 一九六一）

Porritt, J. (2013) *The World We Made*. London: Phaidon.

Prigogine, I. (1997) *The End of Certainty*. New York: Free Press.（プリゴジン 一九九七）

Prigogine, I., Stengers, I. (1984) *Order out of Chaos*. London: Heinemann.（プリゴジン／スタンジェール一九八七）

Putnam, R. (2000) *Bowling Alone*. New York: Simon and Schuster.（パットナム 二〇〇六）

Rand, A. (2007[1957]) *Atlas Shrugged*. London: Penguin.（ランド 二〇〇四）

Ratto, M., Ree, R. (2010) ' The materialization of digital information and the digital economy knowledge synthesis report', http://thingtanklab.com/wp-content/uploads/2011/02/SSHRC_DigEcon_DDF.pdf

Rees, M. (2003) *Our Final Century*. London: Arrow Books.（リース 二〇〇七）

Reid, C. (2015) *Roads Were Not Built For Cars*. Washington, DC: Island Press.

Rial, J. A., Pielke, Sr, R. A., Beniston, M., et al. (2004) 'Nonlinearities, feedbacks and crucial thresholds within the earth's climate system,' *Climate Change*, 65: 11–38.

Ricca-Smith, C. (2011) 'Could 3D printing end our throwaway culture?' www.theguardian.com/technology/2011/nov/17/3d-printing-throwaway-culture

Rich, N. (2013) *Odds against Tomorrow*. New York: Picador.

Riedy, C. (2007) *The Eye of the Storm: An Integral Perspective on Sustainable Development and Climate Change Response*. Saarbrucken, Germany: VDM Verlag.

Rifkin, J. (2000) *The Age of Access*. London: Penguin.（リフキン 二〇〇一）

——— (2002) *The Hydrogen Economy*. New York: Penguin Putnam.（リフキン 二〇〇三）

——— (2009) *The Empathic Civilization: The Race to Global Consciousness in a World in Crisis*. Cambridge: Polity.

Rittel, H., Webber, M. (1973) 'Dilemmas in a general theory of planning,' *Policy Sciences*, 4: 155–69.

Rodin, J. (2014) *The Resilience Dividend: Being Strong in a World Where Things Go Wrong*. New York: Public Affairs.

Rogers, R. (1997) *Cities for a Small Planet*. London: Faber and Faber.（ロジャース 二〇〇二）

Romm, J. (2004) *The Hype About Hydrogen: Fact and Fiction in the Race to Save the Climate*. Washington, DC: Island Press.

Rosenthal, E. (2013) 'The end of car culture,' *New York Times*, 29 June, www.nytimes.com/2013/06/30/sunday-review/the-end-of-car-culture.html

Ross, B. (2014) *Dead End: Suburban Sprawl and the Rebirth of American Urbanism*. Oxford: Oxford University Press.

Royal Academy of Engineering (2010) *Electric Vehicles: Charged with Potential*. London: RAE.

Rutledge, I. (2005) *Addicted to Oil*. London: I. B. Tauris.

Saunders, S. (2010) ' Consumer-generated media and product labelling: designed in California, assembled in China,' *International Journal of Consumer Studies*, 34: 474–80.

Savage, M., Williams, K. (eds.) (2008) *Remembering Elites*. Oxford: Blackwell.

Orlov, D. (2008) *Reinventing Collapse: The Soviet Example and American Prospects*. Gabriola Island, BC: New Society Publishers.

Ormerod, P. (2012) *Positive Thinking*. London: Faber and Faber.

Orr, D. (2009) *Down to the Wire: Confronting Climate Collapse*. New York: Oxford University Press.

Orwell, G. (2008[1949]) *Nineteen Eighty-Four*. London: Secker and Warburg.（オーウェル 二〇〇九）

Owen, D. (2011) *Green Metropolis: Why Living Smaller, Living Closer, and Driving Less Are the Keys to Sustainability*. London: Penguin.

Owen, R. (1970[1813–14]) *A New View of Society*. Harmondsworth: Penguin.（オウエン 一九五四）

Parenti, C. (2011) *Tropic of Chaos*. New York: Nation Books.

Parsons, T. (1968[1937]) *The Structure of Social Action*, 2 vols. New York: Free Press.（パーソンズ 一九七六～一九八九）

Paterson, M. (2007) *Automobile Politics: Ecology and Cultural Political Economy*. Cambridge: Cambridge University Press.

Patterson, R. (2003) *Dereliction of Duty: Eyewitness Account of How Bill Clinton Compromised America's National Security*. Washington, DC: Regnery Publishing.

Pearce, F. (2006) *When the Rivers Run Dry*. London: Transworld.（ピアス 二〇〇八）

——— (2007) *With Speed and Violence: Why Scientists Fear Tipping Points in Climate Change*. Boston: Beacon Press.

Peels, J. (2011) 'How soon before we get "green" 3D printing?' *Quora*, www.quora.com/How-soon-before-we-get-green-3D-printing

Perez, C. (2002) *Technological Revolutions and Financial Capital: The Dynamics of Bubbles and Golden Ages*. London: Edward Elgar.

Perkins Gilman, C. (1892) 'Yellow wallpaper,' www.publicbookshelf.com/romance/wallpaper/yellow-wallpaper

Perrow, C. (1999) *Normal Accidents: Living with High-Risk Technologies*. New York: Basic Books.

——— (2007) *The Next Catastrophe*. Princeton: Princeton University Press.

Peters, M., Fudge, S., Jackson, T. (eds.) (2010) *Low Carbon Communities*. Cheltenham: Edward Elgar.

Pfeiffer, D. (2006) *Eating Fossil Fuels*. Gabriola Island, BC: New Society Publishers.

Piercy, M. (1976) *Woman on the Edge of Time*. New York: Alfred A. Knopf.（ピアシー 一九九七）

Piketty, T. (2014) *Capital in the Twenty-First Century*. Cambridge, Mass.: Harvard University Press.（ピケティ 二〇一四）

Pinder, D. (2015) 'Reconstituting the possible: Lefebvre, Utopia and the urban question,' *International Journal of Urban and Regional Research*, 39: 28–45.

Platt, E. (2000) *Leadville*. London: Picador.

Polanyi, K. (1954[1944]) *The Great Transformation*. Boston: Beacon Press.（ポランニー 二〇〇九）

Montford, A. (2010) *The Hockey Stick Illusion: Climategate and the Corruption of Science*. London: Stacey International.（モントフォード 二〇一六）

Montgomery, C. (2013) *Happy City*. London: Penguin.

Montgomery, D. (2007) *Dirt: The Erosion of Civilizations*. Berkeley: University of California Press.（モントゴメリー 二〇一〇）

Moran, A. (ed.) (2015) *Climate Change: The Facts*, www.amazon.com/dp/B00S5L5Y0W/ref=cm_sw_su_dp

Morris, I. (2011) *Why the West Rules: For Now*. London: Profile.（モリス 二〇一四）

Morris, W. (1890) *News from Nowhere*, http://en.wikisource.org/wiki/News_from_Nowhere（モリス 二〇〇三）

Morrison, B. (2008) 'It was the cathedral of modern times, but the car is now a menace,' *The Guardian*, 26 July.

Morus, I. (2014) 'Future perfect: social progress, high-speed transport and electricity everywhere: how the Victorians invented the future,' *Aeon*, http://aeon.co/magazine/society/how-the-victorians-imagined-and-invented-the-future

Moskvitch, K. (2011) 'Blood vessels made on 3D printer,' *BBC News*, www.bbc.co.uk/news/technology-14946808.

Motesharrei, S., Rivas, J., Kalnay, E. (2014) 'Human and nature dynamics (HANDY): modelling inequality and use of resources in the collapse or sustainability of societies,' *Ecological Economics*, 101: 90–102.

Mumford, L. (1922) *The Story of Utopias*, www.sacred-texts.com/utopia/sou/sou04.htm.

Murray, J., King, D. (2012) 'Climate policy: oil's tipping point has passed,' *Nature*, 481: 433–5.

Nancy, J.-L. (2014) *After Fukushima: The Equivalence of Catastrophes*. New York: Fordham University Press.

Nicolis, G. (1995) *Introduction to Non-Linear Science*. Cambridge: Cambridge University Press.

Nikitas, A., Karlsson, M. (2015) 'A worldwide state-of-the-art analysis for Bus Rapid Transit: looking for the Success Formula,' *Journal of Public Transportation*, 18: 1–33.

North, D. (1990) *Institutions, Institutional Change and Economic Performance*. Cambridge: Cambridge University Press.（ノース 一九九四）

Nowotny, H. (1994) *Time: The Modern and the Postmodern Experience*. Cambridge: Polity.

Nye, D. (1998) *Consuming Power*. Cambridge, Mass.: MIT Press.

——— (2010) *When the Lights Went Out*. Cambridge, Mass.: MIT Press.

——— (2014) 'The United States and alternative energies: technological fix or regime change?' *Theory, Culture and Society*, 31: 103–25.

Offner, A. (2006) *The Challenge of Affl uence*. Oxford: Oxford University Press.

Ohmae, K. (1990) *The Borderless World*. New York: McKinsey.（大前研一 一九九四）

Oreskes, N., Conway E. (2010) *Merchants of Doubt*. New York: Bloomsbury Press.（オレスケス／コンウェイ 二〇一一）

——— (2014) *The Collapse of Western Civilization: A View from the Future*. New York: Columbia University Press.（オレスケス／コンウェイ 二〇一五）

Mahoney, J. (2000) 'Path dependence in historical sociology,' *Theory and Society*, 29: 507–48.

Marvin, C. (1988) *When Old Technologies Were New*. New York: Oxford University Press.（マーヴィン 二〇〇三）

Marx, K. (1962 [1845]) *Eleventh, Thesis on Feuerbach*, https://www.marxists.org/archive/marx/works/1845/theses（マルクス 一九六〇 a）

——— (1973 [1852]) *Surveys from Exile*. Harmondsworth: Penguin.（マルクス 一九六〇 b）

Marx, K., Engels, F. (1888 [1848]). *The Manifesto of the Communist Party*. Moscow: Foreign Languages.（マルクス／エンゲルス一九五一）

——— (1952 [1848]) *Marx Engels: Selected Works*. Vol. II. Moscow: Foreign Languages.（マルクス／エンゲルス 一九五九）

May, R. (1974) *Stability and Complexity in Model Ecosystems*. Princeton: Princeton University Press.

Mazzucato, M. (2015) *The Entrepreneurial State: Debunking Public vs. Private Sector Myths*. New York: Public Affairs.（マッツカート 二〇一五）

McCarthy, C. (2006) *The Road*. New York: Vintage.（マッカーシー 二〇一〇）

McCurdy, H. (2011) *Space and the American Imagination*. Baltimore: Johns Hopkins University Press.

McEwan, I. (2010) *Solar*. London: Jonathan Cape.（マキューアン 二〇一一）

McGuire, B. (2006) *Global Catastrophes: A Very Short Introduction*. Oxford: Oxford University Press.（マグワイア 二〇〇〇）

McTaggart, J. (1927) *The Nature of Existence*. Vol. II, Book 5. Cambridge: Cambridge University Press.

Mead, G. H. (1959[1934]) *The Philosophy of the Present*. La Salle: Open Court.（ミード 二〇一八）

Meadows, D. H., Meadows, D. L., Randers, J., Behrens, W. (1972) *The Limits to Growth*. New York: New American Library.（メドウズほか 一九七二）

Millard-Ball, A., Schipper, L. (2011) 'Are we reaching peak travel? Trends in passenger transport in eight industrialized countries,' *Transport Reviews*, 31: 357–78.

Miller, D. (ed.) (2000) *Car Cultures*. Oxford: Berg.

Miller, R. (2011) 'Futures literacy: embracing complexity and using the future,' *Ethos*, 10: 23–8.

Mitchell, C. (2010) *The Political Economy of Sustainable Energy*. London: Palgrave Macmillan.

Mitchell, T. (2011) *Carbon Democracy*. London: Verso.

Mitchell, W., Borroni-Bird, C., Burns, L. (2010) *Reinventing the Automobile*. Cambridge: Mass.: MIT Press.

Mol, A., Sonnenfeld, D., Spaargaren, G. (eds.) (2009) *The Ecological Modernization Reader: Environmental Reform in Theory and Practice*. London: Routledge.

Monbiot, G. (2006) *Heat: How to Stop the Planet from Burning*. London: Allen Lane.

——— (2013) *Feral: Searching for Enchantment on the Frontiers of Rewilding*. London: Penguin.

Latour, B. (1993) *We Have Never Been Modern*. Hemel Hempstead: Harvester Wheatsheaf.（ラトゥール 二〇〇八）

——— (1996) *Aramis or the Love of Technology*. Cambridge, Mass.: Harvard University Press.

Laurier, E., Dant, T. (2012) 'What we do whilst driving: towards the driverless car,' in Grieco, M., Urry, J. (eds.) *Mobilities: New Perspectives on Transport and Society*. Farnham: Ashgate.

Laviolette, P. (2012) *Extreme Landscapes of Leisure: Not a Hap-Hazardous Sport*. Farnham: Ashgate Publishing.

Law, J., Urry, J. (2004) 'Enacting the social,' *Economy and Society*, 33: 390–410.

Le Goff, J. (1980) *Time, Work and Culture in the Middle Ages*. Chicago: University of Chicago Press.（ル・ゴフ 二〇〇六）

Lefebvre, H. (1976) *The Survival of Capitalism*. London: Allison and Busby.

Leggett, J. (2005) *Half Gone: Oil, Gas, Hot Air and the Global Energy Crisis*. London: Portobello Books.（レゲット 二〇〇六）

Lehto, S. (2013) *The Great American Jet Pack: The Quest for the Ultimate Individual Lift Device*. Chicago: Chicago Review Press.

Leichenko, R., Thomas, A., Baines, M. (2010) 'Vulnerability and adaptation to climate change,' in Lever-Tracy, C. (ed.) *Routledge Handbook on Climate Change and Society*. London: Routledge.

Levitas, R. (1990) *The Concept of Utopia*. London: Philip Allen.

——— (2013) *Utopia as Method*. London: Palgrave Macmillan.

Lewis, M. (2015) *Flash Boys*. London: Penguin.（ルイス 二〇一九）

Linden, E. (2007) *Winds of Change: Climate, Weather and the Destruction of Civilizations*. New York: Simon and Schuster.

Llewellyn, R. (2013) *News from Gardenia*. London: Unbound.

Lomborg, B. (2001) *The Skeptical Environmentalist*. Cambridge: Cambridge University Press.（ロンボルグ 二〇〇三）

Lorimer, J. (2012) 'Multinatural geographies for the Anthropocene,' *Progress in Human Geography*, 36: 593–612.

Lovelock, J. (2006) *The Revenge of Gaia*. London: Allen Lane.（ラブロック 二〇〇六）

———. (2010) *The Vanishing Face of Gaia: A Final Warning*. London: Penguin.

Lyons, G. (2015) 'The road investment strategy is a victory for "predict and provide" over transport planning,' *Local Transport Today*, 663: 18.

Lyons, G., Goodwin, P. (2014) 'Grow, peak or plateau: the outlook for car travel.' Discussion Paper. New Zealand Ministry of Transport, http://eprints.uwe.ac.uk/23277

Macdonald, R. (2000) 'Urban hotel: evolution of a hybrid typology,' *Built Environment*, 26: 142–51.

Macnaghten, P., Owen, R., Stilgoe, J., et al. (2015) 'Responsible innovation across borders: tensions, paradoxes and possibilities,' *Journal of Responsible Innovation*, 1: 91–9.

Macnaghten, P., Urry, J. (1998) *Contested Natures*. London: Sage.

London: Reaktion Books.

Keynes, J. M. (1936) *The General Theory of Employment, Interest and Money*. London: Macmillan.（ケインズ 二〇〇八）

——— (1963[1930]) *Essays in Persuasion*. New York: W. W. Norton & Co.（ケインズ 二〇一〇）

Kicker, D. (2009) 'Wendell Bell and Oliver W. Markley: two Futurists' views of the preferable, the possible and the probable,' *Journal of Futures Studies*, 13: 161–78.

Kirby, P. (2013) 'Transforming capitalism: the triple crisis,' *Irish Journal of Sociology*, 21: 62–75.

Kirk, G. (1982) *Schumacher on Energy*. London: Jonathan Cape.

Klein, N. (2000) *No Logo*. London: Flamingo.（クライン 二〇〇一）

——— (2007) *The Shock Doctrine: The Rise of Disaster Capitalism*. New York: Metropolitan Books.（クライン 二〇一七）

——— (2014) *This Changes Everything: Capitalism vs. the Climate*. London: Allen Lane.（クライン 二〇一七）

Kloppenburg, S. (2013) *Tracing Mobilities Regimes*. Maastricht: University of Maastricht.

Kolbert, E. (2007) *Field Notes from a Catastrophe: A Frontline Report on Climate Change*. London: Bloomsbury.（コルバート 二〇〇七）

——— (2015) *The Sixth Extinction: An Unnatural History*. London: Bloomsbury.（コルバート 二〇一五）

Krane, J. (2010) *City of Gold*. London: Picador.

Kross, R. (2011) 'How 3D printing will change absolutely everything it touches,' *Forbes* www.forbes.com/sites/ciocentral/2011/08/17/how-3d-printing-willchange-absolutely-everything-it-touches

Kumar, K. (1987) *Utopia and Anti-Utopia in Modern Times*. Oxford: Basil Blackwell.

——— (1991) *Utopianism*. Milton Keynes: Open University Press.（クマー 一九九三）

Kunstler, J. (2006) *The Long Emergency: Surviving the Converging Catastrophes of the 21st Century*. London: Atlantic Books.

Kurzweil, R. (2006) *The Singularity is Near*. London: Gerard Duckworth.（カーツワイル 二〇〇七）

Labban, M. (2010) 'Oil in parallax: scarcity, markets and the fi nancialization of accumulation,' *Geoforum*, 41: 541–52.

Lakatos, I., Musgrave, A. (eds.) (1970) *Criticism and the Growth of Knowledge*. Cambridge: Cambridge University Press.（ラカトシュ／マスグレーヴ 二〇〇四）

Lanier, J. (2013) *Who Owns the Future?* New York: Simon and Schuster.

Lankford, B. (2013) *Resource Efficiency Complexity and the Commons: The Paracommons and Paradoxes of Natural Resource Losses, Wastes and Wastages*. Abingdon: Earthscan.

Lash, S., Urry, J. (1987) *The End of Organized Capitalism*. Cambridge: Polity.

——— (1994) *Economies of Signs and Space*. London: Sage.（ラッシュ／アーリ 二〇一八）

Laszlo, E. (2006) *The Chaos Point*. London: Piatkus Books.（ラズロ 二〇〇六）

Latouche, S. (2009) *Farewell to Growth*. Cambridge: Polity.（ラトゥーシュ 二〇一三）

Hopkins, R. (2011) *The Transition Companion*. Totnes: Green Books.
Hopkinson, N., Hague, R., Dickens, P. (2006) 'Introduction to rapid manufacturing,' in Hopkinson, N., Hague, R. (eds.) *Rapid Manufacturing: An Industrial Revolution for the Digital Age*. Chichester: John Wiley and Sons.
Horvath, R. (1974) 'Machine space,' *The Geographical Journal*, 64: 167–88.
Houellebecq, M. (2000) *Atomised*. London: Vintage.（ウエルベック 二〇〇六）
Hughes, T. (1983) *Networks of Power: Electrification in Western Society, 1880–1930*. Baltimore: Johns Hopkins University Press.（ヒューズ 一九九六）
Hulme, M. (2009) *Why We Disagree About Climate Change*. Cambridge: Cambridge University Press.
Hunt, D. V. L., Lombardi, D. R., Atkinson, S., et al. (2012) ' Scenario archetypes: converging rather than diverging themes', *Sustainability*, 4: 740 – 72.
Huxley, A. (1965[1958]) *Brave New World Revisited*. New York: Harper and Row.（ハックスレー 一九六六）
———— (1991[1932]) *Brave New World*. London: Longman.（ハクスリー 二〇一七）
Illich, I. (1974) *Energy and Equity*. London: Marion Boyars.（イリッチ 一九七九）
IPCC (2007) 'Summary for policymakers,' in *Climate Change 2007: The Physical Science Basis. Contribution of Working Group I to the Fourth Assessment Report of the Intergovernmental Panel on Climate Change*. Cambridge: Cambridge University Press.（ＩＰＣＣ 二〇〇七）
Jackson, T. (2009) *Prosperity Without Growth*. London: Earthscan.（ジャクソン 二〇一二）
Jacobs, J. (1992[1961]) *The Death and Life of Great American Cities*. New York: Vintage.（ジェコブス 一九七七）
Jacques, M. (2012) *When China Rules the World*. London: Penguin.（ジェイクス 二〇一四）
Johnson, B. (2011) *Science Fiction Prototyping: Designing the Future with Science Fiction*. Synthesis Lectures on Computer Science, doi:10.2200/S00336ED1V01Y201102CSL003.（ジョンソン 二〇一三）
Jowit, J. (2015) 'How Treasury obsessed with growth leaves climate action out in the cold,' *The Guardian*, 25 May.
Kaldor, M. (1999) *New and Old Wars: Organized Violence in a Global Era*. Cambridge: Polity.（カルドー 二〇〇三）
Kaldor, M., Karl, T., Said, Y. (eds.) (2007) *Oil Wars*. London: Pluto.
Karlgaard, R. (2011) '3D printing will revive American manufacturing,' *Forbes*, www.forbes.com/sites/richkarlgaard/2011/06/23/3d-printing-will-revive-american-manufacturing
Kauffman, S. (1993) *The Origins of Order: Self-organization and Selection in Evolution*. New York: Oxford University Press.
Keen, A. (2015) *The Internet is Not the Answer*. London: Atlantic Books.（キーン 二〇一九）
Kennedy Address (1963) 'Public papers of the Presidents: John F. Kennedy,' (Assembly Hall, Paulskirche, Frankfurt (266), 25 June.)
Kerr, J. (2002) 'Trouble in motor city,' in Wollen, P., Kerr, J. (eds.) *Autopia: Cars and Culture*.

Stuff_171011.pdf

Gore, A. (2013) *The Future*. London: W. H. Allen.（ゴア 二〇一四）

Graham, S. (2011) *Cities under Siege*. London: Verso.

Granovetter, M. (1983) 'The strength of weak ties: a network theory revisited,' *Sociological Theory*, 1: 201–33.

——— (1985) 'Economic action and social structure: the problem of embeddedness,' *American Journal of Sociology*, 91: 481–510.

Greenfield, S. (2011) 'Computers may be altering our brains: we must ask how,' *The Independent*, 12 August.

Greer, J. M. (2015) *After Progress*. Gabriola Island, BC: New Society Publishers.

Haldane, A., May, R. (2011) 'Systemic risk in banking ecosystems,' *Nature*, 469: 351–5.

Hall, S. (2007) *The Carhullan Army*. London: Faber and Faber.

Hallam, T. (2005) *Catastrophes and Lesser Calamities: The Causes of Mass Extinctions*. Oxford: Oxford University Press.

Halpern, D. (2010) *The Hidden Wealth of Nations*. Cambridge: Polity.

Hamilton, C. (2010) *Requiem for a Species*. London: Earthscan.

Hansen, J. (2011) *Storms of my Grandchildren: The Truth about the Coming Climate Catastrophe and Our Last Chance to Save Humanity*. London: Bloomsbury.（ハンセン 二〇一二）

Hardin, G. (1972) *Exploring New Ethics for Survival*. Baltimore: Penguin.（ハーディン 一九七五）

Hardt, M., Negri, A. (2006) *Multitude*. London: Penguin.（ネグリ／ハート 二〇〇五）

Harvey, M. (2014) 'The food–energy–climate change trilemma,' *Theory, Culture and Society*, 31: 155–82.

Hawken, P., Lovins, A., Lovins, H. (1999) *Natural Capitalism*. London: Earthscan.（ホーケンほか 二〇〇一）

Hawking, S. (1988) *A Brief History of Time*. London: Bantam.（ホーキング 一九九五）

Hayek, F. (1944) *The Road to Serfdom*. London: Routledge.（ハイエク 二〇〇八）

Heidegger, M. (1962[1927]) *Being and Time*. New York: Harper & Row.（ハイデッガー 一九六三）

Heinberg, R. (2005) *The Party's Over: Oil, War and the Fate of Industrial Society*. New York: Clearview Books.

Heinberg, R., Lerch, D. (eds.) (2010) *The Post-Carbon Reader*. Healdsburg: California: Watershed Media.

Hickman, R., Banister, D. (2007) 'Looking over the horizon: transport and reduced CO_2 emissions in the UK by 2030,' *Transport Policy*, 14: 377–87.

Hillman, M., Fawcett, T., Raja, S. (2007) *The Suicidal Planet: How to Prevent Global Climate Catastrophe*. New York: Thomas Dunne Books.

Hiltunen, E. (2013) *Foresight and Innovation: How Companies Are Coping with the Future*. London: Routledge.

Homer-Dixon, T. (2006) *The Upside of Down: Catastrophe, Creativity, and the Renewal of Civilization*. London: Souvenir.

Foster, J. (2015) *After Sustainability*. London: Routledge.
Fox, S. (2010) 'After the factory [post-industrial nations],' *Engineering and Technology*, 5: 59–61.
Franz, K. (2005) *Tinkering: Consumers Reinvent the Early Automobile*. Philadelphia: University of Pennsylvania Press.
Friedman, T. (2009) *Hot, Flat and Crowded*. London: Penguin.（フリードマン 二〇〇九）
Froggatt, A., Lahn, G. (2010) *Sustainable Energy Security: Strategic Risks and Opportunities for Business*. London: Lloyd's and Chatham House.
Gallopin, G., Hammond, A., Raskin, P. Swart, R. (1997) *Branch Points: Global Scenarios and Human Choice*. Polestar Series Report 7. Stockholm: Stockholm Environmental Institute.
Gamble, A. (2014) *Crisis Without End? The Unravelling of Western Prosperity*. London: Palgrave Macmillan.
Garside, J. (2014) 'Many more of us will work from home – or a café– says BT futurologist,' *The Guardian*, 3 January.
Geels, F. (2006) 'Multi-level perspective on system innovation: relevance of industrial transformation,' in Olsthoorn, X., Wieczorek, A. (eds.) *Understanding Industrial Transformation: Views from Different Disciplines*. The Netherlands: Springer.
——— (2010) 'Ontologies, socio-technical transitions (to sustainability) and the multi-level perspective,' *Research Policy*, 39: 494–510.
——— (2014) 'Energy, societal transformation, and socio-technical transitions: expanding the multi-level perspective,' *Theory, Culture and Society*, 31: 21–40.
Geels, F., Kemp, R., Dudley, G., Lyons, G. (2012) *Automobility in Transition? A Socio-Technical Analysis of Sustainable Transport*. London: Routledge.
Geels, F., Schot, J. (2007) 'Typology of sociotechnical transition pathways,' *Research Policy*, 35: 399–417.
Geels, F., Smit, W. (2000) 'Failed technology futures: pitfalls and lessons from a historical survey,' *Futures*, 32: 867–85.
Gell-Mann, M. (1995) 'What is complexity?' *Complexity*, 1: 16–19.
Gershenfeld, N. (2007) *Fab: The Coming Revolution on your Desktop – From Personal Computers to Personal Fabrication*. New York: Basic Books.（ガーシェンフェルド 二〇〇六）
Giddens, A. (1990) *The Consequences of Modernity*. Cambridge: Polity.（ギデンズ 一九九三）
——— (2009) *The Politics of Climate Change*. Cambridge: Polity.
Gilding, P. (2012) *The Great Disruption: How the Climate Crisis Will Transform the Global Economy*. London: Bloomsbury.
Gladwell, M. (2002) *Tipping Points: How Little Things Can Make a Big Difference*. Boston: Little, Brown and Company.（グラッドウェル 二〇〇一）
Glaeser, E. (2011) *Triumph of the City: How Our Greatest Invention Makes Us Richer, Smarter, Greener, Healthier, and Happier*. London: Penguin.（グレイザー 二〇一二）
Goodall, C. (2011) 'Peak stuff. Did the UK reach a maximum use of material resources in the early part of the last decade?,' www.carboncommentary.com/s/Peak_

Dayrell, C., Urry, J. (2015) 'Mediating climate politics: the surprising case of Brazil,' *European Journal of Social Theory*, 18: 257–73.

Dean, A. (2012) '3D printing in the home: reality check,' www. develop3d.com/features/3d-printing-in-the-home-reality-check

Demeritt, D. (2006) 'Science studies, climate change and the prospects for constructivist critique,' *Economy and Society*, 35: 453–79.

Dennis, K., Urry, J. (2009) *After the Car*. Cambridge: Polity.

Despommier, D. (2009) 'The rise of vertical farms,' *Scientifi c American*, 301: 80–7.

Diamond, J. (2005) *Collapse: How Societies Choose to Fail or Succeed*. London: Allen Lane.（ダイアモンド 二〇一二）

Druce-McFadden, C. (2013) 'Driverless cars to invade England by 2015,' *DVICE*, 4 November, www.dvice.com/2013–11–4/driverless-cars-invade-england-2015

Dunn, N., Cureton, P., Pollastri, S. (2014) *A Visual History of the Future*. Foresight Paper from the 'The Future of Cities' Foresight Programme. London: Department for Business, Innovation and Skills.

Easton, T. (2011) 'A recession in the economy of trust,' in Ricci, G. (ed.) *Values and Technology: Religion and Public Life*. New Brunswick, N.J.: Transaction.

Edgerton, D. (2006) *The Shock of the Old: Technology and Global History since 1900*. London: Profile.

Ehret, O., Gignum, M. (2012) 'Introducing hydrogen and fuel cell vehicles in Germany,' in Geels, F., Kemp, R., Dudley, G., Lyons, G. (eds.) *Automobility in Transition? A Socio-Technical Analysis of Sustainable Transport*. London: Routledge.

Elias, N. (2007[1984]) *An Essay on Time*. Dublin: UCD Press.（エリアス 一九九六）

——— (2012[1939]) *On the Process of Civilisation*. Dublin: UCD Press.（エリアス 二〇一〇）

Ellen MacArthur Foundation (2012) *Towards the Circular Economy: Economic and Business Rationale for an Accelerated Transition*, www. thecirculareconomy.org/uploads/files/012012/4f26c6959d31c63107000018/original/120130_EMF_CE_Full%20report_final.pdf?1327941269

Elliott, A. (2013) *Reinvention*. London: Routledge.

Elliott, A., Urry, J. (2010) *Mobile Lives*. London: Routledge.（エリオット／アーリ 二〇一六）

Emmott, S. (2013) 'Humans: the real threat to life on earth,' www. theguardian.com/environment/2013/jun/30/stephen-emmott-ten-billion

ESPAS (2015) *Global Trends to 2030: Can the EU Meet the Challenges Ahead?* Brussels: ESPAS.

Farnish, K. (2009) *Time's Up! An Uncivilized Solution to a Global Crisis*. Totnes: Green Books.

Faye, G. (2012) *Convergence of Catastrophes*. London: Arktos Media.

Flannery, T. (2007) *The Weather Makers*. London: Penguin.（フラナリー 二〇〇七）

Floyd, J., Slaughter, R. (2014) ' Descent pathways', *Foresight*, 6: 485–95.

Forster, E. M. (1985[1909]) *The New Collected Short Stories*. London: Sidgwick and Jackson.（フォースター 一九九六）

Forum for the Future (2010) *Megacities on the Move*. London: Forum for the Future.

Carr, N. (2010) *The Shallows*. New York: W. W. Norton.（カー 二〇一〇）
Carroll, R. (2008) 'The temples of doom,' *The Guardian G2*, 28 October.
Carroll, W. (2010) *The Making of a Transnational Capitalist Class: Corporate Power in the 21st Century*. London: Zed.
Carson, R. (1962) *Silent Spring*. Boston: Houghton Mifflin.（カーソン 一九七四）
Castells, M. (1996) *The Rise of the Network Society*. Oxford: Blackwell.
——— (2001) *The Internet Galaxy*. Oxford: Oxford University Press.（カステル 二〇〇九）
Centre for Alternative Technology (2013) *Zero Carbon Britain: Rethinking the Future*. Machynlleth: Centre for Alternative Technology.
Clark, D. (2011) 'The only way is down,' *The Guardian G2*, 1 November.
Clark, N. (2010) 'Violent worlds, vulnerable bodies: confronting abrupt climate change,' *Theory, Culture and Society*, 27: 31–53.
——— (2011) *Inhuman Nature: Sociable Life on a Dynamic Planet*. London: Sage.
Clarke, A. C. (2000) *Profiles of the Future* (2nd rev. edn.). London: Indigo.（クラーク 一九八〇）
Clarke, T. (2011) 'How printing in 3D could save lives,' www.channel4.com/news/how-printing-in-3-d-could-save-lives
Collectif Argos (2010) *Climate Refugees*. Boston: MIT Press.
Collie, N. (2011) 'Cities of the imagination: science fiction, urban space, and community engagement in urban planning,' *Futures*, 43: 424–31.
Condie, J. M., Cooper, A. M. (2015). *Dialogues of Sustainable Urbanisation: Social Science Research and Transitions to Urban Contexts*. Penrith, NSW: University of Western Sydney.
Costanza, R. (1999) 'Four visions of the century ahead,' *The Futurist*, February: 23–8.
Coveney, P., Highfield, R. (1990) *The Arrow of Time*. London: Flamingo.（コヴニー／フィールド 一九九五）
Crawford, J. (2009) *Carfree Design Manual*. Utrecht: International Books.
Cudahy, B. J. (2006) *Box Boats: How Container Ships Changed the World*. New York: Fordham University Press.
Cwerner, S. (2009) 'Helipads, heliports and urban air space: governing the contested infrastructure of helicopter travel,' in Cwerner, S., Kesselring, S., Urry, J. (eds.) *Aeromobilities*. London: Routledge.
Dartnell, L. (2014) *The Knowledge: How to Rebuild our World from Scratch*. London: Bodley Head.（ダートネル 二〇一八）
Davidson, C. (2008) *Dubai: The Vulnerability of Success*. London: Hurst.
Davis, G. (2009) *Managed by the Markets*. New York: Oxford University Press.
——— (2012) 'Re-imagining the corporation.' Paper presented to American Sociological Association, Denver, Colorado, 17–20 August.
Davis, M. (2000) *Ecology of Fear*. London: Picador.
——— (2010) 'Who will build the ark?,' *New Left Review*, 61: 29–46.
Day, P. (2011) 'Will 3D printing revolutionise manufacturing?,' *BBC News*, www.bbc.co.uk/news/business-14282091.

Birtchnell, T., Savitzky, S., Urry, J. (eds.) (2015) *Cargomobilities*. London: Routledge.

Birtchnell, T., Urry, J. (2013a) 'Fabricating futures and the movement of objects,' *Mobilities*, 8: 388–405.

——— (2013b) '3D, SF and the future,' *Futures*, 50: 25–34.

——— (2016) 'Small technologies and big systems,' in Endres, M., Manderscheid, K., Mincke, C. (eds.) *Discourses and Ideologies of Mobility*. London: Routledge.

Birtchnell, T., Viry, G., Urry, J. (2013) 'Elite formation in the third industrial revolution,' in Birtchnell, T., Caletrio, J. (eds.) *Elite Mobilities*. London: Routledge.

Black, E. (2006) *Internal Combustion*. New York: St Martin's Press.

Blinder, A. (2006) 'Offshoring: the next industrial revolution,' *Foreign Affairs*, 85: 113–28.

Böhm, S., Jones, C., Land, C., Paterson, M. (eds.) (2006) *Against Automobility*. Oxford: Blackwell Sociological Review Monograph.

Boltanski, L., Chiapello, E. (2007) *The New Spirit of Capitalism*. London: Verso.（ボルタンスキー／シャペロ 二〇一三）

Bond, P. (2012) *Politics of Climate Justice*. Scottsville: University of KwaZulu-Natal Press.

Bourdieu, P. (1984) *Distinction: A Social Critique of the Judgement of Taste*. London: Routledge and Kegan Paul.（ブルデュー 一九九〇）

Braudel, F. (1972) *The Mediterranean and the Mediterranean World in the Age of Phillip II*. Vol. I. New York: Harper and Row.（ブローデル 二〇〇四）

Bridge, G. (2013) 'Territory, now in 3D!' *Political Geography*, 34: 55–7.

Brown, V., Harris, J., Russell, J. (eds.) (2010) *Tackling Wicked Problems*. London: Earthscan.

Brundtland Report (1987) *Our Common Future*. New York: World Commission on Environment and Development.（環境と開発に関する世界委員会 一九八七）

Buchanan, M. (2002) *Small World: Uncovering Nature's Hidden Networks*. London: Weidenfeld.

Budd, L. (2013) 'Aeromobile elites: private business aviation and the global economy,' in Birtchnell, T., Caletrio, J. (eds.) *Elite Mobilities*. London: Routledge.

Bunders, J., Bunders, A., Zweekhorst, M. (2015) 'Challenges for interdisciplinary research,' in Werlen, B. (ed.) *Global Sustainability*. Switzerland: Springer.

Burt, R. (1992) *Structural Holes*. Cambridge, Mass.: Harvard University Press.（バート 二〇〇六）

Butler, S. (2005[1872]) *Erewhon*, www.gutenberg.org/files/1906/1906-h/1906-h.htm（バトラー 一九七九）

Calder, N. (1964) *The World in 1984: The Complete New Scientist Series*. Harmondsworth: Penguin (see http://calderup.wordpress.com/2010/05/04/Internet-64).

Campbell, K. (ed.) (2008) *Climatic Cataclysm: The Foreign Policy and National Security Implications of Climate Change*. Washington: Brookings.

Canales, J. (2009) *A Tenth of a Second*. Chicago: University of Chicago Press.

Capra, F. (1996) *The Web of Life*. London: HarperCollins.

Carbon Tracker (2013) *Unburnable Carbon 2013: Wasted Capital and Stranded Assets*. London: Grantham Research Institute on Climate Change and the Environment.

Atwood, M. (2010) *The Year of the Flood*. New York: Anchor.（アトウッド 二〇一八）
Axelrod, R., Cohen, M. (1999) *Harnessing Complexity*. New York: Free Press.（アクセルロッド／コーエン 二〇〇三）
Ball, P. (2004) *Critical Mass*. London: William Heinemann.
Ballard, J. G. (2005[1975]) *High-Rise*. London: Harper.（バラード 二〇一六）
Banister, D., Schwanen, T., Anable, J. (eds.) (2012) 'Special section on theoretical perspectives on climate change mitigation in transport,' *Journal of Transport Geography*, 24: 467–535.
Barabási, A.-L. (2002) *Linked: The New Science of Networks*. Cambridge, Mass.: Perseus.（バラバシ 二〇〇二）
Barkenbus, J. (2009) 'Our electric automotive future: CO_2 savings through a disruptive technology,' *Policy and Society*, 27: 399–410.
Barlex, D., Stevens, M. (2012) *Making by Printing: Disruption Inside and Outside School?*, www.ep.liu.se/ecp/073/007/ecp12073007.pdf
Bauman, Z. (1976) *Socialism: The Active Utopia*. London: George Allen and Unwin.
——— (2000) *Liquid Modernity*. Cambridge: Polity.（バウマン 二〇〇一）
BBC News (2010) '3D printing offers ability to print physical objects,' www.bbc.co.uk/news/technology-11834044
Beck, U. (2009) *World at Risk*. Cambridge: Polity.
Beckett, A. (2011) 'The economy's bust, the climate's on the brink and even the arts are full of gloom,' *The Guardian G2*, 19 December.
Beinhocker, E. (2006) *The Origin of Wealth: Evolution, Complexity, and the Radical Remaking of Economics*. London: Random House.
Bell, S., Walker, S. (2011) 'Futurescaping infi nite bandwidth, zero latency,' *Futures*, 43: 525–39.
Bell, W., Wau, J. (eds.) (1971) *Sociology of the Future: Theory, Cases and Annotated Bibliography*. New York: Russell Sage.
Ben-Joseph, E. (2012) *Re-thinking a Lot: The Design and Culture of Parking*. Cambridge, Mass.: MIT Press.
Benkler, Y. (2007) *The Wealth of Networks*. New Haven: Yale University Press.
Berman, M. (1983) *All That Is Solid Melts into Air*. London: Verso.
Berners-Lee, M. (2010) *How Bad are Bananas?* London: Profile.
Berners-Lee, M., Clark, D. (2013) *The Burning Question: We can't Burn Half the World's Oil, Coal and Gas. So How Do we Quit?* London: Profile.
Better Transport (2014) *Car Dependency Scorecard*. London: Better Transport.
Biel, R. (2014) 'Visioning a sustainable energy future,' *Theory, Culture and Society*, 31: 183–202.
Bijsterveld, K., Cleophas, E., Krebs, S., Mom, G. (2014) *Sound and Safe: A History of Listening Behind the Wheel*. New York: Oxford University Press.
Birtchnell, T., Büscher, M. (2011) 'Stranded: an eruption of disruption,' *Mobilities*, 6: 1–9.
Birtchnell, T., Caletrio, J. (eds.) (2014) *Elite Mobilities*. London: Routledge.

引用・参考文献一覧（欧文原書）

◆本文中の〔　〕内の出典表示で、欧文表記のものは、邦訳のない文献であり、以下を参照のこと。なお、末尾の（　）内にカタカナ表記のあるものは、邦訳がある文献であり、「引用・参照文献一覧（邦訳書）」を参照のこと。

Abbott, A. (2001) *Time Matters*. Chicago: University of Chicago Press.

Abbott, C. (2008) *An Uncertain Future: Law Enforcement, National Security and Climate Change*. Oxford: Oxford Research Group.

Adam, B. (1990) *Time and Social Theory*. Cambridge: Polity.（アダム 一九九七）

——— (1995) *Timewatch: The Social Analysis of Time*. Cambridge: Polity.

——— (2010) ‘History of the future: paradoxes and challenges,’ *Rethinking History*, 14: 361–78.

Adam, B., Groves, C. (2007) *Future Matters: Action, Knowledge, Ethics*. Leiden: Brill.

Albert, R., Barabási, A.-L. (2000) ‘Topology of evolving networks: local events and universality,’ *Physical Review Letters*, 85: 5234–7.

Allwood, J., Cullen, J. (2012) *Sustainable Materials*. Cambridge: UIT Press.

Amin, A., Thrift, N. (2002) *Cities: Reimagining the Urban*. Cambridge: Polity.

Anderson, B. (1991) *Imagined Communities*. London: Verso.（アンダーソン 二〇〇七）

Anderson, C. (2012) *Makers: The New Industrial Revolution*. New York: Crown Business.（アンダーソン 二〇一二）

Anderson, K., Bows, A. (2011) ‘Beyond “dangerous” climate change: emission scenarios for a new world,’ *Philosophical Transactions of the Royal Society A*, 369: 20–44.

Andrews, C. (1901) *Famous Utopias*. New York: Tudor Publishing.

Appadurai, A. (2013) *The Future as Cultural Fact*. London: Verso.

Appelbaum, E., Batt, R. (2014) *Private Equity at Work: When Wall Street Manages Main Street*, https://www.russellsage.org/publications/private-equity-work

Armytage, W. (1968) *Yesterday's Tomorrows: A Historical Survey of Future Societies*. London: Routledge and Kegan Paul.

Arthur, B. (1994) *Increasing Returns and Path Dependence in the Economy*. Ann Arbor: University of Michigan Press.（アーサー 二〇〇三）

——— (2009) *The Nature of Technology*. New York: Free Press.（アーサー 二〇一一）

——— (2013) *Complexity Economics: A Different Framework for Economic Thought*. Working Paper. Santa Fe: Sante Fe Institute.

Atherton, A. (2005) ‘A future for small business? Prospective scenarios for the development of the economy based on current policy thinking and counterfactual reasoning,’ *Futures*, 37: 777–94.

Attali, J. (1985 [1976]) *Noise: The Political Economy of Music*. Manchester: Manchester University Press.（アタリ 二〇一二）

——— (2011) *A Brief History of the Future*. New York: kyhorse.（アタリ 二〇〇八）

鐸社。（Lakatos, Musgrave 1970）
ラズロ、アーヴィン（二〇〇六）、『カオス・ポイント――持続可能な世界のための選択』吉田三知世訳、日本教文社。（Laszlo 2006）
ラッシュ、スコット／アーリ、ジョン（二〇一八）、『フローと再帰性の社会学――記号と空間の経済』中西眞知子ほか訳、晃洋書房。（Lash, Urry 1994）
ラトゥーシュ、セルジュ（二〇一三）、『経済成長なき社会発展は可能か？――「脱成長」と「ポスト開発」の経済学』中野佳裕訳、作品社。（Latouche 2009）
ラトゥール、ブルーノ（二〇〇八）、『虚構の「近代」――科学人類学は警告する』川村久美子訳、新評論。（Latour 1993）
ラブロック、ジェームズ（二〇〇六）、『ガイアの復讐』竹村健一訳、中央公論新社。（Lovelock 2006）
ランド、アイン（二〇〇四）、『肩をすくめるアトラス』脇坂あゆみ訳、ビジネス社。（Rand 2007[1957]）
リース、マーティン（二〇〇七）、『今世紀で人類は終わる？』堀千恵子訳、草思社。（Rees 2003）
リフキン、ジェレミー（二〇〇一）、『エイジ・オブ・アクセス――あなたは「アクセス富者」か「アクセス貧者」か』渡辺康雄訳、集英社。（Rifkin 2000）
――――（二〇〇三）、『水素エコノミー――エネルギー・ウェブの時代』柴田裕之訳、ＮＨＫ出版。（Rifkin 2002）
ル・ゴフ、ジャック（二〇〇六）、『もうひとつの中世のために――西洋における時間、労働、そして文化』加納修訳、白水社。（Le Goff 1980）
ルイス、マイケル（二〇一九）、『フラッシュ・ボーイズ――10億分の１秒の男たち』渡会圭子・東江一紀訳、文藝春秋。（Lewis 2015）
レゲット、ジェレミー（二〇〇六）、『ピーク・オイル・パニック――迫る石油危機と代替エネルギーの可能性』益岡賢ほか訳、作品社。（Leggett 2005）
ロジャース、リチャード（二〇〇二）、『都市――この小さな惑星の』野城智也訳、鹿島出版会。（Rogers 1997）
ロンボルグ、ビョルン（二〇〇三）、『環境危機をあおってはいけない――地球環境のホントの実態』山形浩生訳、文藝春秋。（Lomborg 2001）
ワイルド、オスカー（一九六八）、『社会主義の下での人間の魂』橋本義春訳、バルカン社。（Wilde 2001 [1900]）
ワッツ、ダンカン（二〇〇四）、『スモールワールド・ネットワーク――世界を知るための新科学的思考法』辻竜平／友知政樹訳、CCC メディアハウス。（Watts 2003）
――――（二〇〇六）、『スモール・ワールド――ネットワークの構造とダイナミクス』栗原聡／佐藤進也／福田健介訳、東京電機大学出版局。（Watts 1999）
ワトソン、リチャード（二〇一一）『減速思考――デジタル時代を賢く生き抜く知恵』北川知子訳、徳間書店。（Watson 2008）
IPCC（二〇〇七）、『第１作業部会報告書――政策決定者向け要約（IPCC 第４次評価報告書）』気象庁。https://www.data.jma.go.jp/cpdinfo/ipcc/ar4/index.html（IPCC 2007）

ホーケンほか(二〇〇一)、『自然資本の経済――「成長の限界」を突破する新産業革命』佐和隆光監訳、日本経済新聞社。(Hawken, Lovins, Lovins 1999)
ポパー、カール・R(一九六一)、『歴史主義の貧困』久野収・市井三郎訳、中央公論新社。(Popper 1960)
ポランニー、カール(二〇〇九)、『(新訳)大転換――市場社会の形成と崩壊』野口建彦/栖原学訳、東洋経済新報社。(Polany 1954 [1944])
ボルタンスキー、リュック/シャペロ、エヴ(二〇一三)、『資本主義の新たな精神(上・下)』三浦直希訳、ナカニシヤ出版)。(Boltanski, Chiapello 2007)
ホワイトヘッド、アルフレッド・ノース(一九八一~九八三)、『過程と実在(1・2)』平林康之訳、みすず書房。(Whitehead 1929)
マーヴィン、キャロリン(二〇〇三)、『古いメディアが新しかった時――19世紀末社会と電気テクノロジー』吉見俊哉ほか訳、新曜社。(Marvin 1988)
マキューアン、イアン(二〇一一)、『ソーラー』村松潔訳、新潮社。(McEwan 2010)
マグワイア、ビル(二〇〇〇)、『グローバル・カタストロフィー――その時、人は冷静に対処できたか』河合宏樹訳、ニュートンプレス。(McGuire 2006)
マッカーシー、コーマック(二〇一〇)、『ザ・ロード』黒原敏行訳、早川書房。(McCarthy 2006)
マッツカート、マリアナ(二〇一五)、『企業家としての国家――イノベーション力で官は民に劣るという神話』大村昭人訳、薬事日報社。(Mazzucato 2015)
マルクス、カール(一九六〇a)、「フォイエルバッハに関するテーゼ、第一一」、エンゲルス『フォイエルバッハ論』松村一人訳、岩波書店。(Marx 1962 [1845])
――――(一九六〇b)、『ルイ・ボナパルトのブリュメール18日』植村邦彦訳、平凡社ライブラリー。(Marx 1973 [1852])
マルクス/エンゲルス(一九五一)、『共産党宣言』大内兵衛/向坂逸郎訳、岩波書店。(Marx, Engels 1888 [1848])
――――(一九五九)、『マルクス・エンゲルス全集 第1巻』大内兵衛/細川嘉六監訳、大月書店。(Marx, Engels 1952 [1848])
ミード、ジョージ・H(二〇一八)、「現在というものの哲学」、『G・H・ミード著作集成――プラグマティズム・社会・歴史』植木豊訳、作品社。(Mead 1959 [1934])
メドウズ、ドネラほか(一九七二)、『成長の限界――ローマ・クラブ「人類の危機」レポート』[大来佐武郎監訳、ダイヤモンド社。(Meadows, D. H., Meadows, D. L., Randers, Behrens 1972)
モリス、イアン(二〇一四)、『人類5万年 文明の興亡――なぜ西洋が世界を支配しているのか(上・下)』北川知子訳、筑摩書房。(Morris 2011)
モリス、ウィリアム(二〇〇三)、『ユートピアだより――もしくはやすらぎの一時代、ユートピアン・ロマンスからの断章』川端康雄訳、晶文社。(Morris 1890)
モントゴメリー、デイビット(二〇一〇)、『土の文明史』片岡夏美訳、築地書館。(Montgomery 2007)
モントフォード、アンドルー・W(二〇一六)、『ホッケースティック幻想』桜井邦明訳、第三書館。(Montford 2010)
ラカトシュ、イムレ/マスグレーヴ、アラン編(二〇〇四)、『批判と知識の成長』森博監訳、木

ハクスリー、オルダス（二〇一七）『すばらしい新世界』新訳版、大森望訳、早川書房。（Huxley 1991[1932]）
パーソンズ、タルコット（一九七六～一九八九）、『社会的行為の構造（第一～第五分冊）』稲上毅／厚東洋輔訳、木鐸社。（Parsons 1968 [1937]）。
ハックスレー、オールダス（一九六六）、『文明の危機——すばらしい新世界再訪』谷崎隆昭訳、雄渾社。（Huxley 1965[1958]）
パットナム、ロバート・D（二〇〇六）、『孤独なボウリング——米国コミュニティの崩壊と再生』柴内康文訳、柏書房。（Putnam 2000）
ハーディン、ガレット（一九七五）、『地球に生きる倫理——宇宙船ビーグル号の旅から』松井巻之助訳、佑学社。（Hardin 1972）
バート、ロナルド（二〇〇六）、『競争の社会的構造——構造的空隙の理論』安田雪訳、新曜社。（Burt 1992）
バトラー、サミュエル（一九七九）、『エレホン——倒錯したユートピア』石原文雄、音羽書房。（Butler 2005 [1872]）
バラード、ジェームズ・グレアム（二〇一六）、『ハイ・ライズ』村上博基訳、東京創元社。（Ballard 2005[1975]）
バラバシ、アルバート・ラズロ（二〇〇二）、『新ネットワーク思考——世界のしくみを読み解く』青木薫、NHK 出版。（Barabási 2002）
ハンセン、ジェイムズ（二〇一二）、『地球温暖化との闘い——すべては未来の子どもたちのために』中小路佳代子訳、日経 BP 社。（Hansen 2011）
ピアシー、マージ（一九九七）、『時を飛翔する女』近藤和子訳、學藝書林。（Piercy 1976）
ピアス、フレッド（二〇〇八）、『水の世界——世界の川が干上がるとき』古草秀子訳、日経 BP。（Pearce 2006）
ピケティ、トマ（二〇一四）、『21 世紀の資本』山形浩生ほか訳、みすず書房。（Piketty 2014）
ヒッペル、エリック・フォン（二〇〇五）、『民主化するイノベーションの時代——メーカー主導からの脱皮』サイコム・インターナショナル監訳、ファーストプレス。（Von Hippel 2006）
ヒューズ、トーマス（一九九六）『電力の歴史』市場泰男訳、平凡社。（Hughes 1983）
フォースター、エドワード・モーガン（一九九六）、『短篇集(1) 天国行きの乗合馬車（E・M・フォースター著作集 5）』小池滋訳、みすず書房。（Forster 1985 [1909]）
フラナリー、ティム（二〇〇七）、『地球を殺そうとしている私たち』椿正晴訳、ヴィレッジブックス。（Flannery 2007）
プリゴジン、イリヤ（一九九七）、『確実性の終焉——時間と量子論、二つのパラドクスの解決』安孫子誠也／谷口佳津宏訳、みすず書房。（Prigogine 1997）
プリゴジン、イリヤ／スタンジェール、イザベル（一九八七）、『混沌からの秩序』伏見康治ほか訳、みすず書房。（Prigogine, Stengers 1984）
ブルデュー、ピエール（一九九〇）、『ディスタンクシオン（1・2）——社会的判断力批判』石井洋二郎訳、藤原書店。（Bourdieu 1984）
ブローデル、フェルナン（二〇〇四）、『地中海（普及版）II——集団の運命と全体の動き』浜名優美訳、藤原書店。（Braudel 1972）
ホーキング、スティーヴン（一九九五）、『ホーキング、宇宙を語る——ビッグバンからブラックホールまで』林一訳、ハヤカワ文庫。（Hawking 1988）

スタンディング、ガイ（二〇一六）、『プレカリアート――不平等社会が生み出す危険な階級』岡野内正訳、法律文化社。（Standing 2014）
スティグリッツ、ジョセフ（二〇〇三）、『人間が幸福になる経済とは何か――世界が90年代の失敗から学んだこと』鈴木主税訳、徳間書店。（Stiglitz 2004）
――――（二〇〇六）、『世界に格差をバラ撒いたグローバリズムを正す』楡井浩一訳、徳間書店。（Stiglitz 2007）
ストロガッツ、スティーヴン（二〇一四）、『SYNC――なぜ自然はシンクロしたがるのか』蔵本由紀監修、長尾力訳、早川書房。（Strogatz 2003）
ストローン、デイヴィッド（二〇〇八）、『地球最後のオイルショック』高遠裕子訳、新潮社。（Strahan 2007）
スミス、アダム（一九七八）、『国富論』大河内一男訳、中央公論社。（Smith 1979 [1776]）
セネット、リチャード（一九九一）、『公共性の喪失』北山克彦ほか訳、晶文社。（Sennett 1977）
――――（一九九九）『それでも新資本主義についていくか――アメリカ型経営と個人の衝突』斎藤秀正訳、ダイヤモンド社。（Sennett 1998）
――――（二〇一六）、『クラフツマン――作ることは考えることである』高橋勇夫訳、筑摩書房。（Sennett 2009）
セロー、マーセル（二〇一二）、『極北』村上春樹訳、中央公論新社。（Theroux 2009）
ダイアモンド、ジャレド（二〇一二）、『文明崩壊（上・下）』楡井浩一訳、草思社文庫。（Diamond 2005）
ダートネル、ルイス（二〇一八）、『この世界が消えたあとの科学文明のつくりかた』東郷えりか訳、河出文庫。（Dartnell 2014）
タレブ、ナシーム（二〇〇九）、『ブラック・スワン（上・下）』望月衛訳、ダイヤモンド社。（Taleb 2007）
テット、ジリアン（二〇〇九）『愚者の黄金――大暴走を生んだ金融技術』平尾光司監修、土方奈美訳、日本経済新聞出版社。（Tett 2010）
トーマス・フリードマン（二〇〇九）、『グリーン革命――温暖化、フラット化、人口過密化する世界（上・下）』伏見威蕃訳、日本経済新聞出版社。（Friedman 2009）
トフラー、アルビン（一九七〇）、『未来の衝撃――激変する社会にどう対応するか』徳山二郎訳、実業之日本社。（Toffler 1970）
トムスン、エドワード・パルマー（二〇〇三）、『イングランド労働者階級の形成』市橋秀夫訳、青弓社。（Thompson 1968）
ネグリ、アントニオ／ハート、マイケル（二〇〇五）、『マルチチュード――「帝国」時代の戦争と民主主義』幾島幸子訳、NHKブックス。（Hardt, Negri 2006）
ノース、ダグラス・C（一九九四）、『制度・制度変化・経済成果』竹下公視訳、晃洋書房。（North 1990）
ハイエク、フリードリヒ（二〇〇八）、『隷従への道 ハイエク全集 I－別巻（新装版）』西山千明訳、春秋社。（Hayek 1944）
ハイデッガー、マルティン（一九六三）、『存在と時間』細谷貞雄／亀井裕／船橋弘訳、理想社。（Heidegger 1962 [1927]）
バウマン、ジークムント（二〇〇一）、『リキッド・モダニティ――液状化する社会』森田典正訳、大月書店。（Bauman 2000）

下)』幾島幸子ほか訳、岩波書店。(Klein 2007)
――――(二〇一七)、『これがすべてを変える――資本主義 vs. 気候変動 上・下』幾島幸子ほか訳、岩波書店。(Klein 2014)
クラーク、アーサー・チャールズ(一九八〇)、『未来のプロフィル』福島正実ほか訳、早川書房。(Clarke 2000)
グラッドウェル、マルコム(二〇〇一)、『なぜあの商品は急に売れ出したのか――口コミ感染の法則』高橋啓訳、飛鳥新社。(Gladwell 2002)
グレイザー、エドワード(二〇一二)、『都市は人類最高の発明である』山形浩生訳、NTT出版。(Glaeser 2011)
ケインズ、J.M.(二〇〇八)、『雇傭・利子及び貨幣の一般理論』間宮陽介訳、岩波書店。(Keynes 1936)
――――(二〇一〇)、『ケインズ説得論集』山岡洋一訳、日本経済新聞出版社。(Keynes 1963 [1930])
ゴア、アル(二〇一四)、『未来を語る――世界を動かす6つの要因』枝廣淳子ほか訳、KADOKAWA。(Gore 2013)
コヴニー、ピーター/ハイフィールド、ロジャー(一九九五)、『時間の矢、生命の矢』野本陽代訳、草思社。(Coveney, Highfield 1990)
コルバート、エリザベス(二〇〇七)、『地球温暖化の現場から』仙名紀訳、オープンナレッジ。(Kolbert 2007)
――――(二〇一五)、『6度目の大絶滅』鍛原多恵子訳、NHK出版。(Kolbert 2015)
ジェイクス、マーティン(二〇一四)、『中国が世界をリードするとき――西洋世界の終焉と新たなグローバル秩序の始まり』松下幸子訳、NTT出版。(Jacques 2012)
ジェコブス、ジェーン(一九七七)、『アメリカ大都市の死と生』黒川紀章訳、鹿島出版会。(Jacobs 1992 [1961])
シェリー、メアリ(一九八四)、『フランケンシュタイン』森下弓子訳、東京創元社。(Shelley 2000 [1818])
――――(二〇〇七)、『最後のひとり』森道子ほか訳、英宝社。(Shelley 1826)
ジジェク、スラヴォイ(二〇一二)、『終焉の時代に生きる』山本耕一訳、国文社。(Žižek 2011)
ジャクソン、ティム(二〇一二)、『成長なき繁栄――地球生態系内での持続的繁栄のために』田沢恭子訳、一灯舎。(Jackson 2009)
シャクソン、ニコラス(二〇一二)、『タックスヘイブンの闇――世界の富は盗まれている!』藤井清美訳、朝日新聞出版。(Shaxson 2012)
シュナイダー、ケネス・R(一九七五)、『自動車対人類――暴君自動車の分析・反乱への提言・再建への計画』木原武一訳、自然社。(Schneider 2005 [1971])
シューマッハー、エルンスト(一九八六)、『スモール・イズ・ビューティフル』小島慶三ほか訳、講談社(Schumacher 1973)
シュムペーター、ヨーゼフ(一九九五)、『資本主義・社会主義・民主主義』中山伊知郎訳、東洋経済新報社。(Schumpeter 1942)
ジョンソン、ブライアン・デイビッド(二〇一三)、『インテルの製品開発を支えるSFプロトタイピング』島本範之訳、亜紀書房。(Johnson 2011)
シンクレア、アプトン(二〇〇八)、『石油!』高津正道訳、平凡社。(Sinclair 2008 [1926])

――――（一九九五）、『20 世紀のパリ』榊原晃三訳、集英社。（Verne 1996 [1863]）
――――（一九九九）、『月世界旅行』高山宏訳、ちくま文庫。（Verne 2005 [1865]）
ウエルベック、ミシェル（二〇〇六）、『素粒子』野崎歓訳、ちくま文庫。（Houellebecq 2000）
ウォーラースティン、イマニュエルほか（二〇一五）、『資本主義に未来はあるか』若森章孝／若森文子訳、唯学書房。（Wallerstein, Collins, Mann, Derluguian, Calhoun 2013）
エリアス、ノベルト（一九九六）、『時間について』井本晌二ほか訳、法政大学出版局。（Elias 2007 [1984]）
――――（二〇一〇）、『文明化の過程（上・下）』赤井慧爾ほか訳、法政大学出版局。（Elias 2012 [1939]）
エリオット、アンソニー／アーリ、ジョン（二〇一六）、『モバイル・ライブス――移動が社会を変える』遠藤秀樹訳、ミネルヴァ書房。（Elliott, Urry 2010）
オーウェル、ジョージ（二〇〇九）、『1984 年（新訳版）』高橋和久訳、早川書房。（Orwell 2008 [1949]）
オウエン、ロバート（一九五四）、『新社会観』揚井克巳訳、岩波文庫。（Owen 1970 [1813-14]）
大前研一（一九九四）、『ボーダレス・ワールド』田口統吾訳、新潮社。（Ohmae 1990）
オレスケス、ナオミ／コンウェイ、エリック・M（二〇一一）、『世界を騙し続ける科学者たち』福岡洋一訳、楽工社。（Oreskes, Conway 2010）
――――（二〇一五）、『こうして、世界は終わる――すべてわかっているのに止められないこれだけの理由』渡会圭子訳、ダイヤモンド社。（Oreskes, Conway 2014）
カー、ニコラス（二〇一〇）、『ネット・バカ――インターネットがわたしたちの脳にしていること』篠儀直子訳、青土社。（Carr 2010）
ガーシェンフェルド、ニール（二〇〇六）、『ものづくり革命――パーソナル・ファブリケーションの夜明け』糸川洋訳、ソフトバンククリエイティブ。（Gershenfeld 2007）
カステル、マニュエル（二〇〇九）、『インターネットの銀河系――ネット時代のビジネスと社会』矢澤修次郎ほか訳、東信堂。（Castells 2001）
カーソン、レイチェル（一九七四）『沈黙の春』青樹簗一訳、新潮社。（Carson 1962）
カーツワイル、レイ（二〇〇七）、『ポスト・ヒューマン誕生――コンピュータが人類の知性を超えるとき』井上健ほか訳、NHK 出版。（Kurzweil 2006）
カルドー、メアリー（二〇〇三）、『新戦争論――グローバル時代の組織的暴力』山本武彦／渡部正樹訳、岩波書店。（Kaldor 1999）
環境と開発に関する世界委員会（一九八七）、『地球の未来を守るために』大来佐武郎監修、環境庁国際環境問題研究会訳、福武書店。（Brundtland Report 1987）
ギデンズ、アンソニー（一九九三）、『近代とはいかなる時代か？――モダニティの帰結』松尾精文／小幡正敏訳、而立書房。（Giddens 1990）
キーン、アンドリュー（二〇一九）、『ネット階級社会――GAFA が牛耳る新世界のルール』中島由華訳、早川書房。（Keen 2015）
クマー、クリシャン（一九九三）、『ユートピアニズム』菊池理夫・有賀誠訳、昭和堂。（Kumar 1991）
クライン、ナオミ（二〇〇一）、『ブランドなんか、いらない――搾取で巨大化する大企業の非情』松島聖子訳、はまの出版。（Klein 2000）
――――（二〇一一）、『ショック・ドクトリン――惨事便乗型資本主義の正体を暴く（上・

引用・参考文献一覧（邦訳書）

◆本文中の〔　〕内の出典表示で、カタカナ表記のものは、邦訳のある文献であり、以下に書誌データを記した。（　）内の漢数字は、邦訳書の発行年を示す。なお、原著の書誌データは「引用・参照文献一覧（欧文原書）」を参照のこと。

アクセルロッド／コーエン（二〇〇三）、『複雑系組織論――多様性・相互作用・淘汰のメカニズム』高木晴夫監訳、ダイヤモンド社。（Axelrod, Cohen 1999）

アーサー、ブライアン（二〇〇三）、『収益逓増と経路依存――複雑系の経済学』有賀裕二訳、多賀出版。（Arthur 1994）

――――（二〇一一）、『テクノロジーとイノベーション――進化／生成の理論』（有賀裕二監修、日暮雅道訳、みすず書房）（Arthur 2009）

アダム、バーバラ（一九九七）、『時間と社会理論』伊藤誓／磯山甚一訳、法政大学出版局。（Adam 1990）

アタリ、ジャック（二〇〇八）、『21世紀の歴史』林昌宏訳、作品社。（Attali 2011）

――――（二〇一二）、『ノイズ――音楽 / 貨幣 / 雑音』金塚貞文訳、みすず書房。（Attali 1985 [1976]）

アトウッド、マーガレット（二〇一八）、『洪水の年』佐藤アヤ子訳、岩波書店。（Atwood 2010）

アーリ、ジョン（二〇〇六）、『社会を越える社会学――移動・環境・シチズンシップ』吉原直樹監訳、法政大学出版局。（Urry 2000）

――――（二〇一四）、『グローバルな複雑性』吉原直樹監訳、法政大学出版局。（Urry 2003）

――――（二〇一五）、『モビリティーズ――移動の社会学』吉原直樹／伊藤嘉高訳、作品社）。（Urry 2007）

――――（二〇一八）、『オフショア化する世界――人・モノ・金が逃げ込む「闇の空間」とは何か？』高岡文章ほか訳、明石書店。（Urry 2014a）

アンダーソン、クリス（二〇一二）、『MAKERS ―― 21世紀の産業革命が始まる』関美和訳、ＮＨＫ出版。（Anderson, C 2012）

アンダーソン、ベネディクト（二〇〇七）、『定本 想像の共同体――ナショナリズムの起源と流行』白石隆／白石さや訳、書籍工房早山。（Anderson 1991）

イリッチ、イヴァン（一九七九）、『エネルギーと公正』久保直幹訳、晶文社。（Illich 1974）

ウィルキンソン、リチャード／ピケット、ケイト（二〇一〇）、『平等社会――経済成長に代わる、次の目標』酒井泰介訳、東洋経済新報社。（Wilkinson, Pickett 2009）

ウィンダム、ジョン（二〇一八）、『トリフィド時代――食人植物の恐怖』中村融訳、東京創元社。（Wyndham 2008 [1951]）

ウェーバー、マックス（一九八〇）、『職業としての政治』脇圭平訳、岩波文庫。（Weber 1948 [1919]）

ウェルズ、ハーバート・ジョージ（一九九七）、『宇宙戦争』井上勇訳、東京創元社。（Wells 2005 [1898]）

ヴェルヌ、ジュール（一九七六）、『八十日間世界一周』田辺貞之助訳、東京創元社。（Verne 2008 [1873]）

•ラ行

•ワ行

●ナ行

●ハ行

●マ行

•サ行

•タ行

人名索引

●や行

●ら行

•ま行

•な行

•は行

•た行

•さ行

•か行

事項索引

•あ行

［訳者紹介］

吉原直樹（よしはら・なおき）

1948 年生まれ。慶應義塾大学大学院社会学研究科博士課程修了。社会学博士。東北大学名誉教授。横浜国立大学大学院都市イノベーション研究院教授。

主な著書に、『交響する空間と場所（I・II）』（共編、法政大学出版局、2015）、『都市のリアル』（共編、有斐閣、2013）、『「原発さま町」からの脱却』（岩波書店、2013）、『コミュニティ・スタディーズ』（作品社、2011 年）、『モビリティと場所』（東京大学出版会、2008）、『絶望と希望——福島・被災者とコミュニティ』作品社、2016）、『都市社会学——歴史・思想・コミュニティ』（東京大学出版会、2018）、『コミュニティと都市の未来—— 新しい共生の作法』(ちくま新書、2019）ほか。

主な翻訳書に、J・アーリ『モビリティーズ——移動の社会学』（伊藤嘉高と共訳、作品社、2015）、同『グローバルな複雑性』（監訳、法政大学出版局、2014）、同『場所を消費する』（監訳、同、2003）、同『社会を越える社会学』（監訳、同、2006 ）、ほか。

高橋雅也（たかはし・まさや）

1976 年生まれ。東北大学大学院文学研究科博士後期課程修了。博士（文学）。埼玉大学教育学部准教授。

主な著書に、『応答する〈移動と場所〉』（共著、ハーベスト社、2019）、『東日本大震災と〈復興〉の生活記録』（共著、六花出版、2017）、『東日本大震災と被災・避難の生活記録』（共著、六花出版、2015）、『交響する空間と場所 I ——開かれた都市空間』（共著、法政大学出版局、2015）、*Music and Law*（共著、英国：Emerald Group Publishing, 2013）、『都市のリアル』（共著、有斐閣、2013）、『安全・安心コミュニティの存立基盤——東北 6 都市の町内会分析』（共著、御茶の水書房、2013）ほか。

大塚彩美（おおつか・あやみ）

横浜国立大学大学院環境情報学府博士後期課程修了。環境学博士。早稲田大学社会科学部講師。

主な著作に、"A Preliminary Assessment of Chonaikai and Banjar: From the perspectives of the Comparative Sociology on the Community"（共著，*Udayana Journal of Social Science and Humanities*, Vol. 3 No. 1, 2019）、「省エネルギー行動の背景にある価値観・エネルギー意識に関する研究——HEMS を標準搭載した集合住宅を対象として』（共著、『日本建築学会環境系論文集』第 82 巻 第 739 号、2017）ほか。

［著者紹介］

ジョン・アーリ

(John Urry)

1946 ～ 2016 年。ロンドン生まれ。英国の社会学者。ランカスター大学社会学科教授（distinguished professor）、英国王立芸術協会のフェローなどを務めた。21 世紀における「移動」をめぐる新たな社会科学の中心的人物として、世界的に著名。

日本でも『観光のまなざし』『場所を消費する』『社会を越える社会学』『モビリティーズ』などの邦訳で広く知られ、その著作について、社会学者の北田暁大は「具体性と抽象性を往還するなかで理論が生成していく現場を読者は目撃することになる。……スリリングであると同時に論争的でもある」と評し、作家の高村薫は「20 世紀を生きた者なら誰でも身体感覚としてもっている感覚を初めて言葉にしてもらった驚き」と述べるなど、アカデミズムを超える広い読者層を獲得している。

2003 ～ 2015 年、ランカスター大学に「モビリティ研究所」を設立し責任者を務めた。2015 年、新たに「社会未来研究所」を設立し共同責任者となり、人生の最後の時間を“モビリティーズ・スタディーズ”の集大成としての“未来研究”にかけ、翌年の 2016 年に亡くなった。本書は、その最後の研究成果として結実したものである。

［邦訳書］

『経済・市民社会・国家——資本主義社会の解剖学』清野正義監訳、法律文化社、1986 年。

『観光のまなざし——現代社会におけるレジャーと旅行』加太宏邦訳、法政大学出版局、1995 年。

『場所を消費する』共著、吉原直樹・大澤善信監訳、法政大学出版局、2003 年。

『社会を越える社会学——移動・環境・シチズンシップ』吉原直樹監訳、法政大学出版局、2006 年／新版 2011 年。

『自動車と移動の社会学』共編著、近森高明訳、法政大学出版局、2010 年。

『グローバルな複雑性』吉原直樹監訳、法政大学出版局、2014 年。

『モビリティーズ——移動の社会学』吉原直樹・伊藤嘉高訳、作品社、2015 年。

『モバイル・ライブズ——「移動」が社会を変える』共著、遠藤英樹監訳、ミネルヴァ書房、2016 年。

『フローと再帰性の社会学——記号と空間の経済』共著、安達智史監訳、晃洋書房、2018 年。

『オフショア化する世界——人・モノ・金が逃げ込む「闇の空間」とは何か？』高岡文章ほか訳、明石書店、2018 年。

〈未来像〉の未来

――未来の予測と創造の社会学

2019年11月10日 第1刷印刷
2019年11月15日 第1刷発行

著者――ジョン・アーリ
訳者――吉原直樹＋高橋雅也＋大塚彩美

発行者――和田 肇
発行所――株式会社作品社
102-0072 東京都千代田区飯田橋2-7-4
Tel 03-3262-9753 Fax 03-3262-9757
振替口座 00160-3-27183
http://www.sakuhinsha.com

編集担当――内田眞人
装丁――伊勢功治
本文組版――ことふね企画
印刷・製本――シナノ印刷(株)

ISBN978-4-86182-782-2 C0030